21世纪全国高等院校**财经管理**系列实用规划教材

政府与非营利组织会计

朱久霞 唐 文/编著

北京大学出版社
PEKING UNIVERSITY PRESS

内 容 简 介

本书共分为五篇，二十二章内容。本书依据财政部发布的《财政总预算会计制度》《行政单位会计制度》（2014年1月1日执行）、《事业单位会计制度》（2013年1月1日执行）和《民间非营利组织会计制度》等制度规范编写而成。对财政部门、事业单位、行政单位、民间非营利组织的资产、负债、净资产、收入、支出（费用）等业务核算方法和要求作了系统、全面的阐述，对各种不同会计主体会计报表的编制要求、编制程序和编制方法等均作了详细说明。

本书可以供高等学校本专科财经类专业课程教学使用，也可以满足社会相关人员学习政府与非营利组织会计知识的需要。

图书在版编目(CIP)数据

政府与非营利组织会计/朱久霞，唐文编著. —北京：北京大学出版社，2015.8
（21世纪全国高等院校财经管理系列实用规划教材）
ISBN 978-7-301-26294-8

Ⅰ.①政⋯ Ⅱ.①朱⋯②唐⋯ Ⅲ.①单位预算会计—高等学校—教材 Ⅳ.①F810.6

中国版本图书馆CIP数据核字（2015）第213493号

书　　　名	政府与非营利组织会计	
著作责任者	朱久霞　唐文　编著	
责任编辑	王显超	
标准书号	ISBN 978-7-301-26294-8	
出版发行	北京大学出版社	
地　　　址	北京市海淀区成府路205号　100871	
网　　　址	http://www.pup.cn　新浪微博：@北京大学出版社	
电子信箱	pup_6@163.com	
电　　　话	邮购部 62752015　发行部 62750672　编辑部 62750667	
印　刷　者	三河市博文印刷有限公司	
经　销　者	新华书店	
	787毫米×1092毫米　16开本　17.75印张　410千字	
	2015年8月第1版　2017年1月第2次印刷	
定　　　价	39.00元	

未经许可，不得以任何方式复制或抄袭本书之部分或全部内容。
版权所有，侵权必究
举报电话：010-62752024　电子信箱：fd@pup.pku.edu.cn
图书如有印装质量问题，请与出版部联系，电话：010-62756370

21世纪全国高等院校财经管理系列实用规划教材

专家编审委员会

主 任 委 员　刘诗白

副主任委员　（按拼音排序）

　　　　　　韩传模　　　　李全喜　　　　王宗萍
　　　　　　颜爱民　　　　曾　旗　　　　朱廷珺
　　　　　　朱淑珍

顾　　　问　（按拼音排序）

　　　　　　高俊山　　　　郭复初　　　　胡运权
　　　　　　万后芬　　　　张　强

委　　　员　（按拼音排序）

　　　　　　程春梅　　　　邓德胜　　　　范　徵
　　　　　　冯根尧　　　　冯雷鸣　　　　黄解宇
　　　　　　李柏生　　　　李定珍　　　　李相合
　　　　　　李小红　　　　刘志超　　　　沈爱华
　　　　　　王富华　　　　吴宝华　　　　张淑敏
　　　　　　赵邦宏　　　　赵　宏　　　　赵秀玲

法 律 顾 问　杨士富

丛 书 序

　　我国越来越多的高等院校设置了经济管理类学科专业，这是一个包括理论经济学、应用经济学、管理科学与工程、工商管理、公共管理、农林经济管理、图书馆、情报与档案管理 7 个一级学科门类和 31 个专业的庞大学科体系。2006 年教育部的数据表明，在全国普通高校中，经济类专业布点 1518 个，管理类专业布点 4328 个。其中除少量院校设置的经济管理专业偏重理论教学外，绝大部分属于应用型专业。经济管理类应用型专业主要着眼于培养社会主义国民经济发展所需要的德智体全面发展的高素质专门人才，要求既具有比较扎实的理论功底和良好的发展后劲，又具有较强的职业技能，并且又要求具有较好的创新精神和实践能力。

　　在当前开拓新型工业化道路，推进全面小康社会建设的新时期，进一步加强经济管理人才的培养，注重经济理论的系统化学习，特别是现代财经管理理论的学习，提高学生的专业理论素质和应用实践能力，培养出一大批高水平、高素质的经济管理人才，越来越成为提升我国经济竞争力、保证国民经济持续健康发展的重要前提。这就要求高等财经教育要更加注重依据国内外社会经济条件的变化，适时变革和调整教育目标和教学内容；要求经济管理学科专业更加注重应用、注重实践、注重规范、注重国际交流；要求经济管理学科专业与其他学科专业相互交融与协调发展；要求高等财经教育培养的人才具有更加丰富的社会知识和较强的人文素质及创新精神。要完成上述任务，各所高等院校需要进行深入的教学改革和创新，特别是要搞好有较高质量的教材的编写和创新工作。

　　出版社的领导和编辑通过对国内大学经济管理学科教材实际情况的调研，在与众多专家学者讨论的基础上，决定编写和出版一套面向经济管理学科专业的应用型系列教材，这是一项有利于促进高校教学改革发展的重要措施。

　　本系列教材是按照高等学校经济类和管理类学科本科专业规范、培养方案，以及课程教学大纲的要求，合理定位，由长期在教学第一线从事教学工作的教师编写，立足于 21 世纪经济管理类学科发展的需要，深入分析经济管理类专业本科学生现状及存在的问题，探索经济管理类专业本科学生综合素质培养的途径，以科学性、先进性、系统性和实用性为目标，其编写的特色主要体现在以下几个方面：

　　（1）关注经济管理学科发展的大背景，拓宽理论基础和专业知识，着眼于增强教学内容与实际的联系和应用性，突出创造能力和创新意识。

　　（2）体系完整、严密。系列涵盖经济类、管理类相关专业以及与经管相关的部分法律类课程，并把握相关课程之间的关系，整个系列丛书形成一套完整、严密的知识结构体系。

　　（3）内容新颖。借鉴国外最新的教材，融会当前有关经济管理学科的最新理论和实践经验，用最新知识充实教材内容。

　　（4）合作交流的成果。本系列教材是由全国上百所高校教师共同编写而成，在相互进行学术交流、经验借鉴、取长补短、集思广益的基础上，形成编写大纲。最终融合了各地特点，具有较强的适应性。

（5）案例教学。教材融入了大量案例研究分析内容，让学生在学习过程中理论联系实际，特别列举了我国经济管理工作中的大量实际案例，这可大大增强学生的实际操作能力。

（6）注重能力培养。力求做到不断强化自我学习能力、思维能力、创造性解决问题的能力以及不断自我更新知识的能力，促进学生向着富有鲜明个性的方向发展。

作为高要求，经济管理类教材应在基本理论上做到以马克思主义为指导，结合我国财经工作的新实践，充分汲取中华民族优秀文化和西方科学管理思想，形成具有中国特色的创新教材。这一目标不可能一蹴而就，需要作者通过长期艰苦的学术劳动和不断地进行教材内容的更新才能达成。我希望这一系列教材的编写，将是我国拥有较高质量的高校财经管理学科应用型教材建设工程的新尝试和新起点。

我要感谢参加本系列教材编写和审稿的各位老师所付出的大量卓有成效的辛勤劳动。由于编写时间紧、相互协调难度大等原因，本系列教材肯定还存在一些不足和错漏。我相信，在各位老师的关心和帮助下，本系列教材一定能不断地改进和完善，并在我国大学经济管理类学科专业的教学改革和课程体系建设中起到应有的促进作用。

刘诗白

刘诗白 现任西南财经大学名誉校长、教授，博士生导师，四川省社会科学联合会主席，《经济学家》杂志主编，全国高等财经院校《资本论》研究会会长，学术团体"新知研究院"院长。

前　言

《政府与非营利组织会计》是面向"十二五"高等教育推出的财会系列规划教材。本书依据财政部发布的《财政总预算会计制度》《行政单位会计制度》(2014年1月1日执行)、《事业单位会计制度》(2013年1月1日执行)和《民间非营利组织会计制度》等制度规范编写而成。

本书在编写理念、结构体系和内容等方面突出了以下特点。

(1) 实践性强。本书具有较强的实用性和操作性，不仅在理论层面引入了最新的会计理论和方法，而且做到理论紧密结合财经专业实际，向学生展现出政府与非营利组织会计实际业务，有利于增强学生的实际操作能力，获取实践性知识。

(2) 结构体系实用有效。充分考虑到学生学习本课程已经具备了一定的会计专业知识，尽量简化了对一些会计理论的烦琐阐述，内容由浅入深、循序渐进，便于学生理解和掌握，增强了学生的学习兴趣。

(3) 教材内容更新。在编写过程中融入了最新的会计知识，例如书中事业单位会计是依据最新的2013年1月1日实施的《事业单位会计制度》编写的；行政单位会计是依据最新的2014年1月1日实施的《行政单位会计制度》编写的。

(4) 学与练有效结合。每章后配备了复习思考题，在有具体会计业务的各章根据讲授内容有针对性地配备了练习题，有利于学生掌握各章重点内容，增强学生的实际操作技能。

全书共五篇二十二章，由沈阳大学朱久霞教授、辽宁科技学院唐文老师、沈阳大学程勇老师、沈阳大学孙莉老师共同完成。第一章、第二章、第九～十三章由朱久霞编写；第三～八章、第二十二章由唐文编写；第十四～十七章、第二十章、第二十一章由程勇编写；第十八章、第十九章由孙莉编写。

本书在编写过程中参考了很多著作，在此向有关作者表示衷心的感谢！

由于作者水平有限，书中难免有不足甚至错误之处，恳请广大读者批评指正。

编著者
2015年5月

目 录

第一篇 总论

第一章 政府与非营利组织会计概述 1
- 第一节 政府与非营利组织会计及其组成体系 2
  - 一、政府与非营利组织会计的含义 2
  - 二、政府与非营利组织会计的组成体系 2
  - 三、政府与非营利组织会计的特点 3
- 第二节 政府与非营利组织会计核算原则 4
  - 一、政府与非营利组织会计的基本假设 4
  - 二、政府与非营利组织会计信息质量要求 5
- 第三节 政府与非营利组织会计要素与会计等式 5
  - 一、政府与非营利组织会计要素 5
  - 二、政府与非营利组织的会计等式 8
- 本章小结 8
- 复习思考题 9

第二章 政府与非营利组织会计核算方法 10
- 第一节 政府与非营利组织会计科目及记账方法 11
  - 一、会计科目 11
  - 二、记账方法 15
- 第二节 政府与非营利组织的会计凭证和会计账簿 17
  - 一、会计凭证 17
  - 二、会计账簿 19
- 本章小结 22
- 复习思考题 23

第二篇 财政总预算会计

第三章 财政资产的核算 24
- 第一节 财政性存款的核算 25
  - 一、财政性存款的管理原则 25
  - 二、国库存款的核算 25
  - 三、其他财政存款的核算 26
  - 四、财政零余额账户存款的核算 27
  - 五、在途款的核算 27
- 第二节 有价证券的管理及核算 28
  - 一、有价证券及其管理 28
  - 二、有价证券的核算 28
- 第三节 暂付及应收款项的核算 29
  - 一、暂付款的核算 29
  - 二、与下级往来的核算 29
- 第四节 预拨款项的管理原则及核算 30
  - 一、预拨款项及其管理原则 30
  - 二、预拨款项的核算 30
- 第五节 财政周转金的核算 31
  - 一、财政周转金及其使用范围 31
  - 二、财政周转金放款的核算 32
  - 三、借出财政周转金的核算 32
  - 四、待处理财政周转金的核算 32
- 本章小结 33
- 复习思考题 33
- 练习题 33

第四章 财政负债的核算 34
- 第一节 应付及暂存款的核算 35
  - 一、暂存款的核算 35
  - 二、与上级往来 35
- 第二节 借入款项的核算 36
  - 一、借入款的核算 36
  - 二、借入财政周转金 36
- 本章小结 36
- 复习思考题 37
- 练习题 37

第五章 财政收入的核算 38
- 第一节 预算收入的核算 39

一、预算收入的内容 39
　　二、预算收入的组织机构 42
　　三、预算收入的缴库、划分和报解 42
　　四、预算收入核算使用的会计科目及
　　　　账务处理 43
第二节　其他收入的核算 44
　　一、专用基金收入的核算 44
　　二、财政周转金收入 45
　　三、资金调拨收入的核算 45
本章小结 47
复习思考题 47
练习题 48

第六章　财政支出的核算 49
第一节　预算支出的核算 50
　　一、预算支出及其内容 50
　　二、办理预算支出的基本规定 51
　　三、一般预算支出的列报口径 51
　　四、预算支出的核算 52
第二节　其他支出的核算 53
　　一、专用基金支出的核算 53
　　二、财政周转金支出的核算 53
　　三、资金调拨支出的核算 54
本章小结 55
复习思考题 56
练习题 56

第七章　财政净资产的核算 57
第一节　结余的核算 58
　　一、结余及其内容 58
　　二、结余核算的账务处理 58
第二节　预算周转金的核算 59
　　一、预算周转金及其设置和
　　　　动用原则 59
　　二、预算周转金的账务处理 60
第三节　财政周转基金的核算 60
　　一、财政周转基金及其来源 60
　　二、财政周转基金的账务处理 60
本章小结 61
复习思考题 61

练习题 61

第八章　财政会计报表 63
第一节　财政会计报表概述 64
　　一、财政会计报表的种类及
　　　　编制要求 64
　　二、财政会计报表的编制程序 64
第二节　财政会计报表的编制 65
　　一、旬报的编制 65
　　二、月报的编制 65
　　三、年报的编制 67
第三节　财政会计报表的审核、汇总和
　　　　分析 72
　　一、财政会计报表的审核 72
　　二、财政会计报表的汇总 73
　　三、财政会计报表的分析 73
本章小结 74
复习思考题 74
练习题 75

第三篇　行政单位会计

第九章　行政单位资产的核算 76
第一节　流动资产的核算 77
　　一、库存现金的核算 77
　　二、银行存款的核算 79
　　三、零余额账户用款额度的核算 80
　　四、财政应返还额度的核算 80
　　五、应收及预付款项的核算 81
　　六、存货的核算 83
第二节　固定资产与在建工程的核算 87
　　一、固定资产及其分类 87
　　二、固定资产核算的规定 88
　　三、固定资产的账务处理 88
　　四、在建工程的核算 95
第三节　无形资产的核算 99
　　一、无形资产的含义及内容 99
　　二、无形资产核算设置的会计科目 99
　　三、无形资产核算的账务处理 99
第四节　其他非流动资产的核算 101
　　一、待处理财产损溢的核算 101

二、政府储备物资的核算 103
三、公共基础设施的核算 104
四、受托代理资产的核算 106
本章小结 107
复习思考题 108
练习题 108

第十章　行政单位负债的核算 109

第一节　流动负债的核算 110
一、应缴财政款的核算 110
二、应缴税费的核算 111
三、应付职工薪酬的核算 113
四、应付账款的核算 114
五、应付政府补贴款的核算 115
六、其他应付款的核算 116

第二节　非流动负债的核算 116
一、长期应付款的核算 116
二、受托代理负债的核算 117
本章小结 118
复习思考题 118
练习题 118

第十一章　行政单位收入与支出的核算 . 120

第一节　行政单位收入的核算 121
一、行政单位收入及内容 121
二、财政拨款收入的核算 121
三、其他收入的核算 122

第二节　行政单位支出的核算 123
一、行政单位的支出及其分类和
管理要求 123
二、行政单位支出核算的账务处理 ... 125
本章小结 128
复习思考题 128
练习题 128

第十二章　行政单位净资产的核算 130

第一节　资产基金的核算 131
一、资产基金的含义 131
二、资产基金核算的账务处理 131

第二节　结转结余的核算 132

一、财政拨款结转的核算 132
二、财政拨款结余的核算 135
三、其他资金结转结余的核算 137

第三节　待偿债净资产的核算 139
一、待偿债净资产的含义 139
二、待偿债净资产核算的账务处理 ... 139
本章小结 140
复习思考题 141
练习题 141

第十三章　行政单位财务报表 142

第一节　行政单位财务报表概述 143
一、财务报表的意义 143
二、行政单位财务报表的种类 143
三、行政单位编制财务报表的要求 ... 144

第二节　编制年报的准备工作 144
一、年终清理 145
二、年终结账 145

第三节　财务报表的编制 147
一、资产负债表 147
二、收入支出表 151
三、财政拨款收入支出表 153
四、报表附注 155
本章小结 155
复习思考题 156
练习题 156

第四篇　非营利组织会计

第十四章　事业单位资产的核算 158

第一节　事业单位资产概述 159
一、事业单位资产的含义及特征 ... 159
二、事业单位资产的分类 159

第二节　流动资产的核算 159
一、库存现金的核算 159
二、银行存款的核算 161
三、零余额账户用款额度的核算 164
四、应收账款的核算 164
五、应收票据的核算 166
六、预付账款的核算 168
七、其他应收款的核算 168

八、存货的核算 169

九、短期投资的核算 175

十、财政应返还额度的核算 175

第三节 长期投资的核算 176

一、事业单位长期投资概述 176

二、长期投资核算的账务处理 177

第四节 固定资产的核算 179

一、固定资产的定义和分类 179

二、固定资产的入账价值 180

三、固定资产核算使用的科目 181

四、固定资产核算的账务处理 182

五、固定资产清查的核算 185

第五节 无形资产的核算 186

一、无形资产及其内容 186

二、无形资产核算的账务处理 187

本章小结 189

复习思考题 190

练习题 190

第十五章 事业单位负债的核算 192

第一节 借入款项的核算 193

一、借入款项核算的内容 193

二、借入款项核算的账务处理 193

第二节 应付和预收款项的核算 194

一、应付票据的核算 194

二、应付账款的核算 195

三、预收账款的核算 196

四、其他应付款的核算 197

五、应付职工薪酬的核算 197

六、长期应付款的核算 198

第三节 应缴款项的核算 199

一、应缴国库款的核算 199

二、应缴财政专户款的核算 199

三、应缴税费的核算 200

本章小结 202

复习思考题 202

练习题 202

第十六章 事业单位收入的核算 204

第一节 事业单位收入概述 205

一、收入的含义及分类 205

二、收入的确认 206

三、收入的管理 206

第二节 拨入款项的核算 207

一、财政补助收入的核算 207

二、上级补助收入的核算 208

第三节 各项收入的核算 208

一、事业收入的核算 208

二、经营收入的核算 209

三、附属单位上缴收入的核算 210

四、其他收入的核算 211

本章小结 212

复习思考题 212

练习题 212

第十七章 事业单位支出的核算 214

第一节 事业单位支出概述 215

一、事业单位的支出及其分类 215

二、事业单位支出的管理 215

第二节 事业支出的核算 216

一、事业支出的内容和分类 216

二、事业支出核算的账务处理 217

第三节 其他各项支出的核算 218

一、对附属单位补助支出的核算 218

二、经营支出的核算 219

三、上缴上级支出的核算 220

四、其他支出的核算 220

五、内部成本核算 221

本章小结 223

复习思考题 223

练习题 224

第十八章 事业单位净资产的核算 225

第一节 事业基金的核算 226

一、事业基金核算的内容 226

二、事业基金核算的账务处理 226

第二节 非流动资产基金的核算 227

一、非流动资产基金的核算内容 227

二、非流动资产基金核算的
　　账务处理 227

第三节 专用基金的核算 228
  一、专用基金核算的内容 228
  二、专用基金核算的账务处理 229
第四节 结转结余及结余分配的核算 231
  一、财政补助结转结余的核算 231
  二、非财政补助结转结余的核算 232
  三、非财政补助结余分配的核算 233
本章小结 236
复习思考题 236
练习题 237

第十九章 事业单位会计报表 239

第一节 事业单位会计报表概述 240
  一、会计报表及其种类 240
  二、会计报表的编制要求 240
  三、事业单位的年终清理结算和
    结账 241
第二节 事业单位会计报表的编制 243
  一、资产负债表的编制 243
  二、收入支出表的编制 246
  三、财政补助收入支出表的编制 249
第三节 事业单位会计报表的审核和
    汇总 251
  一、会计报表的审核 251
  二、会计报表的汇总 251
第四节 事业单位会计报表的财务分析 252
  一、会计报表财务分析的意义 252
  二、会计报表财务分析的方法和
    内容 252
本章小结 253
复习思考题 254
练习题 254

第二十章 民间非营利组织会计概述 255

第一节 民间非营利组织会计的特点和
    原则 256

  一、民间非营利组织及其会计的
    特点 256
  二、民间非营利组织会计的
    基本原则 256
第二节 民间非营利组织会计要素 258
  一、会计要素 258
  二、会计要素之间的关系 259
本章小结 260
复习思考题 260

第五篇 国库集中收付与政府采购

第二十一章 国库集中收付 261

第一节 国库集中收付概述 262
  一、国库集中收付制度的意义 262
  二、国库集中收付制度的主要内容 262
第二节 国库集中收付业务的核算 263
  一、财政直接支付的核算 263
  二、财政授权支付的核算 264
本章小结 265
复习思考题 265

第二十二章 政府采购 266

第一节 政府采购概述 267
  一、政府采购的意义 267
  二、政府采购资金的支付方式 267
  三、政府采购资金的支付程序 268
第二节 政府采购业务的核算 268
  一、财政全额直接拨付方式的
    政府采购核算 268
  二、财政差额直接拨付方式的
    政府采购核算 270
本章小结 270
复习思考题 270

参考文献 271

第一篇 总 论

第一章 政府与非营利组织会计概述

学习目标

通过本章学习,要求理解政府与非营利组织会计的含义、组成体系和特点;掌握政府与非营利组织会计的要素及各要素之间的关系。

第一节　政府与非营利组织会计及其组成体系

一、政府与非营利组织会计的含义

中国的预算会计诞生于 20 世纪 50 年代。20 世纪 90 年代中国的预算会计经历了重大变革。1996 年财政部发布征求意见稿，将预算会计分为财政总预算会计、行政单位会计和事业单位会计。1998 年 1 月 1 日起开始执行新的《财政总预算会计制度》《行政单位会计制度》《事业单位会计制度》《事业单位会计准则》(试行)，这标志着我国预算会计已经走上了建立适应市场经济需要、符合中国特色的预算会计模式道路。

我国现行的政府会计由财政总预算会计和行政单位会计组成。财政总预算会计分为中央财政总会计和地方财政总会计，其中地方财政总会计又分为省、市、县、乡四级地方财政会计。非营利组织是指不以盈利为目的，从事社会公益事业的经济组织和社会团体。非营利组织包括政府资助的公立非营利组织，例如现有的公立事业单位；还包括民间非营利组织，例如民办学校、股份制医院等。近年来，随着经济体制改革的不断深化，我国的民间非营利组织得到了迅速发展。

随着经济体制改革的加快，特别是财政体制改革的深入，促进了现有预算会计体系的改革。为了适应市场经济发展以及会计国际化的需要，我国预算会计体系将发展为政府与非营利组织会计。按照我国现行会计制度，政府与非营利组织会计主要是反映和监督社会再生产过程中分配领域、社会福利领域和精神领域中的各级政府财政部门、行政单位和各类事业单位资金活动和结果的会计体系。

综上所述，可以把政府与非营利组织会计定义为：政府与非营利组织会计是反映和监督社会再生产过程中分配领域、社会福利领域和精神产品生产领域中的各级政府机构和各类非营利组织资金活动过程和结果的会计。它包括各级政府财政总预算会计、行政单位会计、事业单位会计和民间非营利组织会计。其中财政总预算会计、行政单位会计和事业单位会计即为原来的预算会计。

预算会计是指各级政府财政部门、行政单位和使用预算拨款的各类事业单位核算和监督各项财政性资金活动、单位预算资金的运动过程和结果及有关经营收支活动的专业会计。

民间非营利组织会计是指社会团体、基金会和民办非企业等民间非营利组织以货币为主要计量单位，对财务收支执行中的资金活动过程和结果进行核算和监督的一种专业会计。

二、政府与非营利组织会计的组成体系

政府与非营利组织会计包括预算会计和民间非营利组织会计。我国是以公有制为主体的社会主义市场经济国家，财政预算的管理体系决定了预算会计的组成体系，我国国家预算组成体系与国家政权机构和行政区划相一致，一级政府相应设置一级预算。整个预算会计体系由财政总预算会计、行政单位会计、事业单位会计组成。

(1) 财政总预算会计(财政会计)是各级政府财政部门核算和监督政府预算执行和财政周转性资金活动的专业会计。根据"一级政府、一级预算"的原则，我国财政总预算会计的管理体系分成五级：国家财政部设立中央级财政总预算会计；省(自治区、直辖市)财政厅(局)设立省级财政总预算会计；市(地、州)财政局设立市级财政总预算会计；县财政局设立县级财政总预算会计；乡(镇)财政所设立乡(镇)级财政总预算会计。

(2) 行政单位会计是对我国行政单位预算资金的运动过程和结果进行核算和监督的专业会计。其中的行政单位是指进行国家行政管理、组织经济建设和文化建设、维护社会公共秩序的单位，包括国家权利机关、行政机关、司法检察机关以及各级党派和人民团体。行政单位会计体系根据国家机构建制和经费领报关系，分为主管会计单位、二级会计单位和基层会计单位三个级别。其中向财政部门领报经费，并发生预算管理关系的为主管会计单位；向主管会计单位或上级单位领报经费并发生预算管理关系，下面有所属会计单位的为二级会计单位；向上级单位领报经费，并发生预算管理关系，下面没有所属单位的为基层会计单位。向同级财政部门领报经费，下面没有所属会计单位的视同基层会计单位。

(3) 事业单位会计是各类事业单位对其预算资金和经营收支过程及结果进行核算和监督的专业会计。其中的事业单位是为了社会公益目的，由国家机关举办，或者其他组织利用国有资产举办的从事教育、科技、卫生等活动的社会服务组织。包括：科学、教育、文化、广播电视、信息、卫生、体育等科学文化事业单位；气象、水利、环保、计划生育、社会福利等公益事业单位；公证、法律服务等中介机构。按照我国目前预算管理体制，事业单位的经费来源既有财政拨款，又有自己创收的收入。因此，事业单位会计除采用收付实现制为会计核算基础外，其经营性收支业务则应采用权责发生制，也可进行成本核算。

另外，中国人民银行负责办理国库业务过程中设立的国库会计，税务部门负责办理税款征解过程中设立的收入征解会计等，担负一定的预算会计业务，也包括在广义的财政总预算会计范围内。

民间非营利组织会计包括社会团体会计、基金会会计和民办非企业单位会计。

三、政府与非营利组织会计的特点

政府与非营利组织会计包括预算会计和民间非营利组织会计。其中预算会计是以预算管理为中心的宏观管理信息系统，是核算反映和监督各级政府预算及事业行政单位收支预算执行情况的会计。其特点主要指与企业会计的区别，包括以下几个方面。

1. 不以盈利为目的

政府与非营利组织会计的资金大部分来源于纳税人和其他出资者，资源提供者向政府及非营利组织提供资源，其目的不是为了获得提供资源的回报，所以这些政府与非营利组织没有获利的动机，它们主要是以服务于社会、服务于公众为宗旨，其活动大都不以盈利为目的。而企业会计则适合于以盈利为目的的从事生产经营活动的各类企业。

2. 会计核算基础不同

政府与非营利组织会计中的政府会计采用收付实现制作为会计核算基础，事业单位会计根据单位实际情况，分别采用收付实现制和权责发生制，民间非营利组织会计采用权责发生制为会计核算基础。而企业会计都采用权责发生制为会计核算基础。

3. 会计要素构成和会计等式不同

政府与非营利组织会计要素分成五大类：(民间非营利组织会计除外)资产、负债、净资产、收入、支出。其会计恒等式为：资产＋支出＝负债＋净资产＋收入。企业会计要素分成六大类：资产、负债、所有者权益、收入、费用和利润。其会计恒等式为：资产＝负债＋所有者权益。

4. 提供会计信息的目的不同

我国的财政会计、行政单位会计、事业单位会计提供的会计信息主要是为了适应预算管理的需要，也就是满足国家宏观经济管理的需要。而企业提供的信息不仅要满足国家宏观经济管理的需要，还要满足企业外部的投资者等有关人员和部门的需要。

第二节 政府与非营利组织会计核算原则

一、政府与非营利组织会计的基本假设

政府与非营利组织会计的基本假设是对政府与非营利组织会计赖以活动的客观环境所作的合乎事理的基本规定。它是组织政府与非营利组织会计工作必备的前提条件。会计假设包括：会计主体、持续经营、会计分期和货币计量。

（一）会计主体假设

会计主体是指会计为之服务的特定单位。会计主体假设是对其会计对象以及会计工作的空间范围所作的限定。政府与非营利组织的会计核算应当以特定的政府与非营利组织的预算资金活动过程和结果为对象，只记录、反映和报告其会计主体本身的各项业务活动。政府会计的会计主体是各级政府、财政部门和行政机构；非营利组织的会计主体包括现行的事业单位和民间非营利组织。会计主体假设要求会计工作要严格区分特定会计主体的经济活动和其他会计主体的经济活动的界限。

（二）持续经营假设

持续经营假设是对会计核算期间无限性的规定。这一规定要求政府与非营利组织会计以持续、正常的业务活动为前提，连续记录和报告企业的经营活动和结果。持续经营假设要求会计工作按照公认的会计原则和制度对其会计主体的经济活动进行连续的记录、计量和报告；对会计要素的计价应当按照正常的程序、方法进行。

（三）会计分期假设

会计分期是将政府与非营利组织会计主体持续不断的经济业务活动时间人为地分割为一定的期间，以便分期结算账目，编制会计报表。政府与非营利组织会计期间分为年度、季度和月份。我国会计期间中的年度、季度和月份采用公历日期。会计分期假设要求会计核算应当按照会计期间分期结算账目和编制会计报表，及时向有关方面提供会计信息。

（四）货币计量假设

货币计量假设是对会计信息的表现形式所作的假定。货币计量假设要求会计数据的记录、加工整理、汇总都必须以货币为计量单位进行综合反映。我国规定以人民币为记账本位币。对于收支业务以外币为主的非营利组织，可以选用某种外币为记账本位币，但编制会计报表时需要折算为人民币反映。

二、政府与非营利组织会计信息质量要求

会计信息质量要求是对会计核算提供信息的基本要求。政府与非营利组织会计核算信息质量要求主要有以下几点。

1. 可靠性

可靠性亦称客观性，是指会计核算应当以实际发生的经济业务为依据，客观真实地记录、反映各项业务活动的实际情况和结果。会计人员在选择会计方法处理会计信息的过程中，要如实反映国家预算和财务收支情况和结果，应保持公允立场，不偏不倚。会计信息的真实性是保证会计核算工作的首要条件。

2. 相关性

相关性又称有用性，它是指政府与非营利组织会计所提供的会计信息应当符合国家宏观经济管理的要求，满足预算管理和有关方面了解单位财务状况以及收支情况的需要，反映受托责任的履行情况，并有利于单位加强内部管理。

3. 可比性

可比性是指政府与非营利组织的会计核算应当按照规定的会计方法进行，同类单位的会计指标应当口径一致，相互可比；同时政府与非营利组织的会计核算应当前后各期一致，不得随意变更。如有必要变更，应当将变更的情况、原因和对单位财务收支情况以及经营结果的影响在会计报告中说明。

4. 及时性

及时性是指政府与非营利组织会计对单位的各项经济业务应当及时进行会计核算。凡是在某会计期间发生的经济事项，应当在该期内及时登记入账，不得拖延，并及时进行结算，编制会计报表。

5. 明晰性

明晰性是指政府与非营利组织会计的会计记录和会计报告应当清晰明了，便于使用者理解和运用。清晰性不仅可以扩大会计信息的使用范围，还可以进一步增强会计信息的效用。

6. 全面性

全面性是指政府与非营利组织的会计报告应当全面反映其会计主体的财务收支情况及其结果。全面性要求会计人员在编制会计报告时，必须完整、准确地反映出单位的财务状况和收支结余情况，不能有意忽略或隐瞒重要的财务数据。

第三节 政府与非营利组织会计要素与会计等式

一、政府与非营利组织会计要素

会计要素是对会计对象的基本分类。政府与非营利组织的会计要素分为资产、负债、净资产、收入和支出五大类。

(一) 资产

资产是过去的事项形成的并由会计主体拥有或控制的能以货币计量的经济资源。它包括各种财产、债权和其他权利。

1. 各级财政会计的资产

根据《财政总预算会计制度》规定：资产是一级财政掌管或控制的能以货币计量的经济资源，包括财政性存款、有价证券、暂付及应收款项、预拨款项、财政周转金存款、借出财政周转金以及待处理财政周转金等。

2. 行政单位的资产

根据《行政单位会计制度》规定：资产是指行政单位占有或者使用的，能以货币计量的经济资源。行政单位的资产包括流动资产、固定资产、在建工程、无形资产等。其中，流动资产是指可以在1年以内(含1年)变现或者耗用的资产，包括库存现金、银行存款、零余额账户用款额度、财政应返还额度、应收及预付款项、存货等。

3. 事业单位的资产

根据《事业单位会计制度》规定：资产是指事业单位占用或者使用的能以货币计量的经济资源，包括各种财产、债权和其他权利。事业单位的资产分为流动资产及非流动资产。

(二) 负债

负债是过去的事项形成的现实义务。

1. 各级财政负债

根据《财政总预算会计制度》规定：负债是一级财政所承担的能以货币计量，需以资产偿付的债务，包括应付及暂收款项和按法定程序及核定的预算举借的债务、借入财政周转金等。

2. 行政单位负债

根据《行政单位会计制度》规定：负债是指行政单位所承担的能以货币计量，需要以资产等偿还的债务。

行政单位的负债按照流动性，分为流动负债和非流动负债。

流动负债主要包括应缴财政款、应缴税费、应付账款、其他应付款、应付职工薪酬等。

非流动负债是指流动负债以外的负债。主要包括长期应付款。

3. 事业单位负债

根据《事业单位会计制度》规定：负债是指事业单位所承担的能以货币计量，需要以资产或者劳务偿还的债务。事业单位的负债包括借入款项、应付账款、预收账款、其他应付款、各种应缴款项等。

(三) 净资产

净资产是所有者在单位享有的经济利益，其金额是资产减去负债的差额。

1. 财政总预算会计的净资产

根据《财政总预算会计制度》规定：净资产是指资产减去负债的差额。包括各项结余、预算周转金及财政周转基金等。

2. 行政单位的净资产

根据《行政单位会计制度》规定：行政单位的净资产是指行政单位资产扣除负债后的余额。包括财政拨款结转、财政拨款结余、其他资金结转结余、资产基金、待偿债净资产等。

3. 事业单位的净资产

根据《事业单位会计制度》规定：事业单位的净资产是指资产扣除负债后的余额。包括事业基金、非流动资产基金、专用基金、事业结余、经营结余等。

(四) 收入

收入是依据国家有关法规取得的经济利益的流入。

1. 财政收入

根据《财政总预算会计制度》规定：财政收入是国家为实现其职能，根据法令和法规所取得的非偿还性资金，是一级财政的资金来源。收入包括一般预算收入、基金预算收入、专用基金收入、资金调拨收入和财政周转金收入等。

2. 行政单位收入

根据《行政单位会计制度》规定：收入是指行政单位依法取得的非偿还性资金。行政单位的收入包括财政拨款收入和其他收入。

3. 事业单位收入

根据《事业单位会计制度》规定：收入是指事业单位为开展业务活动，依法取得的非偿还资金。包括财政补助收入、上级补助收入、事业收入、经营收入、附属单位上缴收入、其他收入等。

(五) 支出

支出是依据国家有关法规所发生的经济利益的流出。

1. 财政支出

根据《财政总预算会计制度》规定：财政支出是一级政府为实现其职能，对财政资金的再分配。包括一般预算支出、基金预算支出、专用基金支出、资金调拨支出和财政周转金支出等。

2. 行政单位支出

根据《行政单位会计制度》规定：支出是指行政单位为保障机构正常运转和完成工作任务所发生的资金耗费和损失。行政单位的支出包括经费支出和拨出经费。

3. 事业单位支出

根据《事业单位会计制度》规定：支出是指事业单位开展业务及其他活动发生的资金耗费和损失。包括事业支出、经营支出、对附属单位补助支出、上缴上级支出等。

二、政府与非营利组织的会计等式

政府与非营利组织的会计等式，是指资产、负债和净资产之间的关系。一个单位所拥有的资产与负债和净资产表现为同一资金的两个方面，即有一定数额的资产，就有一定数额的负债和净资产；反之，有一定数额的负债和净资产，也就必然有一定数额的资产。资产与负债、净资产是相互依存的，一个单位所拥有的资产决不能脱离负债和净资产而单独存在。因此，从数学角度看，一个单位所拥有的资产总额与负债和净资产的总额必然是相等的。在会计上将资产与负债和净资产之间的客观存在的恒等关系，称为会计等式。用公式表示为：

$$资产＝负债＋净资产 \tag{1}$$

单位在经济业务活动过程中，必然会取得一定数额的收入，同时也必然发生一定数额的支出。收入与支出相抵后的余额为结余，即：

$$收入－支出＝结余 \tag{2}$$

单位在一定会计期间发生的结余可以增加净资产；反之，如果收入小于支出，即结余为负数，则会使单位的净资产减少。因此，可以把上述两个等式结合在一起，用公式表示为：

$$资产＝负债＋净资产＋收入－支出$$

将"支出"移至等式的左边，用公式表示为：

$$资产＋支出＝负债＋净资产＋收入 \tag{3}$$

等式(1)反映的是单位在某一特定时点的资产、负债、净资产之间的恒等关系，是静态等式；等式(2)和等式(3)反映单位在经济业务活动过程中收支结余情况以及净资产的增值情况，是动态等式。

本 章 小 结

政府与非营利组织会计是反映和监督社会再生产过程中分配领域、社会福利领域和精神产品生产领域中的各级政府机构和各类非营利组织资金活动过程和结果的会计。

政府与非营利组织会计包括预算会计和民间非营利组织会计。预算会计组成体系包括政府财政总预算会计、行政单位会计和事业单位会计。

政府与非营利组织的会计要素分为资产、负债、净资产、收入和支出五大类。其会计等式为：资产＝负债＋净资产。

复习思考题

1. 什么是政府与非营利组织会计？它的组成体系如何？
2. 什么是财政总预算会计？
3. 什么是行政单位和行政单位会计？
4. 什么是事业单位和事业单位会计？
5. 政府与非营利组织会计有哪些特点？
6. 政府与非营利组织会计核算的会计假设有哪些？
7. 政府与非营利组织会计的一般原则有哪些？
8. 政府与非营利组织会计要素有哪些？
9. 政府与非营利组织会计等式如何？

第二章 政府与非营利组织会计核算方法

学习目标

通过本章学习,要求了解政府与非营利组织会计科目的分类、会计凭证、会计账簿的内容;掌握政府与非营利组织会计的记账方法。

第一节 政府与非营利组织会计科目及记账方法

一、会计科目

会计科目是对会计要素按其经济内容或用途所作的科学分类。每一会计科目都要规定一定的名称、编号和核算内容，它是设置账户的依据。科学地设置和正确地使用会计科目，是做好会计核算工作的重要条件。

政府与非营利组织的会计科目按其反映的经济内容或用途结构不同分为资产、负债、净资产、收入、支出五大类。

政府与非营利组织的会计科目按核算层次分为总账科目和明细科目两大类。为了保证会计信息的可比性，便于有关部门和单位对会计指标的逐级汇总和利用分析，财政部分别规定了财政总预算会计、行政单位会计和事业单位的会计科目。明细科目可根据需要设置。

（一）各级财政总预算会计科目

财政总预算会计科目如表2-1所示。

表2-1 财政总预算会计科目表

序　号	科目编号	科目名称
		一、资产类
1	101	国库存款
2	102	其他财政存款
3	103	财政零余额账户存款
4	104	有价证券
5	105	在途款
6	111	暂付款
7	112	与下级往来
8	121	预拨经费
9	122	基建拨款
10	131	财政周转金放款
11	132	借出财政周转金
12	133	待处理财政周转金
		二、负债类
13	211	暂存款
14	212	与上级往来
15	213	已结报支出
16	222	借入款
17	223	借入财政周转金

续表

序　　号	科目编号	科　目　名　称
		三、净资产类
18	301	预算结余
19	305	基金预算结余
20	307	专用基金结余
21	321	预算周转金
22	322	财政周转基金
		四、收入类
23	401	一般预算收入
24	405	基金预算收入
25	407	专用基金收入
26	408	债务收入
27	409	债务转贷收入
28	411	补助收入
29	412	上解收入
30	414	调入资金
31	425	财政周转金收入
		五、支出类
32	501	一般预算支出
33	505	基金预算支出
34	507	专用基金支出
35	508	债务还本支出
36	509	债务转贷支出
37	511	补助支出
38	512	上解支出
39	514	调出资金
40	524	财政周转金支出

(二) 行政单位会计科目

行政单位会计科目如表2-2所示。

表2-2　行政单位会计科目表

序　　号	科目编号	科　目　名　称
		一、资产类
1	1001	库存现金
2	1002	银行存款
3	1011	零余额账户用款额度
4	1021	财政应返还额度
5	1012	应收账款
6	1013	预付账款
7	1215	其他应收款
8	1301	存货

续表

序 号	科目编号	科目名称
9	1501	固定资产
10	1502	累计折旧
11	1511	在建工程
12	1601	无形资产
13	1602	累计摊销
14	1701	待处理财产损溢
15	1801	政府储备物资
16	1802	公共基础设施
17	1901	受托代理资产
		二、负债类
18	2001	应缴财政款
19	2101	应缴税费
20	2201	应付职工薪酬
21	2301	应付账款
22	2302	应付政府补贴款
23	2305	其他应付款
24	2401	长期应付款
25	2901	受托代理负债
		三、净资产类
26	3001	财政拨款结转
27	3002	财政拨款结余
28	3101	其他资金结转结余
29	3501	资产基金
30	3502	待偿债净资产
		四、收入类
31	4001	财政拨款收入
32	4011	其他收入
		五、支出类
33	5001	经费支出
34	5101	拨出经费

(三) 事业单位会计科目

事业单位会计科目如表 2-3 所示。

表 2-3 事业单位会计科目表

序 号	科目编号	科目名称
		一、资产类
1	1001	库存现金
2	1002	银行存款
3	1011	零余额账户用款额度
4	1101	短期投资
5	1201	财政应返还额度
6	1211	应收票据

续表

序 号	科目编号	科目名称
7	1212	应收账款
8	1213	预付账款
9	1215	其他应收款
10	1301	存货
11	1401	长期投资
12	1501	固定资产
13	1502	累计折旧
14	1511	在建工程
15	1601	无形资产
16	1602	累计摊销
17	1701	待处置资产损溢
		二、负债类
18	2001	短期借款
19	2101	应缴税费
20	2102	应缴国库款
21	2103	应缴财政专户款
22	2201	应付职工薪酬
23	2301	应付票据
24	2302	应付账款
25	2303	预收账款
26	2305	其他应付款
27	2401	长期借款
28	2402	长期应付款
		三、净资产类
29	3001	事业基金
30	3101	非流动资产基金
31	3201	专用基金
32	3301	财政补助结转
33	3302	财政补助结余
34	3401	非财政补助结转
35	3402	事业结余
36	3403	经营结余
37	3404	非财政补助结余分配
		四、收入类
38	4001	财政补助收入
39	4101	事业收入
40	4201	上级补助收入
41	4301	附属单位上缴收入
42	4401	经营收入
43	4501	其他收入
		五、支出类
44	5001	事业支出
45	5101	上缴上级支出
46	5201	对附属单位补助支出
47	5301	经营支出
48	5401	其他支出

二、记账方法

所谓记账方法，就是运用一定的记账符号、记账规则来编制会计分录和登记账簿的方法。政府与非营利组织会计采用国际通用的借贷记账法。借贷记账法是以"借""贷"作为记账符号，以"有借必有贷，借贷必相等"为记账规则的一种复式记账法。

在政府与非营利组织会计中，借贷记账法中的"借"表示资产的增加、支出的增加和负债的减少、净资产的减少、收入的减少或转销；"贷"表示资产的减少、支出的减少或转销和负债的增加、净资产的增加、收入的增加。各类账户的运用如表2-4所示。

表2-4 账户总结构

借　　方	贷　　方
1. 资产的增加	1. 资产的减少
2. 负债的减少	2. 负债的增加
3. 净资产的减少	3. 净资产的增加
4. 收入的减少或转销	4. 收入的增加
5. 支出的增加	5. 支出的减少或转销
余额：资产的结余或支出发生数	余额：负债、净资产的期末数或收入的发生数

在借贷记账法下，会计平衡公式为：

$$资产＝负债＋净资产$$

在年度预算执行期间，收入、支出没有结转的情况下，会计平衡公式可表示为：

$$资产＋支出＝负债＋净资产＋收入$$

使用借贷记账法，其试算平衡可以采用余额试算平衡或发生额平衡。其试算平衡公式分别为：

$$全部账户期末借方余额合计＝全部账户期末贷方余额合计$$

$$全部账户本期借方发生额合计＝全部账户本期贷方发生额合计$$

现以行政单位发生的经济业务为例，说明借贷记账法的具体应用。

【例2-1】 主管部门拨入本月经费200 000元存入银行。

这项业务的发生涉及"财政拨款收入""银行存款"两个科目，引起收入和资产同时增加。其会计分录为：

借：银行存款　　　　　　　　　　　　　　　　　　　　　　　　200 000
　　贷：财政拨款收入　　　　　　　　　　　　　　　　　　　　　　200 000

【例2-2】 将现金20 000元送存银行。

这项业务的发生涉及"库存现金""银行存款"两个科目，引起资产内部有增有减。其会计分录为：

借：银行存款　　　　　　　　　　　　　　　　　　　　　　　　 20 000
　　贷：库存现金　　　　　　　　　　　　　　　　　　　　　　　　 20 000

【例2-3】 收到应上缴财政的预算款300 000元存入银行。

这项业务的发生涉及"银行存款""应缴财政款"两个科目，引起资产和负债同时增加。其会计分录为：

借：银行存款　　　　　　　　　　　　　　　　　　　　　　　　300 000
　　贷：应缴财政款　　　　　　　　　　　　　　　　　　　　　　　300 000

【例 2-4】 将上述应缴财政款上缴财政。

这项业务的发生涉及"银行存款""应缴财政款"两个科目，引起负债和资产同时减少。其会计分录为：

借：应缴财政款　　　　　　　　　　　　　　　　　　　　　　　300 000
　　贷：银行存款　　　　　　　　　　　　　　　　　　　　　　　　300 000

【例 2-5】 用现金支付办公费 400 元。

这项业务的发生涉及"库存现金""经费支出"两个科目，引起支出的增加和资产的减少。其会计分录为：

借：经费支出　　　　　　　　　　　　　　　　　　　　　　　　　400
　　贷：库存现金　　　　　　　　　　　　　　　　　　　　　　　　　400

【例 2-6】 主管部门决定将前欠借款 25 000 元转作拨款。

这项业务的发生涉及"其他应付款""财政拨款收入"两个科目，引起负债的减少，收入的增加。其会计分录为：

借：其他应付款　　　　　　　　　　　　　　　　　　　　　　　25 000
　　贷：财政拨款收入　　　　　　　　　　　　　　　　　　　　　　25 000

【例 2-7】 将本期取得的财政拨款收入 525 000 元转入财政拨款结转科目。

这项业务的发生涉及"财政拨款结转""财政拨款收入"两个科目，引起收入的减少，净资产的增加。其会计分录为：

借：财政拨款收入　　　　　　　　　　　　　　　　　　　　　　525 000
　　贷：财政拨款结转　　　　　　　　　　　　　　　　　　　　　　525 000

【例 2-8】 将本期发生的经费支出 420 000 元转入财政拨款结转。

这项业务的发生涉及"财政拨款结转""经费支出"两个科目，引起结余和支出同时减少。其会计分录为：

借：财政拨款结转　　　　　　　　　　　　　　　　　　　　　　420 000
　　贷：经费支出　　　　　　　　　　　　　　　　　　　　　　　　420 000

根据上述经济业务编制的会计分录登记入账，求出账户的本期发生额和期末余额，由此可以进行试算平衡。假设本期期初有关账户的余额分别为：

银行存款	22 400	财政拨款收入	300 000
库存现金	35 500	其他应付款	75 000
经费支出	419 600	应缴财政款	102 500

则登账、结出余额后，编制的试算平衡表如表 2-5 所示。

表 2-5　总账科目试算平衡表

会计科目	期初余额		本期发生额		期末余额	
	借方	贷方	借方	贷方	借方	贷方
库存现金	35 500		0	20 400	15 100	
银行存款	22 400		520 000	300 000	242 400	

续表

会计科目	期初余额		本期发生额		期末余额	
	借方	贷方	借方	贷方	借方	贷方
经费支出	419 600			420 000	0	
应缴财政款		102 500	400	300 000		102 500
其他应付款		75 000	300 000	0		50 000
财政拨款收入		300 000	25 000	225 000		0
财政拨款结转		0	525 000	525 000		105 000
			420 000			
合计	477 500	477 500	1 790 400	1 790 400	257 500	257 500

通过试算平衡表来检查账簿记录是否正确，如果借贷不平衡，就可以肯定账户的记录或计算有错误，但是如果借贷平衡，却也不能肯定记账没有错误，因为有些错误并不影响借贷双方的平衡。如果在有关账户中重记或漏记某些业务，就不能通过试算平衡来发现。因此，试算平衡的检查只是相对的。

第二节 政府与非营利组织的会计凭证和会计账簿

一、会计凭证

会计凭证是记录经济业务、明确经济责任的书面证明，是登记账簿的依据。为了保证经济信息的真实可靠，能正确反映国家预算的执行情况，政府与非营利组织应该对发生的每项经济业务做到收支有凭据，登记账簿有依据。会计凭证按其填制程序和用途不同，可分为原始凭证和记账凭证。

(一) 原始凭证

原始凭证是经济业务发生时取得的书面证明，是会计事项的唯一合法凭证，是填制记账凭证、登记明细账的依据。

1. 原始凭证的基本内容

政府与非营利组织会计原始凭证一般具备以下基本内容：
(1) 原始凭证的名称、填制日期和编号。
(2) 填制凭证的单位、填制人签章。
(3) 接受凭证单位的名称。
(4) 经济业务的摘要、数量、单价和金额。
(5) 本单位经办人员签章。

2. 原始凭证的种类

由于政府会计中的财政会计、行政单位会计以及非营利组织会计经济业务内容不同，其原始凭证的种类也不完全一样。

(1) 财政总预算会计的原始凭证。

财政总预算会计的原始凭证主要有国库报来的各种收入日报表，如"缴款书""收入退还书""更正通知书";各种拨款和转账凭证,如预算拨款凭证、各种银行汇款凭证;主管部门报来的各种非包干专项拨款支出报表和基本建设支出月报表。

(2) 行政单位和事业单位的原始凭证。

行政单位和事业单位的原始凭证主要有各种收据、借款凭证、经费报销单据,预算拨款凭证,往来结算凭证,银行结算凭证,材料收发凭证,其他足以证明会计事项发生的凭证和文件等。

(二) 记账凭证

记账凭证是会计人员根据审核无误的原始凭证填制的,用来确定会计分录的凭证,是登记账簿的依据。填制记账凭证时,必须附有原始凭证,摘要简明扼要、真实,金额与所附原始凭证一致,有关人员的签名盖章齐全。

1. 记账凭证的基本内容

(1) 记账凭证的名称、日期和编号。
(2) 经济业务的主要内容。
(3) 会计科目名称。
(4) 会计科目的方向及金额。
(5) 所附原始凭证的张数。
(6) 过账的标记。
(7) 制单、复核、记账等人员的签章。

2. 记账凭证的种类

记账凭证按照经济业务所涉及对象及其运动方向的不同,分为收款凭证、付款凭证和转账凭证三种,其格式分别如表 2-6~表 2-8 所示。

表 2-6 收款凭证

出纳编号:
借方科目: 年 月 日 制单编号:

对方单位	摘要	贷方科目		金额									记账符号
		总账科目	明细科目	千	百	十	万	千	百	十	元	角	分	
附凭证 张		金额合计												

会计主管: 记账: 稽核: 出纳: 制单:

表 2-7 付款凭证

出纳编号：
贷方科目：　　　　　　　　　　　　年　　月　　日　　　　　　　　　制单编号：

对方单位	摘要	借方科目		金　额										记账符号
		总账科目	明细科目	千	百	十	万	千	百	十	元	角	分	
附凭证　　张		金额合计												

会计主管：　　　　　记账：　　　　　稽核：　　　　　出纳：　　　　　制单：

表 2-8 转账凭证

　　　　　　　　　　　　　　年　　月　　日　　　　　　　　　制单编号：

摘要	借方科目		贷方科目		金　额										记账符号
	总账科目	明细科目	总账科目	明细科目	千	百	十	万	千	百	十	元	角	分	
合计															

会计主管：　　　　　记账：　　　　　稽核：　　　　　出纳：　　　　　制单：

二、会计账簿

政府与非营利组织的会计账簿由具有一定格式的账页组成，它是以会计凭证为依据，全面、连续地记录单位经济业务的簿记。设置和登记账簿是会计核算的一种专门方法，也是会计核算的主要环节。

政府与非营利组织的会计账簿一般分为总账、明细账和日记账。

(一) 总账

总账是根据总账科目设置的，是反映政府与非营利组织总括情况的账簿，用以记录核算资产、负债、净资产、收入、支出、结余的总括情况，是编制资产负债表的依据。总账的格式一般采用三栏式订本账簿，其格式如表 2-9 所示。

表 2-9 总账

会计科目：　　　　　　　　　　　　　　　　　　　　　　　　　　第　　页

年		凭证		摘要	借方	贷方	余　额	
月	日	字	号				借或贷	金　额

(二) 明细账

明细账是按明细科目设置的，用以对总账科目进行明细核算的账簿。主要包括：

1. 三栏式明细账

三栏式明细账的账页内只设借方、贷方和余额三个金额栏。这种格式主要适用于只需要进行金额核算，不需要数量核算的结算科目。如政府会计中的暂付款明细账、暂存款明细账、与下级往来明细账、财政周转金明细账、借出财政周转金明细账、事业单位会计的应收账款明细账、应付账款明细账、其他应收款明细账和其他应付款明细账等。其格式如表 2-10 所示。

表 2-10　明细账

明细科目或账户：　　　　　　　　　　　　　　　　　　　　　　　　　第　　页

年		凭证		摘要	借方	贷方	余额	
月	日	字	号				借或贷	金额

2. 数量金额式明细账

数量金额式明细账的账页分别设有收入、发出和结存的数量栏和金额栏。它适用于既需要进行金额核算又需要进行数量核算的各种财产物资科目，如事业单位的材料、产成品等。其格式如表 2-11 所示。

表 2-11　材料明细账

　　　　　　　　　　　　　　　　　　　　第　　页

类别：　　　　名称：　　　　计量单位：　　　　规格型号：

年		凭证		财产编号	摘要	单价	借方		贷方		余额	
月	日	字	号				数量	金额	数量	金额	数量	金额

3. 多栏式明细账

多栏式明细账是指根据各类经济业务内容和提供资料的要求，在一张账页上按明细项目分设专栏，用以提供经济业务的详细资料，如政府会计的一般预算支出明细账、经费支出明细账，事业单位会计的事业支出明细账。

(三) 日记账

日记账，也称序时账，是按照经济业务发生的时间先后顺序连续进行登记的账簿。它主要是核算和控制各项货币资金。日记账包括现金日记账和银行存款日记账。日记账采用三栏式订本账，不能采用活页账。其格式如表 2-12 所示。

表 2-12　现金(或银行存款)日记账

第　　页

年		凭证		摘　要	对方科目名称	借　方	贷　方	余　额
月	日	字	号					

(四) 会计账簿的使用要求

为了保证账簿记录的正确和完整，明确记账的责任，提高会计核算的质量，应按照统一的要求使用账簿。

1. 账簿的启用

会计账簿的使用以每一会计年度为限。每一账簿在启用时，都应填写"经管人员一览表"和"账簿目录"，附于账簿扉页上。账簿经管人员一览表和账户目录的格式如表 2-13 和表 2-14 所示。

表 2-13　经管人员一览表

财政机关名称			
账簿名称			
账簿页数	从第　　页起至第　　页止共　　页		
启用日期	年　　月　　日		
会计机构负责人	会计主管人员		
经管人员		经管日期	移交日期
接办人员		接管日期	移交日期

表 2-14　账户目录

科目编号和名称	页　号	科目编号和名称	页　号

2. 账簿的登记

手工记账时必须使用蓝、黑色墨水书写，不得使用铅笔、圆珠笔。红色墨水除登记收入负数使用外，只能在划线、改错、冲账时使用。账簿在登记时必须按照编定的页数连续记载，不得隔页、跳行。如因工作疏忽发生了跳行或隔页，必须将空行、空页划线注销，并有记账人员签名盖章，以明确责任。

会计账簿应该根据审核无误的会计凭证及时准确地进行登记，做到日清月结，文字、数字的书写要清晰。记账时，将记账凭证的编号记入账簿中，记账后要在记账凭证上打"√"，表示已登记入账。

(五) 会计账簿的错误更正

账簿记录中可能发生各种各样的错误，如填制凭证或记账时发生的笔误、错用会计科目、过账错误等。由于发生错误的具体情况不同，更正错误的方法也不尽相同，主要有以下三种更正错账的方法。

1. 划线更正法

在结账以前，如果发现账簿记录文字或数字错误，而记账凭证并无错误，应采用划线更正法更正。更正时，应先在错误的文字或数字正中横划一条红线，表示注销，但原有数字仍可辨认，以备考查。然后将正确的文字或数字用蓝字写在划线上面，更正后，记账人员应在划线的一端盖章，以示负责。

2. 红字更正法

在记账后，如果在当年内发现记账凭证所记的科目或金额有错误，可以采用红字更正法进行更正。红字更正法分为两种情况：第一种情况是：记账凭证中应借、应贷会计科目没有错误，只是所记金额大于应记金额。这种情况只需要用红字填制一张与原来错误凭证的借贷科目、方向相同的记账凭证，但金额是多记的数额。再用红字登记入账就可以把多记的金额冲销，求得正确的金额。第二种情况是：记账凭证科目或方向有错误，不论金额是否有错误，都需要用红字填制一张与原来错误凭证完全相同的凭证，用红字登记入账，冲销原有的错误记录，再用蓝字填制一张正确的记账凭证，据以登记入账。

3. 补充登记法

在记账后，如发现记账凭证借贷科目和方向均没有错误，只是所记金额小于应记金额，可用补充登记法。更正时，只需要用蓝字填制一张与原来记账凭证会计科目、方向相同的凭证，但金额填制少写的差额。

本 章 小 结

会计科目是对会计要素按其经济内容或用途所作的科学分类。每一会计科目都要规定一定的名称、编号和核算内容，它是设置账户的依据。政府与非营利组织的会计科目按其反映的经济内容或用途结构不同分为资产、负债、净资产、收入、支出五大类。

记账方法，就是运用一定的记账符号、记账规则来编制会计分录和登记账簿的方法。政府与非营利组织会计采用国际通用的借贷记账法。

会计凭证，是记录经济业务、明确经济责任的书面证明，是登记账簿的依据。政府与非营利组织的会计账簿由具有一定格式的账页组成，它是以会计凭证为依据，全面、连续地记录单位经济业务的簿记。

复习思考题

1. 什么是会计科目？政府与非营利组织会计科目分为哪几类？
2. 什么是记账方法？借贷记账法的含义如何？
3. 借贷记账法下各类账户的结构如何？
4. 会计凭证、原始凭证、记账凭证的含义如何？
5. 记账凭证分为哪几类？
6. 什么是会计账簿？
7. 明细账的格式有哪几类？
8. 错账的更正方法有哪几种？

第二篇 财政总预算会计

第三章 财政资产的核算

学习目标

通过本章学习,要求了解财政性存款的管理原则;理解财政资产的特点;掌握财政性存款、有价证券、暂付及应收款、预拨款项、财政周转金的核算。

第一节　财政性存款的核算

一、财政性存款的管理原则

财政性存款是财政部门代表政府所掌管的财政资金,包括国库存款和其他财政存款。其中国库存款是指各级财政总预算会计在国库的一般预算资金和基金预算的存款;其他财政存款是指财政周转金,未设国库的乡(镇)财政在专业银行的预算资金存款以及部分由财政部指定存入专业银行的专用基金存款等。

财政存款的支配权属于同级政府财政部门,并由财政会计负责管理,统一收付。财政会计在管理财政存款中,应当遵循以下原则。

1. 集中资金,统一调度

各种应由财政部门掌管的资金,都应纳入财政会计的存款科目。调度资金应根据事业进度和资金使用情况,保证满足计划内各项正常支出的需求,并充分发挥资金效益,把资金用好用活。

2. 严格控制存款开户

财政部门的预算资金除财政部门有明确规定以外,一律由财政会计在国库或指定的银行开立存款户,不得在国家规定之外将预算资金或其他财政资金任意转存其他金融机构。

3. 按预算或计划拨付资金

财政部门应根据核定的年度预算或季度分月计划拨付资金,不得办理超预算、无计划的拨款。

4. 转账结算

财政会计的各种会计凭证不得用以提取现金。因为财政的职能是分配资金,不直接使用资金,虽然财政机关也经办一部分直接支出,但都不涉及现金结算,这种支出与预算单位花钱办事是有原则区别的。

5. 不能透支

财政预算资金与银行信贷资金是两个不同的资金筹集和分配渠道。财政的各种国库存款只能在存款余额内支取,银行不能透支垫付。

二、国库存款的核算

为了核算财政在国库的各项存款,应设置"国库存款"总账科目。

"国库存款"是资产类科目。它是用来核算各级财政会计在国库的预算资金(包括一般预算资金和基金预算资金)存款。借方登记国库存款的增加数;贷方登记国库存款的减少数。余额在借方表示国库存款的结存数。本科目可按一般预算存款和基金预算存款进行明细核算。

【例3-1】 某市财政局发生如下业务：

(1) 收到国库报来"预算收入日报表"列示本日一般预算收入为 800 000 元，基金预算收入 300 000 元。

借：国库存款——一般预算存款　　　　　　　　　　　　800 000
　　　　　　——基金预算存款　　　　　　　　　　　　　300 000
　　贷：一般预算收入　　　　　　　　　　　　　　　　　800 000
　　　　基金预算收入　　　　　　　　　　　　　　　　　300 000

(2) 开出拨款凭证拨付市卫生局 250 000 元资金用于引进新设备。

借：一般预算支出　　　　　　　　　　　　　　　　　　　250 000
　　贷：国库存款——一般预算存款　　　　　　　　　　　250 000

(3) 收到下级县财政按体制结算上解的预算收入 150 000 元。

借：国库存款——一般预算存款　　　　　　　　　　　　　150 000
　　贷：上解收入　　　　　　　　　　　　　　　　　　　150 000

(4) 为了平衡预算向省财政厅借款 600 000 元。

借：国库存款——一般预算存款　　　　　　　　　　　　　600 000
　　贷：与上级往来　　　　　　　　　　　　　　　　　　600 000

(5) 借给所属县财政局临时周转款项 200 000 元。

借：与下级往来　　　　　　　　　　　　　　　　　　　　200 000
　　贷：国库存款——一般预算存款　　　　　　　　　　　200 000

三、其他财政存款的核算

为了核算财政会计未列入"国库存款"科目反映的各项财政性存款，应设置"其他财政存款"科目。

"其他财政存款"是资产类科目。它是用来核算各级财政会计未列在"国库存款"科目反映的各项财政性存款、财政周转金，未设国库的乡(镇)财政存在专业银行的预算资金存款，以及部分由财政指定存入专业银行的专用基金存款等。本科目借方登记其他财政存款的增加数；贷方登记其他财政存款的减少数。余额在借方，表示其他财政存款的实际结存数。该科目按交存地点和资金性质设置明细账。

【例3-2】 某乡财政发生如下业务：

(1) 未设国库的乡财政收到上级财政拨付的按体制结算应得的预算资金收入 320 000 元。

借：其他财政存款　　　　　　　　　　　　　　　　　　　320 000
　　贷：一般预算收入　　　　　　　　　　　　　　　　　320 000

(2) 未设国库的乡财政收到上级县财政预付的收入分成款 110 000 元。

借：其他财政存款　　　　　　　　　　　　　　　　　　　110 000
　　贷：与上级往来　　　　　　　　　　　　　　　　　　110 000

(3) 未设国库的乡财政向其预算单位拨付经费 35 000 元。

借：一般预算支出　　　　　　　　　　　　　　　　　　　35 000
　　贷：其他财政存款　　　　　　　　　　　　　　　　　35 000

四、财政零余额账户存款的核算

财政零余额账户是财政部门开设在代理银行，主要用于办理财政直接支付业务，并与国库单一账户进行清算的账户。该账户不得提取现金。

开户时，财政部门向财政直接支付代理银行发出开设财政零余额账户的书面通知，代理银行依据《人民银行账户管理办法》的规定，为财政部门开设财政零余额账户。财政零余额账户每日发生的支付，于当日营业终了前由代理银行与国库单一账户清算。

为了核算财政国库支付执行机构在银行办理财政直接支付的业务，财政总预算会计应设置"财政零余额账户存款"科目，它是资产类科目，借方登记当天国库单一科目存款划入的冲销数；贷方登记财政国库支付执行机构当天发生的直接支付数；本科目当日资金清算后，余额为0。

(1) 国库执行机构为预算单位直接支付款项时，根据《财政性资金支付凭证》的回执联和《财政直接支付汇总清算通知单》，借记"一般预算支出——财政直接支付""基金预算支出——财政直接支付"等科目，贷记"财政零余额账户存款"科目。

(2) 财政国库支付执行机构每日将按一级预算单位汇总的"预算支出结算单"和"财政直接支付汇总通知单"与中国人民银行的国库划款凭证核对无误后，送总预算会计结算资金，国库支付执行机构借记"财政零余额账户存款"，贷记"已结报支出——财政直接支付"科目；财政总预算会计借记"一般预算支出——财政直接支付""基金预算支出——财政直接支付"等科目，贷记"国库存款——一般预算存款""国库存款——基金预算存款"等科目。

(3) 年度终了，财政国库支付执行机构将预算支出与财政国库管理部门总预算会计等有关方面核对一致后转账，借记"已结报支出——财政直接支付"科目，贷记"一般预算支出——财政直接支付""基金预算支出——财政直接支付"等科目。

五、在途款的核算

由于库款的报解需要一定的邮递时间，年终就会存在国库经收处或各级国库已经在年前收纳，以及在清理期交纳应属于本年收入的款项，但尚未转到支库或尚未报解到各该上级国库的各种收入，这些款项称为在途款。

为了在年终决算中全面反映各级财政收入总数，解决上下年度间库款结算问题，各级财政会计应设置"在途款"科目。

"在途款"科目是资产类科目。它是用来核算决算清理期和库款报解整理期内发生的上下年度收入、支出业务需要通过本科目过渡处理的资金数。借方登记收到的属于上年度收入数及收回属于上年度拨款或支出数；贷方登记冲转数。该科目一般无余额。

【例3-3】 某财政总预算会计发生的业务如下：

(1) 决算清理期中，县财政收到国库报来预算收入日报表，列示所属上年度的预算收入为32 000元。

在上年度的账上登记：

借：在途款　　　　　　　　　　　　　　　　　　　　　　　32 000
　　贷：一般预算收入　　　　　　　　　　　　　　　　　　　　　　32 000

在本年度新账上登记：
借：国库存款 32 000
　　贷：在途款 32 000

(2) 决算清理期中，收回属于上年度的一般预算支出45 000元。
在上年度账上登记：
借：在途款 45 000
　　贷：一般预算支出 45 000
在本年度新账上登记：
借：国库存款 45 000
　　贷：在途款 45 000

第二节　有价证券的管理及核算

一、有价证券及其管理

有价证券是指中央财政以信用方式发行的国家公债。各级财政会计在对有价证券的管理中，应遵循以下原则。

(1) 各级财政只能用财政结余资金购买有价证券。
(2) 购买的有价证券不能作支出处理。
(3) 转让有价证券取得的收入与其账面成本的差额以及有价证券的利息收入，应按其购入时的资金来源，分别列作一般预算收入和基金预算收入处理。
(4) 购入的有价证券应视同货币资金管理。

二、有价证券的核算

为了核算有价证券，各级财政会计应设置"有价证券"科目。
"有价证券"是资产类科目。它是用来核算各级政府按国家统一规定用各项财政结余资金购买的有价证券及库存数。借方登记有价证券的购入数；贷方登记本金的兑付数。借方余额反映有价证券的实际库存数。

【例3-4】 某市财政局发生的有关有价证券业务如下：
(1) 按规定用预算结余购买国库券200 000元。
借：有价证券 200 000
　　贷：国库存款——一般预算存款 200 000
(2) 用基金预算结余购买特种国债60 000元。
借：有价证券 60 000
　　贷：国库存款——基金预算存款 60 000
(3) 收回以前年度用预算结余购买的国库券本金100 000元，利息3 000元。
借：国库存款——一般预算存款 103 000
　　贷：有价证券 100 000
　　　　一般预算收入 3 000

(4) 收回以前年度用基金预算结余购买的特种国债本金 40 000 元，利息 1 000 元。

借：国库存款——基金预算存款　　　　　　　　　　　　　　41 000
　　贷：有价证券　　　　　　　　　　　　　　　　　　　　　　40 000
　　　　基金预算收入　　　　　　　　　　　　　　　　　　　　 1 000

第三节　暂付及应收款项的核算

一、暂付款的核算

暂付款是指各级财政部门借给所属预算单位或其他单位临时急需的款项，它有可能收回，也有可能转列支出，财政会计应及时组织清理，不能长期挂账。

为了核算各级财政对预算单位借垫形成的债权，应设置"暂付款"科目。

"暂付款"是资产类科目。它是用来核算各级财政部门借给所属预算单位临时急需的款项。借方登记借出数；贷方登记收回数或转作预算支出数。借方余额表示尚未结清的暂付款数。本科目应按资金性质和借款单位设置明细账。

【例 3-5】　某市财政局发生如下暂付款业务：

(1) 市财政向市卫生局发放临时借款 150 000 元。

借：暂付款　　　　　　　　　　　　　　　　　　　　　　　　150 000
　　贷：国库存款　　　　　　　　　　　　　　　　　　　　　　150 000

(2) 经批准将上述借款中的 100 000 元转作对卫生局的拨款支出，其余收回。

借：一般预算支出　　　　　　　　　　　　　　　　　　　　　100 000
　　国库存款　　　　　　　　　　　　　　　　　　　　　　　　50 000
　　贷：暂付款　　　　　　　　　　　　　　　　　　　　　　　150 000

二、与下级往来的核算

各级财政机关在预算执行过程中，预算收入和预算支出在年度内并不总是平衡的，财政总预算在年度的某个时期有可能出现支出大于收入的情况。这时就需要动用预算后备，如果收支仍然不能平衡，下级财政可以向上级财政申请短期借款，上级财政也可以向有结余的下级财政借入款项。这些款项就是上下级财政之间的往来款项。

另外，在年终决算时，全年上下级财政实际上解款或补助款与应上解款或补助款之间也不完全一致，对此也应在上下级财政之间办理结算，也会发生上下级财政之间的往来款项。

为了核算上下级财政之间的往来款项，应设置"与下级往来"和"与上级往来"科目，这里先介绍"与下级往来"科目。

"与下级往来"是资产类科目。它是用来核算与下级财政的往来结算款项，借方登记借出数；贷方登记收回数或转作补助支出数。借方余额表示下级财政应归还本级财政的款项。需要说明的是，"与下级往来"不单纯是一个资产类科目，而是一个双重性质的结算科目，余额可能出现在借方，也可能出现在贷方，当出现贷方余额时，表示的是本级财政欠下级财政的款项，编制资产负债表时用负数表示。

"与下级往来"科目应及时进行清理结算,应转作补助支出的部分,要在当年内结清,其他未能结清的余额应结转下年。该科目应按资金性质和下级财政部门设置明细账。

【例3-6】 某市财政局发生如下与下级往来业务:

(1) 市财政局借给所属县财政临时周转金240 000元。

借:与下级往来 240 000
　　贷:国库存款 240 000

(2) 将上述借款中的140 000元转作对该县的补助。

借:补助支出 140 000
　　贷:与下级往来 140 000

(3) 收回县财政的其余欠款100 000元。

借:国库存款 100 000
　　贷:与下级往来 100 000

第四节　预拨款项的管理原则及核算

一、预拨款项及其管理原则

预拨款项是指按照规定拨给用款单位的待结算资金,包括预拨经费和基建拨款。预拨经费是指用预算资金拨给用款单位的款项。基建拨款是指财政按基本建设计划预拨给受托经办基本建设支出的专业银行或基本建设财务管理部门的基本建设款项。

各项预拨款项应按实际预拨数额记账。预拨经费应在年终前转列支出或清理收回。基建拨款应按建设单位银行支出数(限额部分)和拨付建设单位数(非限额部分)转列支出账。

财政部门在预拨款项时,应遵循以下原则。

1. 按年度预算和季度(分月)用款计划拨款

各级财政会计在办理预拨款项时,必须根据年初核定的年度预算和各季度、月份的用款计划拨付,不得办理超预算、无计划的拨款。

2. 按预算级次拨付

对行政事业单位拨款,应按照用款单位的预算级次和审定的用款计划,逐级转拨,不得越级办理拨款。

3. 按事业进度和资金使用情况拨款

预拨款项时还应根据用款单位的事业进度和资金使用情况拨付,既要保证资金需要,又要防止积压浪费;既要满足本期计划需要,又要结合下期资金的正常使用。

4. 按财政库款实际情况拨款

预拨款项时必须根据财政部门国库存款情况拨付,以保证财政资金调度的平衡。

二、预拨款项的核算

为了核算预拨款项,各级财政会计应设置"预拨经费""基建拨款"两个科目。

"预拨经费"是资产类科目。它是用来核算财政部门预拨给行政事业单位尚未列为预算支出的经费。借方登记预拨的经费数,贷方登记转列的支出数或用款单位交回数,借方余额表示尚未转列支出或尚未收回的预拨经费数。该科目应按拨款单位名称设置明细账。

"基建拨款"是资产类科目。它是用来核算拨付给经办基本建设支出的专业银行或拨付基本建设财务管理部门的基本建设拨款。借方登记拨出的款项,贷方登记基本建设财务管理部门或受托的专业银行报来拨付建设单位数及缴回财政数,借方余额表示尚未列报支出的拨款数。本科目应按拨款单位设置明细账。

【例3-7】 某市财政局发生如下业务:

(1) 预拨给市直属单位经费 500 000 元。

借:预拨经费　　　　　　　　　　　　　　　　　500 000
　　贷:国库存款　　　　　　　　　　　　　　　　　500 000

(2) 将上述预拨的经费中 420 000 元转列支出,余款 80 000 元收回。

借:一般预算支出　　　　　　　　　　　　　　　420 000
　　国库存款　　　　　　　　　　　　　　　　　 80 000
　　贷:预拨经费　　　　　　　　　　　　　　　　　500 000

(3) 拨付给建设银行基本建设资金 700 000 元。

借:基建拨款　　　　　　　　　　　　　　　　　700 000
　　贷:国库存款　　　　　　　　　　　　　　　　　700 000

(4) 根据基建管理部门报来的基建拨款报表列基建支出 640 000 元,余款 60 000 交回财政。

借:一般预算支出　　　　　　　　　　　　　　　640 000
　　国库存款　　　　　　　　　　　　　　　　　 60 000
　　贷:基建拨款　　　　　　　　　　　　　　　　　700 000

第五节　财政周转金的核算

一、财政周转金及其使用范围

财政周转金是指财政部门设置的以信用方式有偿周转使用的资金。它是财政资金的一个组成部分,也是财政支出分配的一种辅助形式。

设置财政周转金的目的是调动用款单位的积极性,促使用款单位合理节约地使用资金,提高资金的使用效率。财政周转金不得直接或间接用于股票、证券、期货、房地产等投资性项目;不得用于修建楼、堂、馆、所;不得用于计划外基本建设。它的使用范围主要包括以下几方面。

(1) 支持农业开发和农村经济的发展。
(2) 支持科学、教育、文化、卫生等各项事业的发展。
(3) 支持老、少、边、穷地区的经济和社会事业的发展。
(4) 支持企业小型技术改造和高新技术产品的开发,帮助企业解决资金临时性周转困难。
(5) 适合地方财政周转金扶持的其他项目等。

二、财政周转金放款的核算

财政周转金放款是财政部门直接贷放给用款单位的财政周转金。

为了核算财政有偿资金的放款情况,财政会计应设置"财政周转金放款"科目。

"财政周转金放款"是资产类科目。它是用来核算财政有偿资金的拨出、贷付及收回情况。借方登记贷给用款单位的资金,贷方登记收回数,借方余额表示财政会计掌握的财政有偿资金放款数。本科目应按拨款的对象及放款对象设置明细账进行明细核算。

【例 3-8】 某市财政局将财政周转金 450 000 元贷放给使用单位。

借:财政周转金放款　　　　　　　　　　　　　　　　　　450 000
　　贷:其他财政存款　　　　　　　　　　　　　　　　　　　　450 000

将上述款项收回时应做的会计分录为:

借:其他财政存款　　　　　　　　　　　　　　　　　　　450 000
　　贷:财政周转金放款　　　　　　　　　　　　　　　　　　　450 000

三、借出财政周转金的核算

为了核算财政周转金的借出情况,财政会计应设置"借出财政周转金"科目。

"借出财政周转金"是资产类科目。它是用来核算上级财政部门借给下级财政部门周转金的借出和收回情况,借方登记借给下级财政部门周转金的数额,贷方登记下级财政部门的归还数,借方余额表示借出财政周转金尚未收回数。本科目应按借款对象设置明细账。

【例 3-9】 某市财政局借给所属县财政周转金 300 000 元。

借:借出财政周转金　　　　　　　　　　　　　　　　　　300 000
　　贷:其他财政存款　　　　　　　　　　　　　　　　　　　　300 000

下属财政部门归还时,应做的会计分录为:

借:其他财政存款　　　　　　　　　　　　　　　　　　　300 000
　　贷:借出财政周转金　　　　　　　　　　　　　　　　　　　300 000

四、待处理财政周转金的核算

为了核算逾期未收回财政周转金的情况,财政应设置"待处理财政周转金"科目。

"待处理财政周转金"是资产类科目。它是用来核算经审核已经成为呆账,但尚未按规定程序报批核销的逾期财政周转金转入和核销情况。借方登记经批准转入的逾期未还的周转金数额,贷方登记按规定程序报批核销的数额,借方余额表示尚待核销的待处理资金数。

【例 3-10】 某市财政局贷给所属预算单位财政周转金 200 000 元,经审核已成为呆账,报批核销前,应做的会计分录为:

借:待处理财政周转金　　　　　　　　　　　　　　　　　200 000
　　贷:财政周转金放款　　　　　　　　　　　　　　　　　　　200 000

按规定程序报经核销后,应做的会计分录为:

借:财政周转基金　　　　　　　　　　　　　　　　　　　200 000
　　贷:待处理财政周转金　　　　　　　　　　　　　　　　　　200 000

本章小结

财政性存款是财政部门代表政府所掌管的财政资金,包括国库存款和其他财政存款。有价证券是指中央财政以信用方式发行的国家公债。

各级财政部门对预算单位借垫款项和上级财政部门对下级财政部门的借垫款。需要设置"暂付款"和"与下级往来"科目核算。

预拨款项是指按照规定拨给用款单位的待结算资金,包括预拨经费和基建拨款。需要设置"预拨经费"和"基建拨款"科目核算。

财政周转金是指财政部门设置的以信用方式有偿周转使用的资金。需要设置"借出财政周转金""财政周转金放款"和"待处理财政周转金"科目核算。

复习思考题

1. 如何对财政周转金进行管理?
2. 什么是财政性存款?它包括哪些内容?
3. 国家对各级财政购买有价证券有哪些具体规定?
4. 什么是预拨款项?它包括哪些内容?
5. 什么是财政周转金?如何核算?

练习题

一、目的 练习财政总预算会计资产的核算。

二、资料 某市财政局2014年度发生如下经济业务:

1. 收到同级国库报来的"预算收入日报表"和"基金预算收入日报表"及其附表,列示一般预算收入790 000元,基金预算收入200 000元。
2. 用基金预算结余300 000元购入年息为4%的三年期国库券。
3. 3年前用预算结余购买的国库券到期,收回本金200 000元,利息24 000元。
4. 向市教育局拨付当月经费220 000元,已经收到国库预算拨款回单。
5. 市机电局向财政局申请临时借款60 000元,用于该局下属单位的技术改造项目,经批准予以借款。
6. 市机电局归还前欠借款40 000元,余款20 000元转作当月事业经费。
7. 借给所属甲县财政局临时用款700 000元。
8. 收到甲县归还借款400 000元,余款300 000元作为对甲县的预算补助。
9. 按计划向市建行拨付基本建设资金9 000 000元。
10. 1月5日收到国库报来"预算收入日报表"及其附表,列示上年12月份收入35 000元。

三、要求 根据上述经济业务编制会计分录。

第四章　财政负债的核算

学习目标

通过本章的学习，要求理解财政负债的含义；掌握财政负债的内容和暂存款、与上级往来和借入款的核算。

第一节　应付及暂存款的核算

一、暂存款的核算

暂存款是指各级财政部门在执行预算过程中与各预算单位之间，由于某些特殊原因，临时发生的应付、暂收和收到不明性质的款项。

各级财政会计，为了核算暂存款项，应设置"暂存款"科目。

"暂存款"是负债类科目。它是用来核算各级财政临时发生的应付、暂收和收到不明性质的款项。贷方登记临时发生的应付、暂收和收到不明性质的款项的增加数；借方登记退还或转作收入的数额，贷方余额表示尚未结清的暂存款数额。该科目应按资金性质、债权单位或款项来源设置明细账。

【例 4-1】　某市财政局发生如下暂存款业务：

(1) 市财政收到性质不明的预算款 80 000 元，列作暂存。

借：国库存款　　　　　　　　　　　　　　　　　　　　80 000
　　贷：暂存款　　　　　　　　　　　　　　　　　　　　　　80 000

(2) 上述性质不明的款项中，50 000 元为市交通局交来的罚没收入，转作基金预算收入。

借：暂存款　　　　　　　　　　　　　　　　　　　　　50 000
　　贷：基金预算收入　　　　　　　　　　　　　　　　　　　50 000

(3) 上述另外的 30 000 元性质不明的款项属于市工商局错收的罚款，退还给被罚者。

借：暂存款　　　　　　　　　　　　　　　　　　　　　30 000
　　贷：国库存款　　　　　　　　　　　　　　　　　　　　　30 000

二、与上级往来

与上级往来是指上下级财政之间由于财政资金的周转调度以及预算补助、上解结算等事项而形成的债务。如本级财政因资金调度困难可以向上级财政借款周转；在财政体制年终结算中发生本级财政应上解的款项等。

各级财政会计为了核算与上级往来款项，应设置"与上级往来"科目。

"与上级往来"是负债类科目。它是用来核算与上级财政的往来结算款项，贷方登记借入数或体制结算中应上交上级财政款项；借方登记归还数或转作上级补助数。贷方余额表示本级财政欠上级财政的款项；有时为借方余额，表示上级财政欠本级财政的款项，在编制资产负债表时，应以负数表示其借方余额。

【例 4-2】　某市财政局向省财政厅借款 2 000 000 元存入国库。

借：国库存款　　　　　　　　　　　　　　　　　　　2 000 000
　　贷：与上级往来　　　　　　　　　　　　　　　　　　2 000 000

省财政厅将上述借款中的 1 500 000 元转作对市财政的补助，其余 500 000 元归还省财政厅。应做的会计分录为：

借：与上级往来　　　　　　　　　　　　　　　　　　2 000 000
　　贷：补助收入　　　　　　　　　　　　　　　　　　　1 500 000
　　　　国库存款　　　　　　　　　　　　　　　　　　　　500 000

第二节　借入款项的核算

一、借入款的核算

借入款是指按法定程序和核定的预算举借的债务。也就是指中央财政按全国人民代表大会批准的数额举借的国内和国外债务，以及地方财政根据国家法律或国务院特别规定举借的债务。

为了核算中央财政和地方财政举借的债务，各级财政应设置"借入款"科目。

"借入款"是负债类科目。它是用来核算中央财政和地方财政按照国家法律和法规向社会发行债券等方式举借的债务。贷方登记借入数；借方登记偿还数，贷方余额表示尚未偿还的债务。该科目应按债券种类或债权人设置明细账。

【例4-3】中央财政根据全国人大的决定在国内发行1年期的国库券5 000 000 000元；向国外举借负债4 000 000 000元。

借：国库存款　　　　　　　　　　　　　　　　　　　　　9 000 000 000
　　贷：借入款　　　　　　　　　　　　　　　　　　　　　9 000 000 000

上述国库券到期归还本金5 000 000 000元，利息80 000 000元。

借：借入款　　　　　　　　　　　　　　　　　　　　　　5 000 000 000
　　一般预算支出　　　　　　　　　　　　　　　　　　　　80 000 000
　　贷：国库存款　　　　　　　　　　　　　　　　　　　　5 080 000 000

二、借入财政周转金

借入财政周转金是指下级财政部门从上级财政借入的用于周转使用的有偿资金。

"借入财政周转金"是负债类科目。它是用来核算地方财政部门向上级财政部门借入有偿使用的财政周转金。贷方登记借入数，借方登记归还数，贷方余额表示尚未归还的借入财政周转金。

【例4-4】某市财政局向省财政厅借入财政周转金400 000元。

借：其他财政存款　　　　　　　　　　　　　　　　　　　　400 000
　　贷：借入财政周转金　　　　　　　　　　　　　　　　　　400 000

归还上述借款时，会计分录为：

借：借入财政周转金　　　　　　　　　　　　　　　　　　　400 000
　　贷：其他财政存款　　　　　　　　　　　　　　　　　　　400 000

本 章 小 结

暂存款是指各级财政部门在执行预算过程中与各预算单位之间，由于某些特殊原因，临时发生的应付、暂收和收到不明性质的款项。应设置"暂存款"科目核算。

与上级往来是指上下级财政之间由于财政资金的周转调度以及预算补助、上解结算等事项而形成的债务。如果本级财政因资金调度困难可以向上级财政借款周转；在财政体制年终结算中发生本级财政应上解的款项等，应设置"与上级往来"科目核算。

借入款是指按法定程序和核定的预算举借的债务。各级财政应设置"借入款"科目核算。

借入财政周转金是指下级财政部门从上级财政借入的用于周转使用的有偿资金。应设置"借入财政周转金"科目核算。

复习思考题

1. 财政总预算会计的负债包括哪些内容？
2. 什么是暂存款？核算哪些内容？
3. 什么是与上级往来？"与上级往来"科目如何使用？

练 习 题

一、目的　练习财政总预算会计负债的核算。

二、资料　某市财政局 2014 年度发生以下有关经济业务：

1. 收到性质不清的预算款 50 000 元，列作暂存款。
2. 向省财政厅借入急需款项 600 000 元，款项已存入国库。
3. 收到上级财政机关文件，批准将上述借款中的 400 000 元转作对本市的预算补助，其余款项 200 000 元归还财政厅。
4. 经批准，发行地方债券 3 000 000 元。
5. 根据年终决算，将所属乙县多借的预算款 30 000 元转作往来款项予以入账。

三、要求　根据上述经济业务编制会计分录。

第五章 财政收入的核算

学习目标

通过本章的学习,要求了解一般预算收入、基金预算收入的内容和预算收入的组织机构;理解预算收入的收纳、划分和报解的含义;掌握一般预算收入、基金预算收入、专用基金收入、财政周转金收入和资金调拨收入的核算。

第一节　预算收入的核算

一、预算收入的内容

预算收入是国家为了实现其职能，通过预算集中的资金。预算收入包括一般预算收入、基金预算收入、专用基金收入、财政周转金收入和资金调拨收入。

(一) 一般预算收入的内容

一般预算收入是通过一定的形式和程序，由国家预算组织纳入一般预算管理的资金。一般预算收入分为"类""款""项"三级，"类"下分"款"，"款"下分"项"。按照《政府收支分类科目》，一般预算收入分为以下内容。

1. 税收收入

(1) 增值税。它反映按《中华人民共和国增值税暂行条例》征收的国内增值税、进口货物增值税和经审批退库的出口货物增值税。

(2) 消费税。它反映按《中华人民共和国消费税暂行条例》征收的国内消费税、进口消费品消费税和经审批退库的出口消费品消费税。

(3) 营业税。它反映税务部门按《中华人民共和国营业税暂行条例》征收的营业税。

(4) 企业所得税。它反映税务部门按照《中华人民共和国企业所得税》征收的企业所得税。

(5) 企业所得退税。它反映财政部门按"先征后退"政策审批退库的企业所得税。

(6) 个人所得税。它反映按《中华人民共和国个人所得税法》《对储蓄存款利息所得征收个人所得税的实施办法》征收的个人所得税。

(7) 资源税。它反映按《中华人民共和国资源税暂行条例》征收的资源税。

(8) 固定资产投资方向调节税。它反映地方税务局按《中华人民共和国固定资产投资方向调节税暂行条例》补征的固定资产投资方向调节税。

(9) 城市建设维护税。它反映按《中华人民共和国城市建设维护税暂行条例》征收的城市建设维护税。

(10) 房产税。它反映地方税务局按《中华人民共和国房产税暂行条例》征收的房产税以及按照《城市房地产暂行条例》征收的城市房地产税。

(11) 印花税。它反映按《中华人民共和国印花税暂行条例》征收的印花税。

(12) 城镇土地使用税。它反映按《中华人民共和国城镇土地使用税暂行条例》征收的城镇土地使用税。

(13) 土地增值税。它反映按《中华人民共和国土地增值税暂行条例》征收的土地增值税。

(14) 车船税。它反映按《中华人民共和国车船使用税暂行条例》征收的车船税。

(15) 船舶吨税。它反映船舶吨税收入。

(16) 车辆购置税。它反映按《中华人民共和国车辆购置税暂行条例》征收的车辆购置税。

(17) 关税。它反映海关按《中华人民共和国进出口关税暂行条例》征收的除特定区域进口自用物资关税以外的关税。

(18) 耕地占用税。它反映按《中华人民共和国耕地占用税暂行条例》征收的耕地占用税。

(19) 契税。它反映按《契税暂行条例》征收的契税。

(20) 烟叶税。地方收入科目。反映按《烟叶税暂行条例》征收的烟叶税。

(21) 其他税收收入。它反映除上述项目以外的其他税收收入，包括有关已停征税种的尾欠等。

2. 非税收入

(1) 行政事业性收费收入。它反映依据法律、行政法规、国务院有关规定、国务院财政部门会同价格主管部门共同发布的规章或者规定以及省、自治区、直辖市的地方性法规、政府规章或者规定，省、自治区、直辖市人民政府会同价格主管部门共同发布的规定所收取的各项收费收入。

(2) 罚没收入。它反映执法机关依法收缴的罚款(罚金)、没收款、赃款、没收物资、赃物的变价款收入等。

(3) 国有资本经营收入。它是国家作为国有资产所有者身份取得的收入，源于占有、使用和依法处置境内国有资本所产生的收益中按照规定应该上缴国家的国有资本收益。其具体内容包括国有企业上缴的税后利润，国有资产转让收入，国有控股、参股企业、国有股权(股份)获得的股利、股息收入及其他国有资本经营收益。

(4) 国有资源(资产)有偿使用收入。它反映有偿转让国有资源(资产)使用费而取得的收入。

(5) 专项收入。例如，排污费收入、水资源费收入、教育费附加收入等。

(6) 其他收入。它是指除了上述各类一般预算收入之外的一些零星收入，如按照规定取得利息收入、捐赠收入、外事服务收入等。

(二) 基金预算收入的内容

基金预算收入是指按规定收取、转入或通过当年财政安排，由财政部门掌管并具有指定用途的政府性基金。按照《政府收支分类科目》，基金预算收入主要分为以下几类。

1. 政府性基金收入

主要包括以下几类。

(1) 农网还贷资金收入。
(2) 铁路建设基金收入。
(3) 民航基础设施建设基金收入。
(4) 民航机场管理建设费收入。
(5) 转让政府还贷道路收费权收入。
(6) 港口建设费收入。
(7) 散装水泥专项资金收入。
(8) 新型墙体材料专项基金收入。

(9) 旅游发展基金收入。
(10) 文化事业建设费收入。
(11) 地方教育附加收入。
(12) 国家电影事业发展专项资金收入。
(13) 新菜地开发建设基金收入。
(14) 新增建设用地土地有偿使用费收入。
(15) 育林基金收入。
(16) 森林植被恢复费。
(17) 中央水利建设基金收入。
(18) 地方水利建设基金收入。
(19) 南水北调工程基金收入。
(20) 残疾人就业保障金收入。
(21) 政府住房基金收入。
(22) 城市公用事业附加收入。
(23) 国有土地收益基金收入。
(24) 农业土地开发资金收入。
(25) 国有土地使用权出让收入。
(26) 大中型水库移民后期扶持基金收入。
(27) 大中型水库库区基金收入。
(28) 三峡水库库区基金收入。
(29) 中央特别国债经营基金收入。
(30) 中央特别国债经营基金财务收入。
(31) 彩票公益金收入。
(32) 城市基础设施配套费收入。
(33) 小型水库移民扶助基金收入。
(34) 国家重大水利工程建设基金收入。
(35) 车辆通行费。
(36) 船舶港务费。
(37) 体育部门收费。
(38) 司法部门的涉外、涉港澳台公证书工本费。
(39) 贸促会收费。
(40) 其他政府性基金收入。

2. 政府性基金转移收入

主要包括以下两类。

(1) 政府性基金补助收入。
(2) 政府性基金上解收入。

3. 上年结余收入

它反映政府性基金预算上年结余收入。

4. 调入资金

它反映政府性基金预算调入资金。

二、预算收入的组织机构

在我国，负责组织预算收入的组织机构主要有征收机关和国家金库。

(一) 征收机关

征收机关是指负责预算收入的征收管理机关，包括财政机关、税务机关和海关。

1. 财政机关

它负责征收国有资产经营收益、行政性收费及其他收入。

2. 税务机关

它负责征收各项工商税收、企业所得税以及按有关规定由税务机关负责征收的各项其他税收及其他预算收入。

3. 海关

它负责征收关税以及国家指定其负责征收的其他预算收入。

(二) 国家金库

预算收入的出纳机构是国家金库(简称国库)。它是国家预算资金唯一的收纳、划分、报解的专门机构。一切预算收支都要通过国库进行入库和拨付。

我国国库实行委派国库制，即中国人民银行负责经办国库业务。根据《中华人民共和国国家金库条例》的规定，原则上一级财政设立一级国库。目前我国国库分为总库、分库、中心支库和支库四级。中国人民总行设总库；省、自治区、直辖市设分库；各地(市)中心支行设中心支库；县(市)支行设支库；计划单列市可设分库，其业务受省分库领导。在支行以下的办事处、分理处、营业所设国库经收处。

三、预算收入的缴库、划分和报解

(一) 预算收入的缴库方式

预算收入的缴库方式通常有三种。

1. 就地缴库

它是指由基层缴款单位或缴款人按征收机关规定的缴款期限直接向当地国库或国库经收处缴款的方式。

2. 集中缴库

它是指由基层缴款单位将应缴的款项通过银行汇到上级主管部门，由上级主管部门按征收机关规定的缴款期限汇总后向国库或国库经收处缴款的方式。

3. 自收汇缴

它是指缴款人直接向税务机关或海关缴款，由税务机关或海关将所收到的款项汇总后向国库或国库经收处缴款的方式。

(二) 预算收入的划分

预算收入的划分，是指国库在收到预算收入后，应根据预算体制的规定，将预算收入在中央预算和地方预算之间，以及各级地方预算之间进行计算划分。

按照"分税制"财政管理体制的规定，我国预算收入可分为中央预算固定收入、地方预算固定收入、中央预算与地方预算共享收入三种。

1. 中央预算固定收入

主要包括关税、海关代征的消费税和增值税、消费税、中央所得税、地方银行和外资银行及非银行金融企业所得税，铁道部门、各银行总行、保险公司等集中缴纳的收入，例如营业税、所得税、利润和城市建设维护税等。

2. 地方预算固定收入

主要包括营业税(不含铁道部门、各银行总行、保险公司集中缴纳的营业税)、地方企业所得税(不含上述地方银行和外资银行及非金融企业所得税)、地方企业上缴的利润、个人所得税、城镇土地使用税、城市建设维护税(不含铁道部门、各银行总行、各保险公司集中缴纳的部分)、房产税、车船使用税、印花税、屠宰税、农牧业税、农业特产税、耕地占用税、契税、遗产税、土地增值税、国有土地有偿使用收入等。

3. 中央预算与地方预算共享收入

主要包括增值税、资源税、证券交易税等。

(三) 预算收入的报解

预算收入的报解是指通过国库向上级财政部门报告预算收入的情况，并将属于上级财政的预算收入解缴到中心支库、分库和总库。"报"就是国库要向各级财政机关报告预算收入的情况，以便各级财政机关掌握预算收入的进度和情况；"解"就是国库要对各级预算收入划分和办理收入分成后，将财政库款解缴到各级财政的国库存款科目上。

四、预算收入核算使用的会计科目及账务处理

(一) 预算收入核算使用的会计科目

为了反映和监督各级财政部门组织纳入预算的各项收入的执行情况，各级财政会计应设置"一般预算收入""基金预算收入"科目。

"一般预算收入"是收入类科目。它是用来核算各级财政部门组织的纳入预算管理的各项收入。贷方登记国库报来的各项预算收入，亏损补贴和退库数用红字登记；借方登记年终转入"预算结余"的收入数。平时贷方余额反映当年预算收入的累计数。该科目根据《政府收支分类科目》设置相应的明细账。

"基金预算收入"是收入类科目。它是用来核算各级财政部门管理的政府性基金预算收

入。贷方登记取得的收入数；借方登记年终转入"基金预算结余"科目的数额。平时贷方余额反映当年基金预算收入的累计数。该科目按《政府收支分类科目》中的"基金预算收入"科目设置明细账。

(二) 预算收入的账务处理

【例 5-1】 某市财政局发生如下预算收入业务：

(1) 市财政收到国库报来"预算收入日报表"，列示当日一般预算收入 520 000 元，基金预算收入 450 000 元。

借：国库存款　　　　　　　　　　　　　　　　　　970 000
　　贷：一般预算收入　　　　　　　　　　　　　　　　520 000
　　　　基金预算收入　　　　　　　　　　　　　　　　450 000

(2) 市财政收到国库报来"预算收入日报表"以及所附收入凭证，列示当日一般预算收入为负数 60 000 元(退库数大于收入缴库数)。

借：国库存款　　　　　　　　　　　　　　　　　　 60 000
　　贷：一般预算收入　　　　　　　　　　　　　　　　 60 000

(3) 市财政局收到国库报来"预算收入日报表"，列示地方固定收入房产税 400 000 元，文教部门基金收入 350 000 元。

借：国库存款　　　　　　　　　　　　　　　　　　750 000
　　贷：一般预算收入　　　　　　　　　　　　　　　　400 000
　　　　基金预算收入　　　　　　　　　　　　　　　　350 000

(4) 年终，将"一般预算收入"贷方余额 860 000 元转入"预算结余"科目。

借：一般预算收入　　　　　　　　　　　　　　　　860 000
　　贷：预算结余　　　　　　　　　　　　　　　　　　860 000

(5) 年终，将"基金预算收入"贷方余额 800 000 元转入"基金预算结余"科目。

借：基金预算收入　　　　　　　　　　　　　　　　800 000
　　贷：基金预算结余　　　　　　　　　　　　　　　　800 000

第二节　其他收入的核算

一、专用基金收入的核算

专用基金收入是指财政会计管理的各项专用基金，如粮食风险基金、电力建设基金等。它是财政部门按规定设置或取得的专用基金收入，包括从上级财政部门拨入和由本级财政预算支出安排取得的。专用基金本身就是预算基金，为了保证其专款专用，根据规定应专户储存。而基金预算收入则是凭借政府法规收取的政府性基金(如社会保障基金)、税费附加等。

为了核算各项专用基金收入，财政会计应设置"专用基金收入"科目。

"专用基金收入"是收入类科目。它是用来核算各级财政部门按规定设置或取得的专用基金收入。贷方登记从上级财政部门或由本级预算支出安排取得的专用基金收入数，借方登记年终转入"专用基金结余"的数额，平时贷方余额表示当年专用基金收入的累计数。

【例 5-2】 某市财政局发生如下专用基金业务：

(1) 从上级财政取得粮食风险基金 450 000 元。

借：其他财政存款 450 000
　　贷：专用基金收入 450 000

(2) 本级财政从预算支出中安排取得专用基金收入 200 000 元。

借：一般预算支出 200 000
　　贷：国库存款 200 000

同时，

借：其他财政存款 200 000
　　贷：专用基金收入 200 000

(3) 年终将专用基金收入贷方余额 650 000 元转入"专用基金结余"科目。

借：专用基金收入 650 000
　　贷：专用基金结余 650 000

二、财政周转金收入

财政周转金收入是指财政部门在办理周转金借出或放款业务中收取的资金占用费收入和利息收入。

为了反映和监督财政周转金收入的情况，各级财政应设置"财政周转金收入"科目。"财政周转金收入"是收入类科目。它是用来核算财政周转金利息及占用费的收入情况。贷方登记取得利息和资金占用费数额；借方登记年终从"财政周转金支出"科目转入的数额。平时贷方余额反映财政周转金收入的累计数。年终，先将"财政周转金支出"借方数额转入本科目借方进行对冲，然后将冲销后的余额全部转入"财政周转基金"科目，结转后，本科目没有余额。本科目应设置"利息收入"和"资金占用费收入"两个明细科目。

【例 5-3】 某市财政局发生如下财政周转金收入业务：

(1) 取得财政周转金利息收入 25 000 元。

借：其他财政存款 25 000
　　贷：财政周转金收入 25 000

(2) 取得财政周转金占用费收入 35 000 元。

借：其他财政存款 35 000
　　贷：财政周转金收入 35 000

(3) 年终将"财政周转金支出"科目余额 45 000 元转入"财政周转金收入"科目。

借：财政周转金收入 45 000
　　贷：财政周转金支出 45 000

(4) 年终结转财政周转金净收益 15 000 元。

借：财政周转金收入 15 000
　　贷：财政周转基金 15 000

三、资金调拨收入的核算

(一) 资金调拨收入的内容

资金调拨是指中央财政与地方财政、地方上下级财政等不同级财政之间调拨资金，它是平衡各级预算收支的一种手段。主要包括：上下级财政之间通过上级补助和下级上解方式进行的资金调拨；同级财政不同预算资金的调拨，即将基金预算调入一般预算，用于平衡预算收支。资金调拨收入主要包括：补助收入、上解收入和调入资金。

1. 补助收入

它是指上级财政按财政体制规定或因专项资金需要补助给本级财政的款项。主要包括：税收返还收入、按财政体制规定由上级财政补助的款项、上级财政对本级财政的专项补助和临时补助。

2. 上解收入

它是指按财政体制规定，下级财政上交给本级财政的款项。主要包括：按体制规定，由国库在下级预算收入中直接划解给本级财政的款项、按体制结算后由下级财政应缴给本级财政的款项、各种专项上解款。

3. 调入资金

它是指为平衡一般预算支出，从基金的预算结余以及按规定从其他渠道调入的资金。

(二) 资金调拨收入的账务处理

为了核算和监督各级财政部门资金调拨收入的执行情况，财政会计应设置"补助收入""上解收入""调入资金"科目。

"补助收入"是收入类科目。它是用来核算上级财政部门拨来的补助款。贷方登记收入数；借方登记退还数和年终转入"预算结余"的数额。平时贷方余额反映上级补助收入的累计数。该科目按补助收入的性质设置明细账。

"上解收入"是收入类科目。它是用来核算下级财政上缴的预算上解数。贷方登记上解数；借方登记退还数和年终转入"预算结余"的数额。平时贷方余额反映下级财政上解收入的累计数。该科目按上解地区设置明细账。

"调入资金"是收入类科目。它是用来核算各级财政部门因平衡一般预算收支从有关渠道调入的资金。贷方登记调入数；借方登记年终转入"预算结余"科目的数额。平时贷方余额反映调入资金的累计数。该科目按调入资金的性质设置明细账。

【例 5-4】 某市财政局发生如下资金调拨业务：

(1) 收到省财政厅拨来的专项补助款 250 000 元。

借：国库存款　　　　　　　　　　　　　　　　　　　　　250 000
　　贷：补助收入　　　　　　　　　　　　　　　　　　　　　　250 000

(2) 收到省财政厅通知，将以前所借款项 500 000 元转作预算补助。

借：与上级往来　　　　　　　　　　　　　　　　　　　　500 000
　　贷：补助收入　　　　　　　　　　　　　　　　　　　　　　500 000

(3) 收到所属县财政按体制规定上解的收入款 200 000 元。

借：国库存款　　　　　　　　　　　　　　　　　　　　　200 000
　　贷：上解收入　　　　　　　　　　　　　　　　　　　　　　200 000

(4) 市财政从基金预算结余中调出资金 400 000 元以平衡预算收支。

借：调出资金　　　　　　　　　　　　　　　　　　400 000
　　贷：国库存款——基金预算存款　　　　　　　　　　　　400 000
借：国库存款——一般预算存款　　　　　　　　　　　400 000
　　贷：调入资金　　　　　　　　　　　　　　　　　　　　400 000

(5) 年终，将"补助收入"贷方余额 750 000 元、"上解收入"贷方余额 200 000 元、"调入资金" 400 000 元转入"预算结余"科目。

借：补助收入　　　　　　　　　　　　　　　　　　750 000
　　上解收入　　　　　　　　　　　　　　　　　　200 000
　　调入资金　　　　　　　　　　　　　　　　　　400 000
　　贷：预算结余　　　　　　　　　　　　　　　　　　　1 350 000

本 章 小 结

预算收入是国家为了实现其职能，通过预算集中的资金。预算收入包括一般预算收入、基金预算收入、专用基金收入、财政周转金收入和资金调拨收入。

预算收入的组织机构主要有征税机关和国家金库。征税机关有财政机关、税务机关和海关。

预算收入的缴库方式有就地缴库、集中缴库和自收汇缴三种。

基金预算收入是指按规定收取、转入或通过当年财政安排，由财政部门掌管并具有指定用途的政府性基金。专用基金收入是指财政会计管理的各项专用基金，如粮食风险基金、电力建设基金等，它是财政部门按规定设置或取得的专用基金收入。财政周转金收入是指财政部门在办理周转金借出或放款业务中收取的资金占用费收入和利息收入。需要设置"一般预算收入""基金预算收入""专用基金收入""财政周转金收入"科目核算。

资金调拨是指中央财政与地方财政、地方上下级财政等不同级财政之间调拨资金，它是平衡各级预算收支的一种手段。主要包括：上下级财政之间通过上级补助和下级上解方式进行的资金调拨；同级财政不同预算资金的调拨，即将基金预算调入一般预算，用于平衡预算收支。资金调拨收入主要包括：补助收入、上解收入和调入资金。需要设置"补助收入""上解收入""调入资金"科目核算。

复习思考题

1. 预算收入的含义如何？预算收入包括哪些内容？
2. 什么是一般预算收入？分成哪些类别？
3. 什么是基金预算收入？包括哪些内容？
4. 一般预算收入的组织机构包括哪些？

5. 预算收入有哪几种缴库方式？

6. 预算收入如何核算？

练 习 题

一、目的　练习财政总预算会计收入的核算。

二、资料　某市财政局 2014 年度发生以下有关经济业务：

1. 收到同级国库报来的预算收入日报表列示：收到市所属国有企业所得税收入 650 000 元。

2. 收到同级国库报来的预算收入日报表列示：当日各种政府性基金收入 450 000 元。

3. 收到省财政厅拨来的基金预算补助款 240 000 元。

4. 收到所属县财政按体制规定的预算上解款 120 000 元。

5. 将所属县财政多解的上解款 20 000 元退回。

6. 市财政为平衡一般预算收支，经批准从基金预算收入中调入资金 230 000 元。

7. 收到省财政厅通知，将原来的借款 360 000 元转为对本市财政的补助款。

8. 收到国库报来预算收入日报表以及所附收入凭证，列示当日收入为负数 30 000 元。

三、要求　根据上述经济业务编制会计分录。

第六章　财政支出的核算

学习目标

通过本章的学习，要求了解预算支出的内容和办理预算支出的规定；掌握一般预算支出、基金预算支出、专用基金支出、资金调拨支出和财政周转金支出的核算。

第一节 预算支出的核算

一、预算支出及其内容

预算支出是一级政府为实现其职能,对筹集的财政资金的再分配。预算支出包括一般预算支出、基金预算支出、专用基金支出、资金调拨支出和财政周转金支出等。

(一) 一般预算支出

一般预算支出是指国家对集中的一般预算收入有计划地分配和使用而形成的支出。按照《政府收支分类科目》,一般预算支出包括以下内容。

(1) 一般公共服务支出。它反映政府提供的公共服务支出。

(2) 外交支出。包括外交管理事务、驻外机构、对外援助等支出。

(3) 国防支出。它反映现役部队、预备役部队、国防科研事业等支出。

(4) 公共安全支出。包括武装警察部队、公安、国家安全、检察、法院和司法等支出。

(5) 教育支出。包括教育管理事务、普通教育、职业教育、成人教育、广播电视教育等支出。

(6) 科学技术支出。包括科学技术管理事务、自然基础研究、应用研究、社会科学等支出。

(7) 文化体育与传媒支出。包括文化、文物、体育、广播电视、新闻出版等支出。

(8) 社会保障和就业支出。包括人力资源和社会保障管理事务、民政管理事务、财政对社会保险基金的补助支出等。

(9) 医疗卫生支出。包括医疗卫生管理事务、公立医院、基层医疗卫生机构、公共卫生等支出。

(10) 节能环境支出。包括环境保护管理事务、环境监测和监察、污染防治等支出。

(11) 城乡社区事务支出。包括城乡社区管理事务、城乡社区规划与管理、城乡社区公共设施等支出。

(12) 农林水事务支出。包括农业、林业、水利、南水北调、扶贫等支出。

(13) 交通运输支出。包括公路水路运输、铁路运输、民用航空运输等支出。

(14) 资源勘探电力信息等事务支出。

(15) 商业服务业等事务支出。

(16) 粮油物资储备管理等事务支出。

(17) 金融监管等事务支出。

(18) 地震灾后恢复重建支出。

(19) 国土资源气象等事务支出。

(20) 住房保障支出。

(21) 预备费支出。

(22) 国债还本付息支出。

(23) 其他支出。

(24) 转移性支出。包括返还性支出、一般性转移性支出、专项转移性支出等。

(二) 基金预算支出

基金预算支出是指用基金预算收入安排的支出。按照《政府收支分类科目》，基金预算支出包括以下几项。

(1) 一般公共服务。主要包括商贸事务和彩票事务支出。
(2) 公共安全。主要包括涉外、涉港澳台证书工本费支出。
(3) 教育。主要包括地方教育附加支出等。
(4) 科学技术。主要包括核电站乏燃料处理处置基金支出。
(5) 文化教育与传媒。
(6) 社会保障与就业。主要包括残疾人事业等。
(7) 城乡社区服务。
(8) 农林水事务。
(9) 交通运输。主要包括公路水路运输、铁路运输、民用航空运输等。
(10) 资源勘探电力信息等事务。主要包括散装水泥专项资金支出、新型墙体材料专项基金支出、农网还贷资金支出等。
(11) 商业服务业等事务。主要包括旅游发展基金支出。
(12) 金融监管等事务支出。主要包括金融调控支出。
(13) 其他支出。主要包括其他政府性基金支出和彩票公益金安排的支出。
(14) 转移性支出。主要包括政府性基金转移支付、地震灾后恢复重建补助支出、调出资金和年终结余。

二、办理预算支出的基本规定

(1) 严格执行《中华人民共和国预算法》。办理拨款支出必须以预算为准，预算经费的动用必须经同级人民政府批准。不得列报超预算的支出。
(2) 对主管部门(主管会计单位)，提出的季度(分月)用款计划及分"款""项"填制的"预算经费请拨单"，应认真审核。根据经审核批准的拨款申请，结合库款余存情况向用款单位拨款。
(3) 财政会计应根据预算管理的要求和拨款的实际情况分"款""项"核算，列报当前预算支出。
(4) 主管会计单位应在计划内控制用款，不得随意改变资金用途。"款""项"之间如需调剂，应填制"科目流用申请书"，报经转列的支出经同级财政部门核准后使用。财政会计凭证核定的留用数调整预算支出。

三、一般预算支出的列报口径

一般预算支出的列报口径是：
(1) 实行限额管理的基本建设支出按用款单位银行支出数列报支出。
(2) 不实行限额管理的基本建设支出按拨付用款单位的拨款数列报支出。
(3) 对行政事业单位的非包干性支出和专项支出，平时按财政拨款数列报支出，清理结算收回拨款时，再冲销已列支出，对于收回以前年度已列支出的款项，除财政部门另有规定以外，应冲销当年支出。

(4) 除以上三项以外的其他各项支出均以财政拨款数列报支出。

(5) 凡是预拨以后各期的经费,不得直接按预拨数列作本期支出,应作为预拨款处理,到期后,再按上述列报口径转列支出。

四、预算支出的核算

(一) 预算支出核算使用的会计科目

为了核算和监督各级财政部门组织的预算支出的执行情况,各级财政会计应设置"一般预算支出"和"基金预算支出"会计科目。

"一般预算支出"是支出类科目。它是用来核算各级财政会计办理的,应由预算资金支付的各项支出。借方登记办理的直接支出数、将预拨行政事业单位经费转列的支出数、直接拨给基本建设用款单位的支出数、实行限额管理的基本建设支出数及由建设银行报来的银行支出数等;贷方登记支出的收回或冲销转账数。平时借方余额表示一般预算支出的累计数,年终转账后,该科目无余额。该科目按《政府收支分类科目》中的"一般预算支出"科目(不含一般预算调拨支出类)分"款""项"设置明细账。

"基金预算支出"是支出类科目。它是用来核算各级政府部门用基金预算收入安排的支出。借方登记发生的基金支出数;贷方登记支出的收回或冲销转账数。平时借方余额反映基金预算支出累计数,年终转账后该科目无余额。该科目应按《政府收支分类科目》中的"基金预算支出"科目(不含基金预算调拨支出类)设置明细账。

(二) 预算支出的账务处理

【例 6-1】 某市财政局发生如下预算支出业务:

(1) 市财政局拨给市教育局本月经费 450 000 元。

借:一般预算支出　　　　　　　　　　　　　　　　　　　　　　　450 000
　　贷:国库存款　　　　　　　　　　　　　　　　　　　　　　　　　　450 000

(2) 将上月预拨给市卫生局的经费 280 000 元转列支出。

借:一般预算支出　　　　　　　　　　　　　　　　　　　　　　　280 000
　　贷:预拨经费　　　　　　　　　　　　　　　　　　　　　　　　　　280 000

(3) 按计划拨给市公安局专项购置费 70 000 元。

借:一般预算支出　　　　　　　　　　　　　　　　　　　　　　　 70 000
　　贷:国库存款　　　　　　　　　　　　　　　　　　　　　　　　　　 70 000

(4) 用养路费收入安排养路费支出 800 000 元。

借:基金预算支出　　　　　　　　　　　　　　　　　　　　　　　800 000
　　贷:国库存款　　　　　　　　　　　　　　　　　　　　　　　　　　800 000

(5) 发放职工养老保险支出 500 000 元。

借:基金预算支出　　　　　　　　　　　　　　　　　　　　　　　500 000
　　贷:国库存款　　　　　　　　　　　　　　　　　　　　　　　　　　500 000

(6) 年终将"一般预算支出"借方余额 800 000 元转入"预算结余"科目。

借:预算结余　　　　　　　　　　　　　　　　　　　　　　　　　800 000
　　贷:一般预算支出　　　　　　　　　　　　　　　　　　　　　　　　800 000

(7) 将"基金预算支出"借方余额 1 300 000 元转入"基金预算结余"科目。

借：基金预算结余   1 300 000

    贷：基金预算支出   1 300 000

第二节   其他支出的核算

一、专用基金支出的核算

专用基金支出是各级财政部门用专用基金收入安排的支出。

为了核算和监督各级财政部门专用基金的支出情况，财政会计应设置"专用基金支出"科目。

"专用基金支出"是支出类科目。它是用来核算各级财政部门用专用基金收入安排的支出。借方登记发生的专用基金支出；贷方登记支出的收回数及年终转入"专用基金结余"科目的数额。平时借方余额反映专用基金支出的累计数，年终转账后，该科目无余额。

【例 6-2】 某市财政局发生如下专用基金支出业务：

(1) 用专用基金收入安排专用基金支出 500 000 元。

借：专用基金支出   500 000

    贷：其他财政存款   500 000

(2) 向市农业局拨付粮食风险基金 850 000 元。

借：专用基金支出   850 000

    贷：其他财政存款   850 000

(3) 年终将"专用基金支出"借方余额 1 350 000 元转入"专用基金结余"科目。

借：专用基金结余   1 350 000

    贷：专用基金支出   1 350 000

二、财政周转金支出的核算

财政周转金支出是指地方财政部门从上级借入财政周转金所支付的占用费以及周转金管理过程中按规定开支的相关费用。

为了核算和监督各级政府部门财政周转金的支出情况，应设置"财政周转金支出"科目。

"财政周转金支出"是支出类科目。它是用来核算借入上级财政周转金支付的占用费以及周转金管理过程中按规定开支的相关费用支出情况。借方登记支付的资金占用费及手续费等；贷方登记年终转入"财政周转金收入"的数额。平时借方余额反映财政周转金支出的累计数，年终转账后无余额。该科目应设置"占用费支出"和"业务费支出"两个明细账。

【例 6-3】 某市财政局发生如下财政周转金支出业务：

(1) 支付从上级借入财政周转金的资金占用费 60 000 元。

借：财政周转金支出   60 000

    贷：其他财政存款   60 000

(2) 支付委托银行放款的手续费 45 000 元。

借：财政周转金支出　　　　　　　　　　　　　　　　　　　　45 000
　　贷：其他财政存款　　　　　　　　　　　　　　　　　　　　　　45 000

(3) 年终，将"财政周转金支出"借方余额 105 000 元转入"财政周转金收入"科目。

借：财政周转金收入　　　　　　　　　　　　　　　　　　　　105 000
　　贷：财政周转金支出　　　　　　　　　　　　　　　　　　　　　105 000

三、资金调拨支出的核算

(一) 资金调拨支出的内容

资金调拨支出是指根据财政体制规定在各级财政之间进行的资金调拨以及本级财政各项资金之间的调剂所形成的支出。它包括补助支出、上解支出、调出资金。

1. 补助支出

它是指本级财政按财政体制规定或因专项需要补助给下级财政的款项及其他转移支付的支出。主要包括：税收返还支出、按原体制结算应补助给下级财政的款项、专项补助或临时补助。

2. 上解支出

它是指按财政体制规定由本级财政上交给上级财政的款项。主要包括：按财政体制规定由国库在本级财政预算收入中直接划解给上级财政的款项、按财政体制结算应上解给上级财政的款项、各种专项上解款。

3. 调出资金

它是指为了平衡一般预算收支而从基金预算的地方财政税费附加收入结余中调出、补充预算的资金。

(二) 资金调拨支出的账务处理

为了核算和监督各级财政资金调拨支出的执行情况，应设置"补助支出""上解支出""调出资金"科目。

"补助支出"是支出类科目。它是用来核算本级财政对下级财政的补助支出。借方登记发生的补助支出数或从"与下级往来"科目的转入数；贷方登记支出的退还数或年终转入"预算结余"的数额。平时借方余额反映补助支出的累计数，年终转账后无余额。该科目应按补助地区设置明细账。

"上解支出"是支出类科目。它是用来核算解缴上级财政的款项。借方登记发生的上解支出数；贷方登记支出的退转数或年终转入"预算结余"的数额。平时借方余额反映上解支出的累计数，年终转账后无余额。

"调出资金"是支出类科目。它是用来核算各级财政部门从基金预算的地方财政税费附加收入结余中调出，用于平衡一般预算收支的资金。借方登记发生的调出资金数；贷方登记支出的退转数或年终转入"预算结余"的数额。平时借方余额反映调出资金的累计数,年终转账后无余额。

【例6-4】 某市财政局发生如下资金调拨业务:

(1) 拨付所属县财政一般预算补助款300 000元。

 借:补助支出   300 000
  贷:国库存款   300 000

(2) 将所属县财政原欠的往来款400 000元转作对该县的补助。

 借:补助支出   400 000
  贷:与下级往来   400 000

(3) 支付按体制结算应上解的款项600 000元。

 借:上解支出   600 000
  贷:国库存款   600 000

(4) 从基金预算结余中调出资金350 000元用于平衡一般预算收支。

 借:调出资金   350 000
  贷:国库存款——基金预算存款   350 000
 借:国库存款——一般预算存款   350 000
  贷:调入资金   350 000

(5) 年终将"补助支出"借方余额700 000元、"上解支出"借方余额600 000元转入"预算结余"科目。

 借:预算结余   1 300 000
  贷:补助支出   700 000
   上解支出   600 000

(6) 年终将"调出资金"借方余额350 000元转入"基金预算结余"科目。

 借:基金预算结余   350 000
  贷:调出资金   350 000

本 章 小 结

  预算支出是一级政府为实现其职能,对筹集的财政资金的再分配。预算支出包括一般预算支出、基金预算支出、专用基金支出、资金调拨支出和财政周转金支出。

  基金预算支出是指用基金预算收入安排的支出。专用基金支出是各级财政部门用专用基金收入安排的支出。财政周转金支出是指地方财政部门从上级借入财政周转金所支付的占用费以及周转金管理过程中按规定开支的相关费用。需要设置"一般预算支出""基金预算支出""财政周转金支出"科目核算。

  资金调拨支出是指根据财政体制规定在各级财政之间进行的资金调拨以及本级财政各项资金之间的调剂所形成的支出。它包括补助支出、上解支出、调出资金,需要设置"补助支出""上解支出""调出资金"科目核算。

复习思考题

1. 预算支出的含义如何？它分为哪几类？
2. 一般预算支出的含义及内容如何？
3. 基金预算支出的含义及内容如何？
4. 一般预算支出的列报口径怎样？
5. 办理预算支出应遵循哪些规定？
6. 一般预算支出和其他财政支出如何核算？

练 习 题

一、目的　练习财政总预算会计支出的核算。

二、资料　某市财政局2014年发生以下有关业务：

1. 根据市卫生局申请，拨给市卫生局当月经费150 000元。
2. 按规定拨给所属县财政基金预算补助款200 000元。
3. 按规定拨给市城建局当月经费450 000元。
4. 将所属县财政借款500 000元转作补助款。
5. 支付上级财政周转金资金占用费60 000元。
6. 年终结算尚欠所属甲县财政预算补助款70 000元。
7. 调出附加费收入700 000元，用于平衡一般预算收支。
8. 建设银行报来月报，列示实行限额管理的基本建设单位银行支出数合计为2 500 000元。

三、要求　根据上述经济业务编制会计分录。

第七章 财政净资产的核算

学习目标

通过本章的学习,要求了解财政净资产的内容和动用预算结余的原则;掌握财政结余、预算周转金、财政周转基金的核算;理解预算周转金的含义。

第一节 结余的核算

一、结余及其内容

结余是财政收支的执行结果，是下年度可以结转使用或重新安排使用的资金，包括一般预算结余、基金预算结余、专用基金结余。

(1) 一般预算结余。它是指各级财政一般预算收支的执行结果。
(2) 基金预算结余。它是各级财政管理的政府性基金收支的年终执行结果。
(3) 专用基金结余。它是指各级财政会计管理的专用基金的年终执行结果。

各项结余每年结算一次，年终各项收入与相应的支出冲销后，即成为该项当年结余。当年结余加上上年年末结余就是本年年末滚存结余。各项结余应分别核算，不得混淆。

二、结余核算的账务处理

为了核算和监督财政部门的各项结余的增减变动及结存情况，各级财政会计应设置"预算结余""基金预算结余""专用基金结余"等科目。

"预算结余"是净资产类科目。它是用来核算各级财政预算收支的年终执行结果。贷方登记年终从"一般预算收入""补助收入——一般预算补助""上解收入""调入资金"等科目转入的数额；借方登记年终从"一般预算支出""补助支出——一般预算补助""上解支出"等科目的转入数。贷方余额反映本年末预算结余的滚存结余。

"基金预算结余"是净资产类科目。它是用来核算各级财政管理的政府性基金收支的年终执行结果。贷方登记年终从"基金预算收入""补助收入——基金预算补助"科目的转入数；借方登记年终从"基金预算支出""补助支出——基金预算补助""调出资金"科目的转入数。贷方余额反映本年年末基金预算的滚存结余。本科目应根据基金预算科目所列的基金项目设置明细账。

"专用基金结余"是净资产类科目。它是用来核算财政会计管理的专用基金收支的年终执行结果。贷方登记年终从"专用基金收入"的转入数；借方登记年终从"专用基金支出"的转入数。贷方余额反映本年度专用基金的滚存结余。该科目应按专用基金项目设置明细账。

【例 7-1】 某市财政局发生如下结余业务：

(1) 年终，将一般预算收入 5 600 000 元、补助收入——一般预算补助 3 500 000 元、上解收入 3 000 000 元、调入资金 350 000 元转入"预算结余"科目。

```
借：一般预算收入                              5 600 000
    补助收入——一般预算补助                   3 500 000
    上解收入                                  3 000 000
    调入资金                                    350 000
    贷：预算结余                                        12 450 000
```

(2) 年终将一般预算支出 5 200 000 元、补助支出——一般预算补助 3 300 000 元、上解支出 2 500 000 元转入"预算结余"科目。

借：预算结余	11 000 000
贷：一般预算支出	5 200 000
补助支出——一般预算补助	3 300 000
上解支出	2 500 000

由(1)和(2)可知，本年预算结余为：

$$12\ 450\ 000 - 11\ 000\ 000 = 1\ 450\ 000(元)$$

(3) 年终将基金预算收入 700 000 元、补助收入——基金预算补助 400 000 元转入"基金预算结余"科目。

借：基金预算收入	700 000
补助收入——基金预算补助	400 000
贷：基金预算结余	1 100 000

(4) 年终将基金预算支出 450 000 元、补助支出——基金预算补助 220 000 元、调出资金 350 000 元转入"基金预算结余"科目。

借：基金预算结余	1 020 000
贷：基金预算支出	450 000
补助支出——基金预算补助	220 000
调出资金	350 000

由(3)和(4)可知，本年基金预算结余为：

$$1\ 100\ 000 - 1\ 020\ 000 = 80\ 000(元)$$

(5) 年终将专用基金收入 440 000 元转入"专用基金结余"科目。

借：专用基金收入	440 000
贷：专用基金结余	440 000

(6) 年终将专用基金支出 380 000 元转入"专用基金结余"科目。

借：专用基金结余	380 000
贷：专用基金支出	380 000

由(5)和(6)可知，本年专用基金结余为：

$$440\ 000 - 380\ 000 = 60\ 000(元)$$

第二节　预算周转金的核算

一、预算周转金及其设置和动用原则

预算周转金是指为了调剂预算年度内季节性收入与支出的差额，保证及时用款而设置的周转基金。

设置必要的预算周转金，是各级财政灵活调度预算周转资金的重要保证。预算的收与支往往是不一致的，虽然全年预算收支平衡，但月份之间、季度之间总是不平衡的，不是收大于支，就是支大于收。而且收入是逐日取得的，每月的支出都是在月初拨付。因此，各级财政为了平衡季节性预算收支，必须设置相应的预算周转金。

设置和动用预算周转金时应遵循以下原则。

(1) 预算周转金一般从年度预算结余中提取设置、补充或由上级财政部门拨入。

(2) 预算周转金由本级政府财政部门管理,只能用于平衡预算收支的临时周转使用,不能用于财政开支。

(3) 已设置或补充的预算周转金,未经上级财政部门批准,不能随意减少。年终必须保持原核定数额,逐年结转。

(4) 预算周转金的数额,应与预算支出规模相适应。随着预算收支逐年增大,预算周转金也应相应地补充。

二、预算周转金的账务处理

为了核算预算周转金,财政会计应设置"预算周转金"科目。

"预算周转金"是净资产类科目。它是用来核算各级财政设置的用于平衡季节性预算收支差额周转使用的资金。贷方登记设置数或补充数;借方登记核销数或抽回数(一般很少发生),贷方余额反映预算周转金实有数。

【例 7-2】 某县财政发生如下预算周转金业务:

(1) 县财政动用预算结余 540 000 元补充预算周转金。

借:预算结余　　　　　　　　　　　　　　　　　　　　540 000
　　贷:预算周转金　　　　　　　　　　　　　　　　　　540 000

(2) 县财政收到市财政拨来的预算周转金 250 000 元。

借:国库存款　　　　　　　　　　　　　　　　　　　　250 000
　　贷:预算周转金　　　　　　　　　　　　　　　　　　250 000

第三节　财政周转基金的核算

一、财政周转基金及其来源

财政周转基金是指地方各级财政部门按规定设置供有偿周转使用的资金。它反映一级地方财政周转金的规模。

财政周转金的来源主要包括两个方面。

(1) 按国家制度规定,由财政预算安排的有偿使用资金,在列预算支出的同时,转入财政周转基金。

(2) 年终结算后用财政周转金收入扣减财政周转金支出后的差额转入。

二、财政周转基金的账务处理

为了核算各级政府部门设置的有偿使用的周转资金,应设置"财政周转基金"科目。

"财政周转基金"是净资产类科目。贷方登记用预算资金或用财政周转金净收入的设置或补充数;借方登记收回或核销的无法收回的贷款数额。贷方余额反映财政周转基金的总额,年终余额结转下年度。

【例 7-3】 某市财政局发生如下业务：
(1) 经批准动用一般预算资金增补财政周转基金 500 000 元。

借：一般预算支出　　　　　　　　　　　　　　　　500 000
　　　贷：国库存款　　　　　　　　　　　　　　　　　　500 000

同时，
借：其他财政存款　　　　　　　　　　　　　　　　500 000
　　　贷：财政周转基金　　　　　　　　　　　　　　　　500 000

(2) 年终将财政周转金净收入 150 000 元增补财政周转基金。

借：财政周转金收入　　　　　　　　　　　　　　　150 000
　　　贷：财政周转基金　　　　　　　　　　　　　　　　150 000

(3) 将逾期未还的财政周转金放款 80 000 元，按规定程序报批核销。

借：财政周转基金　　　　　　　　　　　　　　　　 80 000
　　　贷：待处理财政周转金　　　　　　　　　　　　　　 80 000

本 章 小 结

财政净资产是指资产减去负债的差额，包括各项结余和预算周转金及财政周转基金等。结余是财政收支的执行结果，是下年度可以结转使用或重新安排使用的资金，包括一般预算结余、基金预算结余、专用基金结余。需要设置"预算结余""基金预算结余""专用基金结余"科目核算。

预算周转金是指为了调剂预算年度内季节性收入与支出的差额，保证及时用款而设置的周转基金。财政周转基金是指地方各级财政部门按规定设置供有偿周转使用的资金。它反映一级地方财政周转金的规模，需要设置"预算周转金""财政周转基金""待处理财政周转金"科目核算。

复习思考题

1. 什么是结余？它包括哪些内容？
2. 什么是预算周转金？为什么要设置预算周转金？
3. 动用预算周转金应遵循哪些原则？
4. 什么是财政周转基金？它的来源如何？

练 习 题

习题一

一、目的　练习财政总预算会计净资产的核算。
二、资料　某市财政局 2014 年度发生以下有关业务：
1. 经省财政机关批准，从本市财政上年结余中补充预算周转金 130 000 元。

2. 收到省财政厅拨来的预算周转金 680 000 元。

3. 年终将财政周转金净收入 250 000 元补充财政周转基金。

4. 将某企业逾期未归还的周转金 300 000 元，按规定程序报批核销。

5. 经批准用一般预算资金增补财政周转金 80 000 元。

三、要求　根据上述经济业务编制会计分录。

习题二

一、目的　练习财政总预算会计各项结余的核算。

二、资料　某市财政局 2014 年度各有关收入、支出科目的余额如下(单位：元)。

科 目 名 称	年 终 余 额
一般预算收入	2 450 000 000
基金预算收入	125 000 000
补助收入——一般预算补助	15 000 000
——基金预算补助	8 000 000
上解收入	120 000 000
调入资金	25 000 000
一般预算支出	2 400 000 000
基金预算支出	75 000 000
补助支出——一般预算补助	99 200 000
——基金预算补助	25 000 000
上解支出	43 000 000
调出资金	25 000 000

三、要求

1. 根据上述资料做出年终转账的会计分录。

2. 计算出本年度各项结余数额。

第八章　财政会计报表

学习目标

通过本章的学习，要求了解财政会计报表的种类、编制程序和编制要求；理解年终清理结算和年终结账的内容；掌握资产负债表、预算执行情况表、财政周转金报表的编制。

第一节 财政会计报表概述

一、财政会计报表的种类及编制要求

财政会计报表,是各级财政部门预算收支执行情况及其结果的书面报告。它是各级领导机关和上级财政部门了解情况、掌握政策、指导预算执行工作的重要资料,也是编制下年度预算的数字基础。

(一) 财政会计报表的种类

(1) 财政会计报表按经济内容可以分为资产负债表、预算执行情况表、财政周转金收支情况表、财政周转金投放情况表、预算执行情况说明书及其他附表。其他附表有基本数字表、行政事业单位汇总表以及所附会计报表。

(2) 财政会计报表按编制时间可以分为旬报、月报和年报。

(3) 财政会计报表按编制单位可以分为本级报表和汇总报表。

(二) 财政会计报表的编制要求

各级财政会计报表要做到数字正确、内容完整、报送及时。

1. 数字正确

财政会计报表的数字,必须根据核对无误的科目记录和所属单位报表汇总。切实做到账表相符,有根有据。

2. 内容完整

财政会计报表要严格按照统一规定的报表种类、格式、内容、计算方法和编制口径填制,以保证全国统一汇总和分析。汇总报表的单位,要把所属单位的报表汇集齐全,防止漏报。

3. 报送及时

财政会计报表要在规定的时间内报出,以便于主管部门和财政部门及时汇总。

二、财政会计报表的编制程序

财政会计报表由乡(镇)、县(市)、市(设区的市)、省(自治区、直辖市)以及计划单列市财政机关,根据统一的总会计科目、统一的编制口径、统一的报送时间,从基层单位开始,逐级汇总编报,不得以估代编。单位会计报表是同级总预算会计的组成部分,由各级行政事业单位逐级汇总,各主管部门向同级财政机关报送;此外,参与政府预算执行的国家金库和建设银行、农业银行以及办理和监督中央级限额拨款的国家银行也要分别向同级财政机关报送预算收入和预算支出的各种报表,由财政部报送国务院。地方各级总预算收支执行情况表,由财政机关同时报送同级人民政府。

第二节　财政会计报表的编制

一、旬报的编制

按旬报送的财政会计报表主要是预算执行情况表，它是用于反映预算收支执行情况的报表。预算执行情况表每月上、中旬各报一次，下旬免报，以月报代替，反映月初至本旬止主要预算收支完成情况。各省、自治区的旬报要求在旬后三天上报财政部。

二、月报的编制

按月编制的报表主要有资产负债表、预算收支情况表和财政周转金表。

(一) 资产负债表

资产负债表是反映各级人民政府财政资金状况的报表。它提供某一特定日期各级政府所控制的资产、承担的负债以及拥有的净资产情况。

(1) 资产负债表按照"资产＋支出＝负债＋净资产＋收入"的平衡公式设置。左方为资产部类，右方为负债部类，两方总数相等。

(2) 各级总预算会计应先编制出本级财政的资产负债表，然后经与审核无误的所属下级财政资产负债表汇总后编制成本地区的财政汇总的资产负债表。

(3) 在汇编中，将本级财政的"与下级往来"和下级财政的"与上级往来"、本级财政的"上解收入"和下级财政的"上解支出"、本级财政的"补助支出"和下级财政的"补助收入"等核对无误后相互冲销，以免重复汇总。

(4) 资产负债表的"年初数"根据上年末资产负债表中有关项目的"年末数"填列。如果不同会计期间的报表项目及内容有变化，则"年初数"应根据上年"年末数"按本年编报要求合并分析填列。资产负债表的"年末数"应根据年终结账后各总账余额填制。

(5) 资产负债表只要求编制和汇总月报和年报。各收入类和支出类科目按规定只有年终才将累计余额分别转入结余科目，因此，本表的月报中支出和收入类各项目均应有数字反映；年报中收入和支出类项目均为零。

(二) 预算收支情况表

预算收支情况表按收支配比要求，分为一般预算收入月报、一般预算支出月报、基金预算收支月报，其格式分别如表 8-1、表 8-2 所示。

表 8-1　　年　　月份预算收入月报

金额单位：

预算科目	当月数	累计数	预算科目	当月数	累计数

表 8-2 　　　年　　月份预算支出月报

金额单位：

科 目 名 称	本月完成数	累计完成数	科 目 名 称	本月完成数	累计完成数

(三) 财政周转金报表

财政周转金报表是用来反映各级财政周转金收入、支出及结余分配情况的报表。该表共由三张表组成，即财政周转金收支情况表、财政周转金投放情况表、财政周转金变动情况表。

1. 财政周转金收支情况表

它是用于反映各级财政周转金收入、支出及结余分配情况的报表。该表分为左、右两方，左方反映财政周转金利息收入、占用费收入情况；右方反映周转金占用费、业务费支出情况。各项收支应按具体项目列示。财政周转金收支情况表的格式见表 8-3。

表 8-3 财政周转金收支情况表

金额单位：

财政周转金收入		财政周转金支出	
项　目	金　额	项　目	金　额
利息收入 占用费收入 转入财政周转金		占用费支出 业务费支出 其中：	
合　计		合　计	

2. 财政周转金投放情况表

财政周转金投放情况表是用于反映年度财政周转金规模、周转金放款、借出及收回情况的报表。该表包括三个方面的内容：一是一级财政周转金拥有的财力，包括本级财政设置的周转金，向上级财政借入的周转金，其他可能发生的可以用作周转的资金，均在该表的左方列示；二是财政周转金的放款数，要求按归口部门列示；三是借给下级财政的周转金，要求按归口部门或下级财政部门列示。三方面的数额分别根据"财政周转基金""借入财政周转金""财政周转金放款"和"借出财政周转金"等科目分析填列。财政周转金投放情况表见表 8-4。

表 8-4 财政周转金投放情况表

单位:

项目	年初数	本期增加数	本期减少数	期末数	项目	年初数	本期借出数	本期收回数	期末数
财政周转基金					财政周转金放款				
借入财政周转金					借出财政周转金				
1.					1.				
2.					2.				
3.					3.				
合计					合计				

3. 财政周转金变动情况表

财政周转金变动情况表是用于反映财政周转基金年度内增减变化情况的报表。该表应根据"财政周转基金""待处理财政周转金"等科目的数据填列。"财政周转基金年初数"加上"本年预算安排""本年占用费及利息收入""上级拨入""其他",减去"本年核销(待处理周转金)数",就是"财政周转基金年末数"。填制该表时,有关预算安排增加数和其他增加数应按实有数列出明细项目。"待处理财政周转金"的"本年核销数"是指按规定的程序报批核销的数额。财政周转基金变动情况表的格式见表 8-5。

表 8-5 财政周转基金变动情况表

单位:

序号	项目	金额	序号	项目	金额
1	财政周转基金年初数		12	待处理周转金年初数	
2	本年预算安排		13	本年增加数	
3	1.工交		14	本年减少数	
4	2.商贸		15	其中:	
5			16	收回数	
6	本年占用费及利息收入		17	本年核销数	
7	上级拨入				
8	其他				
9	1.				
10	2.				
11	财政周转基金期末数			待处理周转金期末数	

三、年报的编制

年报是全面反映总预算收支执行结果的年度报表。财政总预算会计年报就是各级政府财政总决算。

国家财政决算是对国家预算执行的全面总结,反映年度国家预算收支的最终结果,也是国民经济和社会事业发展在财政上的集中反映。因此,各级财政部门必须按上级规定,在年度终了,认真进行年终清理和年终结账,以便及时、准确、完整编制年度决算报表。

编制年报的步骤如下所述。

(一) 年终清理

年终清理是指各级财政部门和预算执行单位,在年终前,对全年各项预算资金的收支及其有关财务活动进行全面清理、核对和结算的工作。年终清理的主要事项有以下几方面。

1. 核对年度预算收支数字

预算收支数字是考核决算收支完成情况和办理收支结算的重要依据。年终前,各级财政会计应配合预算管理部门,把各级财政之间、财政与预算单位之间的全年预算数核对清楚。追加追减、上划下拨数字,必须在年度终了前核对完毕。为了便于年终清理,本年预算追加追减和企事业单位的上划下拨,一般截至 11 月底为止。各项预算拨款,一般截至 12 月 25 日。

2. 清理本年预算收支款项

凡属于本年的一般预算收入,要认真清理,年终前必须如数缴入国库。督促国库在年终库款报解整理期内,迅速报齐当年预算收入。凡属应当在本年预算支出报销的款项,非特殊原因也要在年终办理完毕。清理基金预算收支和专用基金时,凡属应列入本年的收入,应及时催收,并缴入国库或指定的银行科目。

3. 清理往来款项

财政机关的往来款项,是预算执行过程中发生的待结算资金。各级财政会计在年终前对暂收款和暂付款等往来款项,要在年终前认真清理核算,做到人欠的收回,欠人的归还,应转作预算收入或预算支出的款项要及时转入本年预算收支科目。

4. 组织征收机关和国库进行年度对账

年度终了后,按国库制度规定,支库应设置 10 天的库款报解整理期,经收处在 12 月 31 日前所收款项,应在"库款报解整理期"内报达支库,列入当年决算。年度终了后,各级国库要按年度决算对账办法编制决算收入对账单,分送同级财政机关、征收机关和监交机关核对签章,保证预算收入数字一致。

5. 清理核对当年拨款支出

各级财政会计对本级各单位的经费拨款支出应与拨款收入核对清楚。对于非包干单位未列支的经费结余,财政会计应根据具体情况处理,属于单位正常周转占用的资金,可仍作为预算支出处理;属于应收回的拨款支出,按收回数相应冲减预算支出。

6. 清理财政周转金收支

各级财政预算部门或周转金管理机构应对财政周转金收支款项、上下级财政之间的财政周转金借入借出款项进行清理。同时,对于各项财政周转金贷款进行清理。财政周转金明细账由财政业务部门核算的,各预算部门或周转金管理机构应与业务部门的明细账进行核对,做到账账相符。

(二) 年终结算

年终结算是指年终对财政体制收支基数以外发生的上下级财政之间的收支变化以及财力转移事项,按照年终结算办法,采取中央财政与地方财政、地方上下级财政之间实行单独结算的办法来处理。

年终结算的基本方法是,各级财政之间要在年终清理的基础上,结算上下级财政总预算之间的预算调拨收支和往来款项。按照财政管理规定,计算出全年应补助、应上解和应返还数,与年度预算执行过程中已补助、已上解和已返还数进行比较,结合借垫款项,计算出全年最后应补或应退数额,填制"年终财政决算单",经核对无误后,作为年终财政结算凭证来登记入账。

【例 8-1】 某市财政局经年终结算,按年度预算计算应上解数为 95 500 000 元,年度预算执行中实际上解数为 92 100 000 元,上级应补助本级财政款为 1 200 000 元。则

$$本市应补上解数 = 应上解数 - 本市实际上解数$$
$$= 95\,500\,000 - 92\,100\,000$$
$$= 3\,400\,000(元)$$

再减去上级应补助本市款项,即为应补上解数。

即:本市应补助上解省财政款 = 本市应补上解数 - 省应补助本市数
$$= 3\,400\,000 - 1\,200\,000$$
$$= 2\,200\,000(元)$$

市财政会计,根据经上级财政审批的结算结果,通过"与上级往来"科目与省财政办理结算,应编制如下会计分录:

借:上解支出　　　　　　　　　　　　　　　　　　　　3 400 000
　　贷:与上级往来　　　　　　　　　　　　　　　　　　　　3 400 000
借:与上级往来　　　　　　　　　　　　　　　　　　　1 200 000
　　贷:补助收入　　　　　　　　　　　　　　　　　　　　1 200 000

"与上级往来"科目的贷方余额 2 200 000 元,就是本市应补交上级财政的款项和省财政对本市的补助款项轧差数。

省财政会计则应通过"与下级往来"科目与所属市财政办理结算,编制如下会计分录:

借:与下级往来　　　　　　　　　　　　　　　　　　　3 400 000
　　贷:上解收入　　　　　　　　　　　　　　　　　　　　3 400 000
借:补助支出　　　　　　　　　　　　　　　　　　　　1 200 000
　　贷:与下级往来　　　　　　　　　　　　　　　　　　　1 200 000

"与下级往来"科目的借方余额 2 200 000 元,就是所属该市应补交款项。

(三) 年终结账

财政总预算会计经过年终清理结算,把各项结算收支记入旧账后,就可以办理年终结账。年终结账工作包括三个方面,即年终转账、结清旧账、记入新账。

1. 年终转账

首先要计算出各科目 12 月份合计数和全年累计数，结出 12 月末余额，然后根据各科目 12 月末的余额，编制结账前的"资产负债表"进行试算平衡。试算平衡无误后，再将应对冲转账的各个收入科目和支出科目余额，按年终冲转办法，填制 12 月份记账凭证(凭证按 12 月份连续编号，填制实际处理日期)，分别转入"预算结余""基金预算结余""专用基金结余"科目冲销。将当年"财政周转金支出"转入"财政周转金收入"科目冲销，并将冲销后的财政周转金收入余额转入"财政周转基金"科目。

【例 8-2】 某市财政总预算会计根据 12 月末有关科目余额，编制的结账前资产负债表如表 8-6 所示。

表 8-6 资产负债表

(年终结账前)

编制单位： ××年12月31日 单位：万元

资 产 部 类			负 债 部 类		
账 户 名 称	年初数	年末数	账 户 名 称	年初数	年末数
资产			负债		
国库存款		2 850	借入款		0
其他财政存款		160	暂存款		480
有价证券		1 350	与上级往来		270
在途款		30	借入财政周转金		0
暂付款		560	负债合计		750
与下级往来		0	净资产		
基建拨款		260	预算结余		1 450
预拨经费		600	基金预算结余		740
财政周转金放款		500	专用基金结余		0
借出财政周转金		0	预算周转金		600
待处理财政周转金		0	财政周转基金		510
资产合计		6 310	净资产合计		3 300
支出			收入		
一般预算支出		10 500	一般预算收入		14 000
基金预算支出		250	基金预算收入		650
专用基金支出		0	专用基金收入		0
补助支出		480	补助收入		8 440
上解支出		9 600	上解收入		0
调出资金		300	调入资金		300
财政周转金支出		0	财政周转金收入		0
支出合计		21 130	收入合计		23 390
资产部类合计		27 440	负债部类合计		27 440

根据年终结账前的资产负债表，按年终结账办法的规定，市财政总预算会计填制 12 月 31 日的记账凭证，办理年终转账业务。

(1) 将全年的一般预算收入 140 000 000 元、调入资金 3 000 000 元、补助收入 84 400 000 元转入预算结余科目。

  借：一般预算收入   140 000 000
    调入资金   3 000 000
    补助收入   84 400 000
    贷：预算结余   227 400 000

(2) 将全年一般预算支出 105 000 000 元、补助支出 4 800 000 元、上解支出 96 000 000 元转入预算结余科目。

  借：预算结余   205 800 000
    贷：一般预算支出   105 000 000
      补助支出   4 800 000
      上解支出   96 000 000

(3) 将基金预算收入 6 500 000 元，转入基金预算结余科目。

  借：基金预算收入   6 500 000
    贷：基金预算结余   6 500 000

(4) 将基金预算支出 2 500 000 元、调出资金 3 00 000 元转入基金预算结余。

  借：基金预算结余   5 500 000
    贷：基金预算支出   2 500 000
      调出资金   3 000 000

2. 结清旧账

将各个收入和支出账户的借方、贷方结出全年累计数，然后在下面划双红线，表示本账户全部结清。对年终有结余的账户，在"摘要"栏内注明"结转下年"字样，并在下面划双红线，表示旧账余额结束，转入新账。根据各账户余额编制结账后的资产负债表，如表 8-7 所示。

3. 记入新账

根据年终结账后编制的资产负债表和有关明细账各账户的年终余额明细表，不编制记账凭证，将表列各账户的余额直接记入新年度有关总账和明细账户预留空行的余额栏内，并在"摘要"栏内注明"上年结转"字样，以区别新年度发生数。

表 8-7 资产负债表

(年终结账后)

编制单位：   ××年 12 月 31 日   单位：万元

资 产 部 类			负 债 部 类		
账 户 名 称	年初数	年末数	账 户 名 称	年初数	年末数
资产			负债		
国库存款		2 850	借入款		0
其他财政存款		160	暂存款		480
有价证券		1 350	与上级往来		270

续表

资产部类			负债部类		
账户名称	年初数	年末数	账户名称	年初数	年末数
在途款		30	借入财政周转金		0
暂付款		560	负债合计		750
与下级往来		0	净资产		
基建拨款		260	预算结余		3 610
预拨经费		600	基金预算结余		840
财政周转金放款		500	专用基金结余		0
借出财政周转金		0	预算周转金		600
待处理财政周转金		0	财政周转基金		510
资产合计		6 310	净资产合计		5 560
支出			收入		
一般预算支出		0	一般预算收入		0
基金预算支出		0	基金预算收入		0
专用基金支出		0	专用基金收入		0
补助支出		0	补助收入		0
上解支出		0	上解收入		0
调出资金		0	调入资金		0
财政周转金支出		0	财政周转金收入		0
支出合计		0	收入合计		0
资产部类合计		6 310	负债部类合计		6 310

(四) 年报的编制方法

各级财政总预算会计在进行年终结账后，要根据上级财政部门颁发的决算编审办法和总决算统一表格编制年终决算报表，即年报。年报的种类、格式和内容由财政部根据国家预算管理的要求和总预算会计制度的基本精神作统一规定。

年报一般分为财政年度收支决算总表、收入决算明细表、支出决算明细表、基金预算收支决算总表、基金收支明细表、财政年终资产负债表、各项事业/行政费基本数字表等。

第三节 财政会计报表的审核、汇总和分析

一、财政会计报表的审核

为了保证财政总预算会计报表数字正确、内容完整，如实反映预算执行情况，各级财政部门对于本级各主管部门和下级财政部门的会计报表必须认真审核，以保证会计报表的质量。

对会计报表的审核，主要包括两方面的内容，即政策性审核和技术性审核。

(1) 政策性审核，通常包括预算收入审核、预算支出审核和预算结余审核三方面内容。

① 预算收入的审核，主要审核各项预算收入是否按照国家有关政策、法令、财经纪律执行；预算收入的收纳是否符合政策规定；是否及时足额上缴国库；有无截留、乱冲收入；

是否化预算内为预算外资金；收入的划分、报解是否正确；预算收入的退库是否符合规定及认真审批等。

② 预算支出的审核，主要审核预算支出是否超过了批准的预算；有无违反财经纪律的超支现象；凡政策规定采取收支两条线的办法列报的事项，有无采取抵留方式处理的行为；预算支出是否按银行支出数列报，有无以拨作支的现象；预算支出是否列报齐全，有无年终突击花钱的现象等。

③ 预算结余的审核，主要审核结转下年继续使用的资金是否符合规定，结余和赤字是否真实等问题。

(2) 技术性审核，主要审核报表之间的有关数字是否一致；上下年度有关数字是否一致；主表和附表的数字是否一致；上下级财政部门之间报表的数字是否一致；财政决算报表的有关数字和其他有关部门的财务决算、税收年报和国库年报的有关数字是否一致等。

二、财政会计报表的汇总

财政会计报表经审核无误后，县级以上财政会计还要根据本级报表和所属各级上报的会计报表进行汇总，编制汇总会计报表。在编制汇总会计报表时，应将上下级之间对应科目的数字予以冲销，以免重复计列收入和支出，即本级报表中"补助支出"和所属下级报表中的"补助收入"冲销；本级报表中的"上解收入"与下级报表中的"上解支出"冲销；本级报表中的"与下级往来"与下级报表中的"与上级往来"冲销。其余各数字均将本级报表和所属下级报表中的相同数字相加即可得出汇总报表有关科目数字。

三、财政会计报表的分析

财政会计报表集中反映了一定时期的财政预算执行数字，但还需要进行会计报表的分析，才能把预算收支的完成情况或未完成的原因反映出来，会计报表分析也是加强预算管理工作的重要环节。

财政会计报表分析的资料主要有各种会计报表、国民经济计划和社会发展计划情况、往年的历史资料，以及调查研究资料等。

财政会计报表的分析方法主要是"对比分析法"，即将两个有关的可比较的数字进行对比，来分析有关项目之间相互联系的一种方法。它是财政会计报表分析中普遍使用的方法。

财政会计报表分析的内容主要有：预算收支完成总情况的分析、预算收入完成情况的分析和预算支出完成情况的分析等。

1. 预算收支完成总情况的分析

它主要是从总体上分析预算收入和支出的完成情况，以及收支的平衡情况。以此作为导向，抓重点、找差距、查原因，再对预算收支进行深入分析。为了便于分析，可将有关数字资料加工整理，编制出分析表，考察预算收支的增减变化情况，进而进行全面的分析。

2. 预算收入完成情况的分析

对某一时期的预算收入完成情况进行分析，可将本期的预算收入实际入库数与当年预算数进行对比，以便于检查预算收入进度是否与时间进度相一致；与上年实际完成数对比，可分析收支各项增减数额的变化和原因；与同类型地区对比，可以看出工作上存在的问题，学习外地的经验，改进工作。

3. 预算支出完成情况的分析

它主要分析支出预算的执行情况及其原因。在分析支出预算时，应先把本期的支出预算调整好，然后才能进行对比。通常情况下，支出预算有当年预算安排数、上年决算结转下年的支出以及上级追加补助款或专款。支出分析主要是分析预算支出进度同国民经济和社会发展计划、事业行政计划的完成情况是否适应。结合事业发展、工程进度和人员编制等情况来分析预算支出效果及其原因。

本 章 小 结

财政会计报表，是各级财政部门预算收支执行情况及其结果的书面报告。它是各级领导机关和上级财政部门了解情况、掌握政策、指导预算执行工作的重要资料，也是编制下年度预算的数字基础。财政会计报表按经济内容可以分为资产负债表、预算执行情况表、财政周转金收支情况表、财政周转金投放情况表、预算执行情况说明书及其他附表。其他附表有基本数字表、行政事业单位汇总表以及所附会计报表。

资产负债表是反映各级人民政府财政资金状况的报表。它提供某一特定日期各级政府所控制的资产、承担的负债以及拥有的净资产情况。

预算执行情况表，又称预算收支表，是财政总预算会计用于反映预算收支执行情况的报表。该表根据需要可编制旬报、月报和年报。

财政周转金报表是用来反映各级财政周转金收入、支出及结余分配情况的报表。该表共由三张表组成，即财政周转金收支情况表、财政周转金投放情况表、财政周转金变动情况表。财政周转金收支情况表是用于反映各级财政周转金收入、支出及结余分配情况的报表；财政周转金投放情况表是用于反映年度财政周转金规模以及周转金放款、借出及收回情况的报表；财政周转金变动情况表是用于反映财政周转基金年度内增减变化情况的报表。

复习思考题

1. 财政会计报表的含义是什么？它包括哪些种类？
2. 编制财政会计报表有哪些要求？
3. 财政会计报表的年终清理主要包括哪些工作？
4. 什么是年终结账？它包括哪些环节？
5. 财政会计报表的审核包括哪些内容？
6. 财政会计报表的分析有哪些内容？

练 习 题

一、目的　练习资产负债表的编制。

二、资料　某市财政 2014 年年终转账前各有关账户余额如下(单位：元)：

账户名称	借方余额	贷方余额
国库存款	12 000 000	
其他财政存款	1 700 000	
有价证券	1 400 000	
暂付款	220 000	
与下级往来	450 000	
预拨经费		1 300 000
基建拨款		1 800 000
暂存款		520 000
与上级往来		950 000
借入款		5 510 000
预算结余		1 100 000
基金预算结余		540 000
预算周转金		2 000 000
财政周转基金		1 100 000
一般预算收入		85 000 000
基金预算收入		14 000 000
补助收入		4 400 000
上解收入		2 490 000
调入资金		5 500 000
一般预算支出	80 200 000	
基金预算支出	11 300 000	
上解支出	6 200 000	
补助支出	3 000 000	
调出资金	2 500 000	

三、要求

1. 根据上述资料编制年终结账前的资产负债表。
2. 按规定编制年终转账分录，进行年终转账。
3. 编制年终转账后的资产负债表。

第三篇 行政单位会计

第九章 行政单位资产的核算

学习目标

通过本章的学习,要求了解行政单位资产的内容;掌握行政单位流动资产、固定资产、在建工程、无形资产等的核算。

第一节　流动资产的核算

流动资产是指可以在 1 年以内(含 1 年)变现或者耗用的资产,包括库存现金、银行存款、零余额账户用款额度、财政应返还额度、应收及预付款项和存货等。

一、库存现金的核算

(一) 现金的管理

1. 坚持"账钱分管,互相牵制"的原则

各个行政单位出纳和会计要分别管理,要设置专职或兼职的出纳员管理现金出纳工作。会计和出纳员要明确分工,各负其责,互相牵制。

2. 按国家规定的范围使用现金

按国家规定,下列范围内可以使用现金。
(1) 支付给职工个人的工资、奖金、津贴。
(2) 支付给个人的劳动报酬。
(3) 根据国家规定颁发给个人的科学、技术、文化、教育、卫生、体育等各种奖金。
(4) 各种劳保、福利费用以及国家规定对个人的其他支出。
(5) 向个人收购农副产品和其他物质的价款。
(6) 支付出差人员必须随身携带的差旅费。
(7) 结算起点以下的零星支出。
(8) 中国人民银行确定需要支付现金的其他支出。

3. 严格遵守银行核定的库存现金的限额

行政单位为了办理日常零星开支,需要经常保持一定数量的库存备用金,但为了防止现金积压,控制货币发行,国家银行规定要进行限额管理,各单位的库存现金必须经过开户银行核定,除核定的库存限额以外,其余必须存入开户银行,不得自行保留。库存现金限额由单位提出计划,报开户银行审查批准,需要调整库存现金限额时,应再向开户银行申请报批。

4. 不准坐支现金

所谓坐支现金是指以本单位收入的现金直接支付自己的支出。按照银行制度规定,行政单位每天收入的现金必须当天送存银行,不能直接支用,不许任意坐支;因特殊原因需要坐支现金的,应事先报经开户银行审查批准,由开户银行核定坐支范围和限额,坐支单位应定期向银行报送坐支金额和使用情况。

5. 现金收支业务必须根据合法凭证办理

单位办理任何现金收支,都必须以合法的原始凭证为依据。出纳员支付现金后,应当在原始凭证单据上加盖"现金收讫"戳记,并在当天入账,不准以借据抵现金入账。收到现金后,属于各项收入的现金,都应当给对方开收款收据。现金不准借给私人,不准以白条抵库,不准套取现金,对于收付现金的各种原始单据应统一保管。在现金收付业务中,严密手续,防止漏洞。

6. 如实反映现金库存,保证账款相符

现金收支应及时入账,出纳员应于每日业务终了后结清当天账目,并将账面库存现金和实际库存现金核对,不得以借据或白条抵顶现金库存。若发现长款或短款,应及时查明原因,作出处理,保证账款相符。

(二) 现金核算的账务处理

为了反映行政单位库存现金的收入、支出和结存情况,应设置"库存现金"科目。它是资产类科目,借方登记库存现金的增加数;贷方登记库存现金的减少数;期末借方余额反映库存现金结存数额。

有外币现金的行政单位,应分别人民币、各种外币设置"现金日记账"进行现金的明细核算。

【例9-1】 某行政单位9月份发生如下现金收支业务:

(1) 9月2日,开出现金支票从银行存款账户提取现金8 000元备用。

借:库存现金　　　　　　　　　　　　　　　　　　　　　　　8 000
　　贷:银行存款　　　　　　　　　　　　　　　　　　　　　　8 000

(2) 9月6日,机关人员王红出差预借差旅费1 500元。

借:其他应收款——王红　　　　　　　　　　　　　　　　　　1 500
　　贷:库存现金　　　　　　　　　　　　　　　　　　　　　　1 500

(3) 王红出差回来报销差旅费1 420元,余款80元退回。

借:经费支出　　　　　　　　　　　　　　　　　　　　　　　1 420
　　库存现金　　　　　　　　　　　　　　　　　　　　　　　　 80
　　贷:其他应收款——王红　　　　　　　　　　　　　　　　　1 500

在现金收付过程中,如果发生长款或短款情况,应及时查明原因。在未查明原因之前,应先通过"待处理财产损溢"科目核算。属于现金短缺,应当按照实际短缺的金额,借记"待处理财产损溢"科目,贷记"库存现金"科目;属于现金溢余,应当按照实际溢余的金额,借记"库存现金"科目,贷记"待处理财产损溢"科目。待查明原因后,如为现金短缺,属于应由责任人赔偿或向有关人员追回的部分,借记"其他应收款"科目,贷记"待处理财产损溢"科目;如为现金溢余,属于应支付给有关人员或单位的,借记"待处理财产损溢"科目,贷记"其他应付款"科目。

【例9-2】 某行政单位发生下列现金长短会计事项:

(1) 盘点库存现金,发现库存现金数比账面数短少185元,原因待查。

借:待处理财产损溢　　　　　　　　　　　　　　　　　　　　　185
　　贷:库存现金　　　　　　　　　　　　　　　　　　　　　　　185

(2) 盘点库存现金,发现库存数比账面数多945元,原因待查。

借:库存现金　　　　　　　　　　　　　　　　　　　　　　　　945
　　贷:待处理财产损溢　　　　　　　　　　　　　　　　　　　　945

(3) 经查明,短少的现金是由于出纳员工作失误造成,经批准由其赔偿现金185元。

借：库存现金　　　　　　　　　　　　　　　　　　　　　　　　　185
　　贷：待处理财产损溢　　　　　　　　　　　　　　　　　　　　　185
(4) 经查明，多余的现金属于应支付给某单位的款项，转作其他应付款。
借：待处理财产损溢　　　　　　　　　　　　　　　　　　　　　　945
　　贷：其他应付款　　　　　　　　　　　　　　　　　　　　　　　945

行政单位需要设置"现金日记账"，由出纳员根据收付款凭证，按照业务发生的时间顺序逐笔登记。每日业务终了，应计算当日的现金收入合计数、支出合计数和结余数，并将结余数与实际库存数核对，做到账款相符。

二、银行存款的核算

(一) 银行存款的管理

银行存款是行政单位存在银行或其他金融机构的各种款项。按照规定，行政单位除可以保留必要的小额现金收付外，大量的资金都必须存入银行或其他金融机构，办理转账结算。单位在银行开设的存款户，只供本单位进行资金收付，不准出租、出借账户给其他单位或个人使用。不准签发空头支票和远期支票。

银行存款的收付业务，要根据合法的原始凭证，按照银行结算制度的要求，认真履行各项手续。行政单位还要按月与开户银行对账，保证账账相符、账款相符。

(二) 银行存款核算的账务处理

为了核算行政单位存在银行和其他金融机构的各种款项，行政单位应设置"银行存款"科目。它是资产类科目，借方登记收入的存款数；贷方登记付出的存款数；期末借方余额反映行政单位银行存款的结余数额。

【例 9-3】　某行政单位发生如下银行存款收付业务：
(1) 收到同级财政拨入的本期经费 600 000 元存入银行。
借：银行存款　　　　　　　　　　　　　　　　　　　　　　　600 000
　　贷：财政拨款收入　　　　　　　　　　　　　　　　　　　　600 000
(2) 用支票支付购买办公用品的款项 5 000 元。
借：经费支出　　　　　　　　　　　　　　　　　　　　　　　　5 000
　　贷：银行存款　　　　　　　　　　　　　　　　　　　　　　　5 000
(3) 行政单位购入 10 台电脑，价款共计 50 000 元，以转账支票支付。根据相关凭证，编制会计分录如下：
借：经费支出　　　　　　　　　　　　　　　　　　　　　　　　50 000
　　贷：银行存款　　　　　　　　　　　　　　　　　　　　　　　50 000
同时，
借：固定资产　　　　　　　　　　　　　　　　　　　　　　　　50 000
　　贷：资产基金——固定资产　　　　　　　　　　　　　　　　　50 000
收到受托代理的银行存款时，借记本科目，贷记"受托代理负债"。

行政单位应按开户银行存款种类分别设置"银行存款日记账"，由出纳员根据收付款凭证，按照业务发生时间的先后顺序逐笔登记，每日终了应结出余额。"银行存款日记账"应定期与开户银行核对。每月终了，行政单位银行存款账面余额与银行对账单余额之间如有差额，应逐一查明原因，分别情况进行处理。属于未达款项的，应编制"银行存款余额调节表"，调节相符。

有外币存款的行政单位，应在本科目下分别人民币和各种外币设置"银行存款日记账"进行明细核算。行政单位发生的外币存款业务，应将外币金额折算为人民币记账，并登记外币金额和折算汇率；外币折算为人民币记账时应采用当日汇率，年度终了(外币存款业务量大的机关可按季或月结算)，行政单位应将外币科目余额按照期末中国人民银行公布的人民币外汇汇率折合为人民币，作为外币科目的期末人民币余额。调整后的各外币科目人民币余额与原账面余额的差额，作为汇兑损溢列入有关支出。

三、零余额账户用款额度的核算

(一) 零余额账户用款额度核算的内容

在国库集中收付制度下，行政单位经财政部门审批，在国库集中支付代理银行开设单位零余额账户，用于财政授权支付的结算。财政部门根据预算安排和资金使用计划，定期向行政单位下达财政授权支付额度。行政单位可以根据下达的额度，自行签发授权支付指令，通知代理银行办理资金支付业务。

(二) 零余额账户用款额度核算的账务处理

零余额账户用款额度是在国库集中支付制度下，财政部门授权行政单位使用的资金额度。为了核算实行国库集中支付的行政单位根据财政部门批复的用款计划收到和支用的零余额账户用款额度，应设置"零余额账户用款额度"科目，它是资产类科目。借方登记收到的代理银行转来的"授权支付到账通知书"所列的财政授权支付到账额度数额；贷方登记使用的数额。收到授权额度通知书时，根据其所列额度数额，借记本科目，贷记"财政拨款收入"科目；使用时，借记"经费支出"等科目，贷记本科目。

年度终了，行政单位依据代理银行提供的对账单作注销额度的相关账务处理，借记"财政应返还额度——财政授权支付"科目，贷记"零余额账户用款额度"科目。行政单位本年度财政授权支付预算指标数大于零余额账户用款额度下达数的，根据未下达的用款额度，借记"财政应返还额度——财政授权支付"科目，贷记"财政拨款收入"科目。

下年初，行政单位依据代理银行提供的额度恢复到账通知书作恢复额度的相关账务处理，借记"零余额账户用款额度"科目，贷记"财政应返还额度——财政授权支付"科目。

该科目期末借方余额反映行政单位尚未支用的用款额度，本科目年末应无余额。

四、财政应返还额度的核算

(一) 财政应返还额度的核算内容

财政应返还额度是指行政单位年终注销的、需要在下年度恢复的年度未实现的用款额度。实行国库集中收付制度后，行政单位的财政经费由财政部门通过国库单一账户统一拨付。行政单位的年度财政预算指标包括财政直接支付额度和财政授权支付额度。年度终了，行政单位需要对未实现的用款额度进行注销，形成财政应返还额度，以后在下年度得以恢复。行政单位的财政应返还额度包括财政直接支付额度和财政授权支付额度。

(二) 财政应返还额度的账务处理

为了核算年终财政应返还额度的注销、恢复和使用情况，行政单位应设置"财政应返还额度"科目，它是资产类科目。借方登记当年用款额度预算指标数与当年实际支出数的差额；贷方登记下年度恢复的财政直接支付额度的实际发生的支出数以及下年度收到的恢复财政授权支付额度；本科目期末借方余额，反映行政单位应收财政返还的资金额度。

【例9-4】 某行政单位本年度财政直接支付额度为 4 000 000 元，当年度实际完成支付数 3 800 000 元，需要注销未实现的财政直接支付额度 200 000 元。

借：财政应返还额度——财政直接支付　　　　　　　　　　　　　　200 000
　　贷：财政拨款收入　　　　　　　　　　　　　　　　　　　　　　　　200 000

假如上例中，如果是财政授权支付额度预算指标 4 000 000 元，本年度实际下达的授权支付额度 3 800 000 元，未使用的零余额账户用款额度 100 000 元，未下达的额度 200 000 元，则：

借：财政应返还额度——财政授权支付　　　　　　　　　　　　　　300 000
　　贷：零余额账户用款额度　　　　　　　　　　　　　　　　　　　　　100 000
　　　　财政拨款收入　　　　　　　　　　　　　　　　　　　　　　　　200 000

下年初恢复额度时，对于恢复的财政直接支付额度，不进行账务处理，只记录预算数，实际使用恢复的财政直接支付额度时，借记有关支出科目，贷记"财政应返还额度——财政直接支付"科目；对于恢复的财政授权支付额度，借记"零余额账户用款额度"科目，贷记"财政应返还额度——财政授权支付"科目。

例如上例中，下年度，行政单位收到代理银行提供的恢复到账通知书，恢复上年注销财政授权额度 300 000 元(包括上年末未下达的零余额账户用款额度 200 000 元和未使用的授权额度 100 000 元)，均已经下达到零余额账户。则：

借：零余额账户用款额度　　　　　　　　　　　　　　　　　　　　300 000
　　贷：财政应返还额度——财政授权支付　　　　　　　　　　　　　　300 000

五、应收及预付款项的核算

(一) 应收款项的含义和内容

应收款项是指行政单位在开展业务活动和其他活动过程中形成的各项债权，包括应收账款、预付账款、其他应收款等。

(二) 应收账款的核算

应收账款主要核算行政单位出租资产、出售物资等应当收取的款项。应收账款核算通过"应收账款"科目，它是资产类科目，核算行政单位出租资产、出售物资等应当收取的款项。行政单位收到的商业汇票也通过本科目核算。本科目应当按照购货、接受服务单位(或个人)或开出、承兑商业汇票的单位等进行明细核算。

【例9-5】 行政单位出租办公设备一台给 M 单位，租金款 5 000 元尚未收到。

借：应收账款——M 单位　　　　　　　　　　　　　　　　　　　　5 000
　　贷：其他应付款　　　　　　　　　　　　　　　　　　　　　　　　　5 000

续上例：行政单位收到办公设备租金 5 000 元存入银行。

借：银行存款　　　　　　　　　　　　　　　　　　　　　　　　5 000
　　贷：应收账款——M 单位　　　　　　　　　　　　　　　　　　　　5 000

同时，

借：其他应付款　　　　　　　　　　　　　　　　　　　　　　　　5 000
　　贷：应缴财政款　　　　　　　　　　　　　　　　　　　　　　　　5 000

如果是出售物资，按照应收的款项借记"应收账款"，贷记"待处理财产损溢"科目。行政单位收到的商业汇票，也通过"应收账款"科目核算。

逾期 3 年或以上、有确凿证据表明确实无法收回的应收账款，按规定报经批准后予以核销。核销的应收账款应在备查簿中保留登记。

(1) 转入待处理财产损溢时，按照待核销的应收账款金额，借记"待处理财产损溢"科目，贷记本科目。(批准后转入"其他应付款"，与上例发生时对应)

(2) 已核销的应收账款在以后期间收回的，借记"银行存款"科目，贷记"应缴财政款"等科目。

(三) 预付账款的核算

预付账款是指行政单位按照购货、服务合同规定预付给供应单位(或个人)的款项。核算预付账款应设置"预付账款"科目，它是资产类科目。行政单位依据合同规定支付的定金，也通过本科目核算。行政单位支付可以收回的订金，不通过本科目核算，应当通过"其他应收款"科目核算。本科目应当按照供应单位(或个人)进行明细核算。

【例 9-6】某行政单位为购买办公设备，用银行存款预付货款 15 000 元。

借：预付账款——××单位　　　　　　　　　　　　　　　　　　15 000
　　贷：资产基金——预付款项　　　　　　　　　　　　　　　　　　15 000

同时，

借：经费支出　　　　　　　　　　　　　　　　　　　　　　　　15 000
　　贷：银行存款　　　　　　　　　　　　　　　　　　　　　　　　15 000

续上例：上述设备购入交付使用，实际价款 15 200 元，用库存现金补付 200 元。

借：资产基金——预付账款(原来预付数额)　　　　　　　　　　　15 000
　　贷：预付账款——××单位　　　　　　　　　　　　　　　　　　15 000

借：经费支出　　　　　　　　　　　　　　　　　　　　　　　　　　200
　　贷：库存现金　　　　　　　　　　　　　　　　　　　　　　　　　200

借：固定资产　　　　　　　　　　　　　　　　　　　　　　　　15 200
　　贷：资产基金——固定资产　　　　　　　　　　　　　　　　　　15 200

发生逾期确实无法收回的预付账款，逾期 3 年或以上、有确凿证据表明确实无法收到所购物资和服务，且无法收回的预付账款报经批准后予以核销，先借记"待处理财产损溢"，贷记"预付账款"，批准后借记"资产基金"，贷记"待处理财产损溢"。

(四) 其他应收款的核算

其他应收款是指行政单位应收账款、预付账款以外的其他各项应收及暂付款项，如职工预借的差旅费、拨付给内部有关部门的备用金、应向职工收取的各种垫付款项等。

行政单位应设置"其他应收款"科目，它是资产类科目，借方登记其他应收款的增加数，贷方登记结算收回或核销转列支出数，借方余额反映尚待结算的其他应收款累计数。本科目应按债务单位或个人名称设置明细账。

行政单位职工调动工作，在调出单位领用的调遣费，调出单位不能作为"其他应收款"处理，应该列作"经费支出"，在调入单位凭单据报销，多余退回给调入单位，作"经费支出"收回处理；不足时调入单位补发，列作"经费支出"。

【例 9-7】 某行政单位发生下列其他应收款业务：

(1) 王平出差预借旅费 1 600 元，以现金付讫。

借：其他应收款——王平　　　　　　　　　　　　　　　　1 600
　　贷：库存现金　　　　　　　　　　　　　　　　　　　　1 600

(2) 王平出差回来，报销旅费 1 720 元，不足部分补付其现金 120 元。

借：经费支出　　　　　　　　　　　　　　　　　　　　　1 720
　　贷：其他应收款——王平　　　　　　　　　　　　　　　1 600
　　　　库存现金　　　　　　　　　　　　　　　　　　　　120

逾期 3 年或以上，有确凿证据表明确实无法收回的其他应收款，按规定报经批准后予以核销。转入待处理财产损溢，核销后又收回，属于当年的，借记"银行存款"等科目，贷记"经费支出"；属于以前年度的，贷记"财政拨款结转""财政拨款结余""其他资金结转结余"等科目。

六、存货的核算

（一）存货及其核算内容

行政单位的存货是指行政单位在开展业务活动及其他活动中为耗用而储存的各种物资，包括材料、燃料、包装物和低值易耗品及未达到固定资产标准的家具、用具、装具等。

行政单位随买随用的零星办公用品等，可以在购入时直接列作支出。

行政单位应从下面几方面加强对存货的管理。

(1) 对于购入调拨存货，要严格实行计划管理，先由用料部门根据工作需要提出用料计划，存货管理部门根据用料计划和材料库存情况汇编存货采购计划，经主管会计人员审核，由单位领导人批准后计划执行。

(2) 各行政单位存货管理部门必须严格执行存货验收、入出库和保管制度，坚持进料、发料有凭证、有记录，并定期与会计部门核对有关科目。

(3) 行政单位的存货，每年至少盘点一次，对于发生盘盈、盘亏等情况，应当及时查明原因，报给单位领导批准后进行处理。

（二）存货收入核算的账务处理

行政单位存货的核算应设置"存货"科目，它是资产类科目，用来核算行政单位在开展业务活动及其他活动中为耗用而储存的各种物资，包括材料、燃料、包装物和低值易耗品及未达到固定资产标准的家具、用具、装具等的实际成本。

本科目应当按照存货的种类、规格和保管地点等进行明细核算。行政单位有委托加工存货业务的,应当在本科目下设置"委托加工存货成本"科目。出租、出借的存货,应当设置备查簿进行登记。

行政单位接受委托人委托指定受捐人的转赠物资,应通过"受托代理资产"科目核算,不通过本科目核算。

行政单位取得存货时,应当按照其实际成本入账。

1. 购入的存货

其成本包括购买价款、相关税费、运输费、装卸费、保险费以及其他使得存货达到目前场所和状态所发生的支出。

购入的存货验收入库,按照确定的成本,借记本科目,贷记"资产基金——存货"科目;同时,按照实际支付的金额,借记"经费支出"科目,贷记"财政拨款收入""零余额账户用款额度""银行存款"等科目;对于尚未付款的,应当按照应付未付的金额,借记"待偿债净资产"科目,贷记"应付账款"科目。

【例9-8】 某行政单位购入A材料500千克,每千克20元,以银行存款支付,材料已验收入库。另以库存现金200元支付运输费。根据相关凭证,编制会计分录如下:

借:存货——A材料　　　　　　　　　　　　　　　　　　　　10 200
　　贷:资产基金——存货　　　　　　　　　　　　　　　　　　10 200

同时,

借:经费支出　　　　　　　　　　　　　　　　　　　　　　　10 200
　　贷:库存现金　　　　　　　　　　　　　　　　　　　　　　　200
　　　　银行存款　　　　　　　　　　　　　　　　　　　　　　10 000

若上例为:某行政单位购入A材料500千克,每千克20元,款未支付,材料已验收入库。另以库存现金200元支付运输费。根据相关凭证,编制会计分录如下:

借:存货——A材料　　　　　　　　　　　　　　　　　　　　10 200
　　贷:资产基金——存货　　　　　　　　　　　　　　　　　　10 200

同时,如果没有付款,则:

借:经费支出　　　　　　　　　　　　　　　　　　　　　　　　　200
　　待偿债净资产　　　　　　　　　　　　　　　　　　　　　10 000
　　贷:库存现金　　　　　　　　　　　　　　　　　　　　　　　200
　　　　应付账款　　　　　　　　　　　　　　　　　　　　　　10 000

对于预付货款购入存货,通过"预付账款"科目核算。

【例9-9】行政单位以银行存款预付大华公司购买甲材料货款5 000元。

借:预付账款　　　　　　　　　　　　　　　　　　　　　　　5 000
　　贷:资产基金——预付账款　　　　　　　　　　　　　　　　5 000

同时,

借:经费支出　　　　　　　　　　　　　　　　　　　　　　　5 000
　　贷:银行存款　　　　　　　　　　　　　　　　　　　　　　5 000

假设上述甲材料到达并验收入库。

借:存货　　　　　　　　　　　　　　　　　　　　　　　　　5 000
　　贷:资产基金——存货　　　　　　　　　　　　　　　　　　5 000

同时，
借：资产基金——预付账款　　　　　　　　　　　　　　　5 000
　　贷：预付账款　　　　　　　　　　　　　　　　　　　　　　5 000
如果是赊购则通过"应付账款"科目核算。

2. 置换换入的存货

其成本按照换出资产的评估价值，加上支付的补价或减去收到的补价，加上为换入存货支付的其他费用(运输费等)确定。

换入存货验收入库，按照确定的成本，借记本科目，贷记"资产基金——存货"科目；同时，按实际支付补价、运输费等金额，借记"经费支出"科目，贷记"财政拨款收入""零余额账户用款额度""银行存款"等科目。

3. 接受捐赠、无偿调入的存货

其成本按照有关凭据注明的金额加上相关税费、运输费等确定；没有相关凭据可供取得，但依法经过资产评估的，其成本应当按照评估价值加上相关税费、运输费等确定；没有相关凭据可供取得、也未经评估的，其成本比照同类或类似存货的市场价格加上相关税费、运输费等确定；没有相关凭据也未经评估，其同类或类似存货的市场价格无法可靠取得，该存货按照名义金额入账。

接受捐赠、无偿调入的存货验收入库，按照确定的成本，借记本科目，贷记"资产基金——存货"科目；同时，按实际支付的相关税费、运输费等金额，借记"经费支出"科目，贷记"财政拨款收入""零余额账户用款额度""银行存款"等科目。

4. 委托加工的存货

其成本按照未加工存货的成本加上加工费用和往返运输费等确定。

委托加工的存货出库，借记本科目下的"委托加工存货成本"明细科目，贷记本科目下的相关明细科目。支付加工费用和相关运输费等时，借记"经费支出"科目，贷记"财政拨款收入""零余额账户用款额度""银行存款"等科目；同时，按照相同的金额，借记本科目下的"委托加工存货成本"明细科目，贷记"资产基金——存货"科目。委托加工完成的存货验收入库时，按照委托加工存货的成本，借记本科目下的相关明细科目，贷记本科目下的"委托加工存货成本"明细科目。

(三) 存货发出核算的账务处理

1. 存货发出的计价方法

存货发出时，应当根据实际情况采用先进先出法、加权平均法或者个别计价法确定发出存货的实际成本。

行政单位在执行预算过程中需要使用的存货，例如材料，应由用料部门在用料计划内填制领料单，经领料单位负责人审核签章后，才能作为发料的凭证。材料管理人员对领料单进行审核后，核定实发数量，并将实发数量填入领料单中，同时领发料双方在领料单上签章。在领料单上加盖"发讫"戳记，作为登记材料明细账的依据。

行政单位发出材料大多采用全月一次加权平均法计算发出材料的成本。

加权平均法是以加权平均计算的单位成本为依据，计算期末结存材料和发出材料实际成本的方法。其计算公式为：

$$材料平均单价 = \frac{期初结存材料实际成本 + 本期购入材料实际成本}{期初结存材料数量 + 本期购入材料数量}$$

期末结存材料实际成本＝期末结存材料数量×材料平均单价

发出材料实际成本＝发出材料数量×材料平均单价

【例9-10】 某行政单位2014年10月份A材料的收发明细账见表9-1。

表9-1　A材料明细账

2014年		凭证	摘要	收入			发出			结存		
月	日			数量/千克	单价/(元/千克)	金额/元	数量/千克	单价/(元/千克)	金额/元	数量/千克	单价/(元/千克)	金额/元
10	1		期初结存							120	10	1 200
	8		购进	200	9.45	1 890				320		
	10		发出				220			100		
	15		购入	180	12	2 160				280		
	28		领用				200			80		
10	31		合计	380		4 050	420	10.5	4 410	80	10.5	840

$$材料平均单价 = \frac{1\,200 + 4\,050}{120 + 380} = 10.5(元/千克)$$

期末结存材料实际成本＝80×10.5＝840(元)

本期发出材料实际成本＝420×10.5＝4 410(元)

2. 存货发出的会计处理

(1) 开展业务活动等领用、发出存货，按领用、发出存货的实际成本，借记"资产基金——存货"科目，贷记"存货"科目。

(2) 经批准对外捐赠、无偿调出存货时，按对外捐赠、无偿调出存货的实际成本，借记"资产基金——存货"科目，贷记"存货"科目。

对外捐赠、无偿调出存货发生由行政单位承担的运输费等支出，借记"经费支出"科目，贷记"财政拨款收入""零余额账户用款额度""银行存款"等科目。

(3) 经批准对外出售、置换换出的存货，应当转入待处理财产损溢，按照相关存货的实际成本，借记"待处理财产损溢"科目，贷记"存货"科目。

(4) 报废、毁损的存货，应当转入待处理财产损溢，按照相关存货的账面余额，借记"待处理财产损溢"科目，贷记"存货"科目。

【例9-11】 行政单位某部门业务活动领用办公用品，实际成本2 800元。

借：资产基金——存货　　　　　　　　　　　　　　　　　　　　2 800

　　贷：存货　　　　　　　　　　　　　　　　　　　　　　　　　　2 800

【例9-12】 行政单位向地震灾区捐赠一批存货，实际成本30 000元，另外用银行存款支付运费1 500元。

借：资产基金——存货 30 000
　　贷：存货 30 000
同时，
借：经费支出 1 500
　　贷：银行存款 1 500

(四) 存货清查的核算

行政单位的存货应当定期进行清查盘点，每年至少盘点一次。对于发生的存货盘盈、盘亏，应当及时查明原因，按规定报经批准后进行账务处理。

1. 盘盈的存货

按照取得同类或类似存货的实际成本确定入账价值；没有同类或类似存货的实际成本，按照同类或类似存货的市场价格确定入账价值；同类或类似存货的实际成本或市场价格无法可靠取得，按照名义金额入账。

盘盈的存货，按照确定的入账价值，借记本科目，贷记"待处理财产损溢"科目。

2. 盘亏的存货

转入待处理财产损溢时，按照其账面余额，借记"待处理财产损溢"科目，贷记本科目。

【例9-13】 某行政单位年终盘点存货，盘亏A材料30千克，单价20元；盘盈B材料10千克，同类材料单价25元。已经报经批准予以核销。

盘亏A材料时，根据相关凭证，编制会计分录如下：
借：待处理财产损溢 600
　　贷：存货——A材料 600
盘盈B材料时根据相关凭证，编制会计分录如下：
借：存货——B材料 250
　　贷：待处理财产损溢 250
核销后：
借：资产基金——存货 600
　　贷：待处理财产损溢 600
借：待处理财产损溢 250
　　贷：资产基金——存货 250

第二节　固定资产与在建工程的核算

一、固定资产及其分类

固定资产是指使用期限超过1年(不含1年)、单位价值在规定标准以上，并在使用过程中基本保持原有物质形态的资产。单位价值虽未达到规定标准，但是耐用时间超过1

年(不含 1 年)的大批同类物资,应当作为固定资产核算。固定资产是指单位价值在规定标准以上、使用年限在 1 年以上,并在使用过程中保持原有物质形态的资产。

行政单位的固定资产按其自然属性、用途和管理要求,可以分为以下几类:

(1) 房屋及构筑物,包括单位自有的办公用房、生活用房、业务用房和建筑物。
(2) 通用设备,如各种汽车、装卸工具、搬运工具、被服。
(3) 专用设备,包括各种仪器和机械、电子设备等。
(4) 文物和陈列品。
(5) 图书、档案。
(6) 家具、用具、装具及动植物。

以上各类,各部门可以根据本系统的具体情况作适当变更,并具体规定固定资产目录。各基层单位,应根据主管部门规定的固定资产目录组织固定资产核算。

二、固定资产核算的规定

(1) 固定资产的各组成部分具有不同的使用寿命、适用不同折旧率的,应当分别将各组成部分确认为单项固定资产。

(2) 购入需要安装的固定资产,应当先通过"在建工程"科目核算,安装完毕交付使用时再转入本科目核算。

(3) 行政单位的软件,如果其构成相关硬件不可缺少的组成部分,应当将该软件的价值包括在所属的硬件价值中,一并作为固定资产,通过本科目进行核算;如果其不构成相关硬件不可缺少的组成部分,应当将该软件作为无形资产,通过"无形资产"科目核算。

(4) 行政单位购建房屋及构筑物不能够分清支付价款中的房屋及构筑物与土地使用权部分的,应当全部作为固定资产,通过本科目核算;能够分清支付价款中的房屋及构筑物与土地使用权部分的,应当将其中的房屋及构筑物部分作为固定资产,通过本科目核算,将其中的土地使用权部分作为无形资产,通过"无形资产"科目核算;境外行政单位购买具有所有权的土地,作为固定资产,通过本科目核算。

(5) 行政单位借入、以经营租赁方式租入的固定资产,不通过本科目核算,应当设置备查簿进行登记。

行政单位应当设置"固定资产登记簿"和"固定资产卡片",按照固定资产类别、项目和使用部门等进行明细核算。出租、出借的固定资产,应当设置备查簿进行登记。

三、固定资产的账务处理

(一) 固定资产核算使用的科目

行政单位固定资产的核算,既要适应加强管理的需要,又要简化事务工作。会计部门和财产管理部门只设一套账。会计部门应设置"固定资产""累计折旧"等科目,并根据固定资产的分类设置二级科目。财产管理部门设置固定资产明细账,按类别分品种进行数量和金额的明细核算,并按照使用单位或个人设立固定资产的领用登记簿(卡),在簿(卡)上只登记实物数量,不登记金额。并定期进行核对,做到账账、账卡、账实相符。

1. "固定资产"

为了核算行政单位固定资产的增减变动情况,需要设置"固定资产"科目,它是资产类科目,借方登记固定资产的增加数,贷方登记固定资产的减少数,借方余额反映现有实存的固定资产原值的总额。

2. "累计折旧"

为核算固定资产、公共基础设施的累计折旧情况,需要设置"累计折旧"科目,它是资产类科目,提取折旧时登记贷方,减少时登记借方,贷方余额反映行政单位拥有的固定资产、公共基础设施等累计折旧总额。

(二)固定资产增加的账务处理

行政单位固定资产的增加,主要有基建完工、购置、自制、有偿或无偿调入等方面增加的固定资产。

1. 购入的固定资产

其成本包括实际支付的购买价款、相关税费、使固定资产交付使用前所发生的可归属于该项资产的运输费、装卸费、安装费和专业人员服务费等。

以一笔款项购入多项没有单独标价的固定资产,按照各项固定资产同类或类似固定资产市场价格的比例对总成本进行分配,分别确定各项固定资产的入账价值。

购入不需安装的固定资产,按照确定的固定资产成本,借记"固定资产"科目,贷记"资产基金——固定资产"科目;同时,按照实际支付的金额,借记"经费支出"科目,贷记"财政拨款收入""零余额账户用款额度""银行存款"等科目。

购入需要安装的固定资产,先通过"在建工程"科目核算。安装完工交付使用时,借记"固定资产"科目,贷记"资产基金——固定资产"科目;同时,借记"资产基金——在建工程"科目,贷记"在建工程"科目。

购入固定资产分期付款或扣留质量保证金的,在取得固定资产时,按照确定的固定资产成本,借记"固定资产"科目(不需安装)或"在建工程"科目(需要安装),贷记"资产基金——固定资产、在建工程"科目;同时,按照已实际支付的价款,借记"经费支出"科目,贷记"财政拨款收入""零余额账户用款额度""银行存款"等科目;按照应付未付的款项或扣留的质量保证金等金额,借记"待偿债净资产"科目,贷记"应付账款"或"长期应付款"科目。

2. 自行建造的固定资产

其成本包括建造该项资产至交付使用前所发生的全部必要支出。

固定资产的各组成部分需要分别核算的,按照各组成部分固定资产造价确定其成本;没有各组成部分固定资产造价的,按照各组成部分固定资产同类或类似固定资产市场造价的比例对总造价进行分配,确定各组成部分固定资产的成本。

工程完工交付使用时,按照自行建造过程中发生的实际支出,借记"固定资产"科目,贷记"资产基金——固定资产"科目;同时,借记"资产基金——在建工程"科目,贷记

"在建工程"科目；已交付使用但尚未办理竣工决算手续的固定资产，按照估计价值入账，待确定实际成本后再进行调整。

3. 自行繁育的动植物

其成本包括在达到可使用状态前所发生的全部必要支出。

(1) 购入需要繁育的动植物，按照购入的成本，借记"固定资产"科目(未成熟动植物)，贷记"资产基金——固定资产"科目；同时，按照实际支付的金额，借记"经费支出"科目，贷记"财政拨款收入""零余额账户用款额度""银行存款"等科目。

(2) 发生繁育费用，按照实际支付的金额，借记"固定资产"科目(未成熟动植物)，贷记"资产基金——固定资产"科目；同时，借记"经费支出"科目，贷记"财政拨款收入""零余额账户用款额度""银行存款"等科目。

(3) 动植物达到可使用状态时，借记"固定资产"科目(成熟动植物)，贷记"固定资产"科目(未成熟动植物)。

4. 在原有固定资产基础上进行改建、扩建、修缮的固定资产

其成本按照原固定资产的账面价值("固定资产"科目账面余额减去"累计折旧"科目账面余额后的净值)加上改建、扩建、修缮发生的支出，再扣除固定资产拆除部分账面价值后的金额确定。

将固定资产转入改建、扩建、修缮时，按照固定资产的账面价值，借记"在建工程"科目，贷记"资产基金——在建工程"科目；同时，按照固定资产的账面价值，借记"资产基金——固定资产"科目，按照固定资产已计提折旧，借记"累计折旧"科目，按照固定资产的账面余额，贷记"固定资产"科目。

工程完工交付使用时，按照确定的固定资产成本，借记"固定资产"科目，贷记"资产基金——固定资产"科目；同时，借记"资产基金——在建工程"科目，贷记"在建工程"科目。

5. 置换取得的固定资产

其成本按照换出资产的评估价值加上支付的补价或减去收到的补价，加上为换入固定资产支付的其他费用(运输费等)确定，借记"固定资产"科目(不需安装)或"在建工程"科目(需安装)，贷记"资产基金——固定资产、在建工程"科目；按照实际支付的补价、相关税费、运输费等，借记"经费支出"科目，贷记"财政拨款收入""零余额账户用款额度""银行存款"等科目。

6. 接受捐赠、无偿调入的固定资产

其成本按照有关凭据注明的金额加上相关税费、运输费等确定；没有相关凭据可供取得，但依法经过资产评估的，其成本应当按照评估价值加上相关税费、运输费等确定；没有相关凭据可供取得、也未经评估的，其成本比照同类或类似固定资产的市场价格加上相关税费、运输费等确定；没有相关凭据也未经评估，其同类或类似固定资产的市场价格无法可靠取得，所取得的固定资产应当按照名义金额入账。

接受捐赠、无偿调入的固定资产，按照确定的成本，借记"固定资产"科目(不需安装)

或"在建工程"科目(需要安装),贷记"资产基金——固定资产、在建工程"科目;按照实际支付的相关税费、运输费等,借记"经费支出"科目,贷记"财政拨款收入""零余额账户用款额度""银行存款"等科目。

7. 盘盈的固定资产

盘盈的固定资产,按照取得同类或类似固定资产的实际成本确定入账价值;没有同类或类似固定资产的实际成本,按照同类或类似固定资产的市场价格确定入账价值;同类或类似固定资产的实际成本或市场价格无法可靠取得,按照名义金额入账。

盘盈的固定资产,按照确定的入账价值,借记"固定资产"科目,贷记"待处理财产损溢"科目。

【例9-14】 某行政单位发生下列固定资产增加业务:

(1) 用银行存款购买计算机一批,价款40 000元,款项通过零余额账户用款额度支付,同时用现金支付运费300元。

借:固定资产　　　　　　　　　　　　　　　　　　　　　　　40 300
　　贷:资产基金　　　　　　　　　　　　　　　　　　　　　　40 300

同时,

借:经费支出　　　　　　　　　　　　　　　　　　　　　　　40 300
　　贷:零余额账户用款额度　　　　　　　　　　　　　　　　　40 000
　　　　库存现金　　　　　　　　　　　　　　　　　　　　　　　300

(2) 行政单位经主管部门批准,从系统内有偿调入一台设备,价值6 000元,用银行存款支付。

借:经费支出　　　　　　　　　　　　　　　　　　　　　　　6 000
　　贷:银行存款　　　　　　　　　　　　　　　　　　　　　　6 000

同时,

借:固定资产　　　　　　　　　　　　　　　　　　　　　　　6 000
　　贷:资产基金　　　　　　　　　　　　　　　　　　　　　　6 000

(3) 某行政单位接受捐赠设备一台,价值50 000元,同时用银行存款支付运费等有关费用4 000元。

借:经费支出　　　　　　　　　　　　　　　　　　　　　　　4 000
　　贷:银行存款　　　　　　　　　　　　　　　　　　　　　　4 000

同时,

借:固定资产　　　　　　　　　　　　　　　　　　　　　　　54 000
　　贷:资产基金　　　　　　　　　　　　　　　　　　　　　　54 000

(4) 某行政单位经批准将一幢旧办公楼进行改扩建及大修并增加楼层。该办公楼账面余额为700 000元,已经提取折旧300 000元。改建中取得残料收入2 000元存入银行,根据工程进度用零余额账户支付工程款500 000元。

① 转入改扩建时,

借:在建工程　　　　　　　　　　　　　　　　　　　　　　　400 000
　　贷:资产基金——在建工程　　　　　　　　　　　　　　　　400 000

同时，
借：资产基金——固定资产　　　　　　　　　　　　　　　　400 000
　　　累计折旧　　　　　　　　　　　　　　　　　　　　　300 000
　　贷：固定资产——房屋和建筑物　　　　　　　　　　　　　700 000
② 取得残料收入时，
借：银行存款　　　　　　　　　　　　　　　　　　　　　　2 000
　　贷：经费支出　　　　　　　　　　　　　　　　　　　　　2 000
同时，
借：资产基金——在建工程　　　　　　　　　　　　　　　　2 000
　　贷：在建工程　　　　　　　　　　　　　　　　　　　　　2 000
③ 支付工程款时，
借：经费支出　　　　　　　　　　　　　　　　　　　　　　500 000
　　贷：零余额账户用款额度　　　　　　　　　　　　　　　　500 000
同时，
借：在建工程　　　　　　　　　　　　　　　　　　　　　　500 000
　　贷：资产基金——在建工程　　　　　　　　　　　　　　　500 000
假设工程完工，根据结算单，金额共计 600 000 元，还有未付金额 100 000 元。
结算工程款时，
借：在建工程　　　　　　　　　　　　　　　　　　　　　　100 000
　　贷：资产基金——在建工程　　　　　　　　　　　　　　　100 000
同时，
借：待偿债净资产　　　　　　　　　　　　　　　　　　　　100 000
　　贷：应付账款　　　　　　　　　　　　　　　　　　　　　100 000
结转完工成本时，
借：资产基金——在建工程　　　　　　　　　　　　　　　　998 000
　　贷：在建工程　　　　　　　　　　　　　　　　　　　　　998 000
同时，
借：固定资产　　　　　　　　　　　　　　　　　　　　　　998 000
　　贷：资产基金——在建工程　　　　　　　　　　　　　　　998 000

(三) 固定资产减少的账务处理

行政单位固定资产的减少，主要有出售、对外捐赠、报废、盘亏等情况。

1. 出售、置换换出固定资产

经批准出售、置换换出的固定资产转入待处理财产损溢时，按照固定资产的账面价值，借记"待处理财产损溢"科目，按照已计提折旧，借记"累计折旧"科目，按照固定资产的账面余额，贷记"固定资产"目。

经批准无偿调出、对外捐赠固定资产时，按照固定资产的账面价值，借记"资产基金——固定资产"科目，按照已计提折旧，借记"累计折旧"科目，按照固定资产的账面余额，贷记"固定资产"科目。

2. 无偿调出、对外捐赠固定资产

无偿调出、对外捐赠固定资产发生由行政单位承担的拆除费用、运输费等，按照实际支付的金额，借记"经费支出"科目，贷记"财政拨款收入""零余额账户用款额度""银行存款"等科目。

3. 报废、毁损固定资产

报废、毁损的固定资产转入待处理财产损溢时，按照固定资产的账面价值，借记"待处理财产损溢"科目，按照已计提折旧，借记"累计折旧"科目，按照固定资产的账面余额，贷记"固定资产"科目。

4. 盘亏固定资产

行政单位的固定资产应当定期进行清查盘点，每年至少盘点一次。对于固定资产发生盘盈、盘亏的，应当及时查明原因，按照规定报经批准后进行账务处理。

盘亏的固定资产，按照盘亏固定资产的账面价值，借记"待处理财产损溢"科目，按照已计提折旧，借记"累计折旧"科目，按照固定资产账面余额，贷记"固定资产"科目。

【例9-15】 某行政单位发生如下固定资产减少业务：

(1) 经批准将一台设备出售给其他单位，价款 5 000 元收到存入银行。设备账面价值 7 000 元。

转入待处理财产时，
借：待处理财产损溢   7 000
    贷：固定资产——一般设备   7 000
实际出售时，
借：资产基金——固定资产   7 000
    贷：待处理财产损溢   7 000
取得收入时，
借：银行存款   5 000
    贷：待处理财产损溢   5 000
结转待处理财产净收入时，
借：待处理财产损溢   5 000
    贷：应缴财政款   5 000

(2) 某行政单位经批准，报废小汽车一辆，该车账面原值为 200 000 元，用银行存款支付清理费 1 000 元，收到 2 000 元的残料收入，存入银行。

转入待处理财产时，
借：待处理财产损溢   200 000
    贷：固定资产   200 000
批准核销时，
借：资产基金——固定资产   200 000
    贷：待处理财产损溢   200 000

支付清理费时，
借：待处理财产损溢　　　　　　　　　　　　　　　　　　　1 000
　　贷：银行存款　　　　　　　　　　　　　　　　　　　　　　　1 000
取得残值收入时，
借：银行存款　　　　　　　　　　　　　　　　　　　　　　2 000
　　贷：待处理财产损溢　　　　　　　　　　　　　　　　　　　　2 000
结转待处理财产净收入时，
借：待处理财产损溢　　　　　　　　　　　　　　　　　　　1 000
　　贷：应缴财政款　　　　　　　　　　　　　　　　　　　　　　1 000

(四) 固定资产折旧的核算

1. 固定资产折旧的有关规定

固定资产、公共基础设施计提折旧是指在固定资产、公共基础设施预计使用寿命内，按照确定的方法对应折旧金额进行系统分摊。有关说明如下：

(1) 行政单位应当根据固定资产、公共基础设施的性质和实际使用情况，合理确定其折旧年限。省级以上财政部门、主管部门对行政单位固定资产、公共基础设施折旧年限作出规定的，从其规定。

(2) 行政单位一般应当采用年限平均法或工作量法计提固定资产、公共基础设施折旧。

(3) 行政单位固定资产、公共基础设施的应折旧金额为其成本，计提固定资产、公共基础设施折旧不考虑预计净残值。

(4) 行政单位一般应当按月计提固定资产、公共基础设施折旧。当月增加的固定资产、公共基础设施，当月不提折旧，从下月起计提折旧；当月减少的固定资产、公共基础设施，当月照提折旧，从下月起不提折旧。

(5) 固定资产、公共基础设施提足折旧后，无论能否继续使用，均不再计提折旧；提前报废的固定资产、公共基础设施，也不再补提折旧；已提足折旧的固定资产、公共基础设施，可以继续使用的，应当继续使用，规范管理。

(6) 固定资产、公共基础设施因改建、扩建或修缮等原因而提高使用效能或延长使用年限的，应当按照重新确定的固定资产、公共基础设施成本以及重新确定的折旧年限，重新计算折旧额。

(7) 行政单位对下列固定资产不计提折旧：

文物及陈列品；图书、档案；动植物；以名义金额入账的固定资产；境外行政单位持有的能够与房屋及构筑物区分、拥有所有权的土地。

2. 固定资产折旧的基本方法

固定资产折旧的方法主要有平均年限法和工作量法。

(1) 平均年限法

平均年限法又称直线法，是将固定资产的应提折旧额均衡地分摊到固定资产预计使用寿命期内的一种方法，计算公式如下：

$$年折旧率 = \frac{1}{预计使用寿命(年)}$$

$$月折旧率 = \frac{年折旧率}{12}$$

$$月折旧额 = 固定资产原价 \times 月折旧率$$

(2) 工作量法

工作量法是指按照固定资产能够提供的实际工作量计提折旧额的一种方法,计算公式如下:

$$单位工作量折旧额 = \frac{固定资产原价}{预计总工作量}$$

某项固定资产月折旧额＝该固定资产当月工作量×单位工作量折旧额

3. 固定资产累计折旧的主要账务处理

按月计提固定资产、公共基础设施折旧时,按照应计提折旧金额,借记"资产基金——固定资产、公共基础设施"科目,贷记"累计折旧"科目。

【例9-16】 某行政单位当月计提固定资产折旧额为35 000元。

借：资产基金——固定资产　　　　　　　　　　　　　35 000
　　贷：累计折旧　　　　　　　　　　　　　　　　　　　　35 000

另外,行政单位在固定资产使用过程中,由于各个使用部分耐用程度不同,因而常常发生固定资产的局部损坏,为了保持固定资产的正常运转和使用,也需要对固定资产进行修理。

其中为维护固定资产正常使用而发生的日常修理等后续支出,应当计入当期支出但不计入固定资产成本,借记"经费支出"科目,贷记"财政拨款收入""零余额账户用款额度""银行存款"等科目。

为增加固定资产使用效能或延长其使用寿命而发生的改建、扩建或修缮等后续支出,应当计入固定资产成本,通过"在建工程"科目核算,完工交付使用时转入本科目。有关账务处理参见"在建工程"科目。

四、在建工程的核算

在建工程是指行政单位已经发生必要支出,但尚未完工交付使用的各种建筑(包括新建、改建、扩建、修缮等)、设备安装工程和信息系统建设工程的实际成本。

不能够增加固定资产、公共基础设施使用效能或延长其使用寿命的修缮、维护等,不通过"在建工程"科目核算。

为了核算行政单位已经发生必要支出,但尚未完工交付使用的各种建筑(包括新建、改建、扩建、修缮等)、设备安装工程和信息系统建设工程的实际成本,应设置"在建工程"科目,它是资产类科目,借方登记行政单位发生的各项在建工程实际支出数,贷方登记已经完工在建工程的实际成本,期末借方余额反映尚未完工的在建工程实际成本。

本科目应当按照具体工程项目等进行明细核算；需要分摊计入不同工程项目的间接工程成本,应当通过本科目下设置的"待摊投资"明细科目核算。

行政单位的基本建设投资应当按照国家有关规定单独建账、单独核算,同时按照本制度的规定至少按月并入本科目及其他相关科目反映。

行政单位应当在本科目下设置"基建工程"明细科目,核算由基建账套并入的在建工程成本。有关基建并账的具体账务处理另行规定。在建工程核算的主要账务处理如下:

(一) 建筑工程

(1) 将固定资产转入改建、扩建或修缮等时,按照固定资产的账面价值,借记本科目,贷记"资产基金——在建工程"科目;同时,按照固定资产的账面价值,借记"资产基金——固定资产"科目,按照固定资产已计提折旧,借记"累计折旧"科目,按照固定资产的账面余额,贷记"固定资产"科目。

【例 9-17】 某行政单位对办公大楼进行修缮,该办公楼原值 2 000 000 元,已提折旧 600 000 元。

借:在建工程 1 400 000
    贷:资产基金——在建工程 1 400 000
借:资产基金——固定资产 1 400 000
    累计折旧 600 000
    贷:固定资产 2 000 000

(2) 将改建、扩建或修缮的建筑部分拆除时,按照拆除部分的账面价值(没有固定资产拆除部分的账面价值的,比照同类或类似固定资产的实际成本或市场价格及其拆除部分占全部固定资产价值的比例确定),借记"资产基金——在建工程"科目,贷记本科目。

改建、扩建或修缮的建筑部分拆除获得残值收入时,借记"银行存款"等科目,贷记"经费支出"科目;同时,借记"资产基金——在建工程"科目,贷记本科目。

【例 9-18】 续上例,假设该行政单位拆除了办公楼的一层中的 4 间房间,估计价值 280 000 元,拆除部分残值收入 50 000 元存入银行。

借:资产基金——在建工程 280 000
    贷:在建工程 280 000
借:银行存款 50 000
    贷:经费支出 50 000
借:在建工程 50 000
    贷:资产基金——在建工程 50 000

(3) 根据工程进度支付工程款时,按照实际支付的金额,借记"经费支出"科目,贷记"财政拨款收入""零余额账户用款额度""银行存款"等科目;同时按照相同的金额,借记本科目,贷记"资产基金——在建工程"科目。

根据工程价款结算账单与施工企业结算工程价款时,按照工程价款结算账单上列明的金额(扣除已支付的金额),借记本科目,贷记"资产基金——在建工程"科目;同时,按照实际支付的金额,借记"经费支出"科目,贷记"财政拨款收入""零余额账户用款额度""银行存款"等科目,按照应付未付的金额,借记"待偿债净资产"科目,贷记"应付账款"科目。

【例 9-19】 续上例,假设该行政单位根据工程进度通过单位零余额账户支付工程款 160 000 元。

借:经费支出 160 000
    贷:零余额账户用款额度 160 000

借：在建工程　　　　　　　　　　　　　　　　　　　　　　　　　160 000
　　贷：资产基金——在建工程　　　　　　　　　　　　　　　　　　160 000

(4) 支付工程价款结算账单以外的款项时，借记本科目，贷记"资产基金——在建工程"科目；同时，借记"经费支出"科目，贷记"财政拨款收入""零余额账户用款额度""银行存款"等科目。

(5) 工程项目结束，需要分摊间接工程成本的，按照应当分摊到该项目的间接工程成本，借记本科目(××项目)，贷记本科目(待摊投资)。

【例 9-20】 续上例，假设该行政单位办公楼修缮结束，办公楼交付使用，工程实际成本 1 330 000 元。

借：固定资产　　　　　　　　　　　　　　　　　　　　　　　　1 330 000
　　贷：资产基金——固定资产　　　　　　　　　　　　　　　　　1 330 000
借：资产基金——在建工程　　　　　　　　　　　　　　　　　　1 330 000
　　贷：在建工程　　　　　　　　　　　　　　　　　　　　　　　1 330 000

(6) 建筑工程项目完工交付使用时，按照交付使用工程的实际成本，借记"资产基金——在建工程"科目，贷记本科目；同时，借记"固定资产""无形资产"科目(交付使用的工程项目中有能够单独区分成本的无形资产)，贷记"资产基金——固定资产、无形资产"科目。

(7) 建筑工程项目完工交付使用时扣留质量保证金的，按照扣留的质量保证金金额，借记"待偿债净资产"科目，贷记"长期应付款"等科目。

【例 9-21】 续上例，假设该行政单位修缮办公大楼完工交付使用时扣留质量保证金 80 000 元。

借：待偿债净资产　　　　　　　　　　　　　　　　　　　　　　　80 000
　　贷：长期应付款　　　　　　　　　　　　　　　　　　　　　　　80 000

(8) 为工程项目配套而建成的、产权不归属本单位的专用设施，将专用设施产权移交其他单位时，按照应当交付专用设施的实际成本，借记"资产基金——在建工程"科目，贷记本科目。

(9) 工程完工但不能形成资产的项目，应当按照规定报经批准后予以核销。转入待处理财产损溢时，按照不能形成资产的工程项目的实际成本，借记"待处理财产损溢"科目，贷记本科目。

(二) 设备安装

(1) 购入需要安装的设备，按照购入的成本，借记本科目，贷记"资产基金——在建工程"科目；同时，按照实际支付的金额，借记"经费支出"科目，贷记"财政拨款收入""零余额账户用款额度""银行存款"等科目。

【例 9-22】 某行政单位购入一台需要安装设备，价款 100 000 元，通过财政直接支付方式支付。

借：在建工程　　　　　　　　　　　　　　　　　　　　　　　　　100 000
　　贷：资产基金——在建工程　　　　　　　　　　　　　　　　　　100 000
借：经费支出　　　　　　　　　　　　　　　　　　　　　　　　　100 000
　　贷：财政拨款收入　　　　　　　　　　　　　　　　　　　　　　100 000

(2) 发生安装费用时，按照实际支付的金额，借记本科目，贷记"资产基金——在建工程"科目；同时，借记"经费支出"科目，贷记"财政拨款收入""零余额账户用款额度""银行存款"等科目。

【例9-23】 续上例，假设该行政单位用零余额账户支付上述设备安装费5 000元。

  借：在建工程   5 000
    贷：资产基金——在建工程   5 000
  借：经费支出   5 000
    贷：零余额账户用款额度   5 000

(3) 设备安装完工交付使用时，按照交付使用设备的实际成本，借记"资产基金——在建工程"科目，贷记本科目；同时，借记"固定资产""无形资产"科目(交付使用的设备中有能够单独区分成本的无形资产)，贷记"资产基金——固定资产、无形资产"科目。

【例9-24】 续上例，假设该行政单位购入的需要安装设备安装完毕交付使用，实际成本105 000元。

  借：固定资产   105 000
    贷：资产基金——固定资产   105 000
  借：资产基金——在建工程   105 000
    贷：在建工程   105 000

(三) 信息系统建设

(1) 发生各项建设支出时，按照实际支付的金额，借记本科目，贷记"资产基金——在建工程"科目；同时，借记"经费支出"科目，贷记"财政拨款收入""零余额账户用款额度""银行存款"等科目。

【例9-25】 某行政单位进行会计信息系统建设，通过财政授权支付方式购入大型计算机10台，支付款项共计80 000元。

  借：在建工程   80 000
    贷：资产基金——在建工程   80 000
  借：经费支出   80 000
    贷：零余额账户用款额度   80 000

(2) 信息系统建设完成交付使用时，按照交付使用信息系统的实际成本，借记"资产基金——在建工程"科目，贷记本科目；同时，借记"固定资产""无形资产"科目，贷记"资产基金——固定资产、无形资产"科目。

【例9-26】 续上例，该行政单位信息系统安装完毕交付使用，实际成本80 000元。

  借：固定资产   80 000
    贷：资产基金——固定资产   80 000
  借：资产基金——在建工程   80 000
    贷：在建工程   80 000

(四) 在建工程的毁损

毁损的在建工程成本，应当转入"待处理财产损溢"科目进行处理。转入待处理财产损溢时，借记"待处理财产损溢"科目，贷记本科目。

第三节 无形资产的核算

一、无形资产的含义及内容

无形资产是指不具有实物形态而能为行政单位提供某种权利的非货币性资产,包括著作权、土地使用权、专利权、非专利技术等。

行政单位购入的不构成相关硬件不可缺少组成部分的软件,应当作为无形资产核算。

二、无形资产核算设置的会计科目

(1) 无形资产:本科目核算无形资产的增减变动及结存金额。它是资产类科目,借方登记无形资产的增加金额,贷方登记减少金额,余额在借方表示现有无形资产余额。

本科目应当按照无形资产的类别、项目等进行明细核算。

(2) 累计摊销:本科目核算行政单位无形资产计提的累计摊销。它是资产类科目,贷方登记无形资产摊销的增加金额,借方登记核销金额,余额在借方表示现有无形资产累计摊销额。

三、无形资产核算的账务处理

(一) 取得无形资产

(1) 外购的无形资产,其成本包括实际支付的购买价款、相关税费以及可归属于该项资产达到预定用途所发生的其他支出。

购入的无形资产,按照确定的成本,借记本科目,贷记"资产基金——无形资产"科目;同时,按照实际支付的金额,借记"经费支出"科目,贷记"财政拨款收入""零余额账户用款额度""银行存款"等科目。

购入无形资产尚未付款的,取得无形资产时,按照确定的成本,借记本科目,贷记"资产基金——无形资产"科目;同时,按照应付未付的款项金额,借记"待偿债净资产"科目,贷记"应付账款"科目。

(2) 委托软件公司开发软件,视同外购无形资产进行处理。

① 软件开发前按照合同约定预付开发费用时,借记"预付账款"科目,贷记"资产基金——预付款项"科目;同时,借记"经费支出"科目,贷记"财政拨款收入""零余额账户用款额度""银行存款"等科目。

② 软件开发完成交付使用,并支付剩余或全部软件开发费用时,按照软件开发费用总额,借记本科目,贷记"资产基金——无形资产"科目;按照实际支付的金额,借记"经费支出"科目,贷记"财政拨款收入""零余额账户用款额度""银行存款"等科目;按照冲销的预付开发费用,借记"资产基金——预付款项"科目,贷记"预付账款"科目。

(3) 自行开发并按法律程序申请取得的无形资产,按照依法取得时发生的注册费、聘请律师费等费用确定成本。

取得无形资产时,按照确定的成本,借记本科目,贷记"资产基金——无形资产"科目;同时,按照实际支付的金额,借记"经费支出"科目,贷记"财政拨款收入""零余额账户用款额度""银行存款"等科目。

依法取得前所发生的研究开发支出,应当于发生时直接计入当期支出,但不计入无形资产的成本。借记"经费支出"科目,贷记"财政拨款收入""零余额账户用款额度""财政应返还额度""银行存款"等科目。

(4) 置换取得的无形资产,其成本按照换出资产的评估价值加上支付的补价或减去收到的补价,加上为换入无形资产支付的其他费用(登记费等)确定。

置换取得的无形资产,按照确定的成本,借记本科目,贷记"资产基金——无形资产"科目;按照实际支付的补价、相关税费等,借记"经费支出"科目,贷记"财政拨款收入""零余额账户用款额度""银行存款"等科目。

(5) 接受捐赠、无偿调入的无形资产,其成本按照有关凭据注明的金额加上相关税费确定;没有相关凭据可供取得,但依法经过资产评估的,其成本应当按照评估价值加上相关税费确定;没有相关凭据可供取得,也未经评估的,其成本比照同类或类似资产的市场价格加上相关税费确定;没有相关凭据也未经评估,其同类或类似无形资产的市场价格无法可靠取得,所取得的无形资产应当按照名义金额入账。

接受捐赠、无偿调入无形资产时,按照确定的无形资产成本,借记本科目,贷记"资产基金——无形资产"科目;按照发生的相关税费,借记"经费支出"科目,贷记"零余额账户用款额度""银行存款"等科目。

(二) 无形资产摊销

按照应计提的金额,借记"资产基金——无形资产"科目,贷记"累计摊销"科目。

(三) 无形资产的后续支出

(1) 为增加无形资产使用效能而发生的后续支出,如对软件进行升级改造或扩展其功能等所发生的支出,应当计入无形资产的成本,借记本科目,贷记"资产基金——无形资产"科目;同时,借记"经费支出"科目,贷记"财政拨款收入""零余额账户用款额度""银行存款"等科目。

(2) 为维护无形资产的正常使用而发生的后续支出,如对软件进行的漏洞修补、技术维护等所发生的支出,应当计入当期支出但不计入无形资产的成本,借记"经费支出"科目,贷记"财政拨款收入""零余额账户用款额度""银行存款"等科目。

【例9-27】 某行政单位本月从外部购入专利权一项,用零余额账户用款额度支付买价60 000元,支付相关税费5 000元。

借:无形资产　　　　　　　　　　　　　　　　　　　　　　　　65 000
　　贷:资产基金——无形资产　　　　　　　　　　　　　　　　　65 000
同时,
借:经费支出　　　　　　　　　　　　　　　　　　　　　　　　65 000
　　贷:零余额账户用款额度　　　　　　　　　　　　　　　　　　65 000

【例9-28】 某行政单位本月从外部购入著作权一项,买价50 000元尚未支付,用银行存款支付相关税费4 000元。

借:无形资产　　　　　　　　　　　　　　　　　　　　　　　　54 000
　　贷:资产基金——无形资产　　　　　　　　　　　　　　　　　54 000

同时，
借：经费支出 4 000
　　贷：银行存款 4 000
借：待偿债净资产 50 000
　　贷：应付账款 50 000
归还时做相反分录，同时增加支出，减少银行存款等。

【例 9-29】 某行政单位本月无形资产摊销 4 800 元。
借：资产基金——无形资产 4 800
　　贷：累计摊销 4 800

采用预付账款的，预付款时，借记"预付账款"科目，贷记"资产基金——预付款项"科目；同时，借记"经费支出"科目，贷记"财政拨款收入""零余额账户用款额度""银行存款"等科目。

无形资产报废、出售等核算类似固定资产核算。

第四节　其他非流动资产的核算

一、待处理财产损溢的核算

(一) 待处理财产损溢的含义及内容

待处理财产损溢是指行政单位待处理财产而发生的资产盘盈、盘亏和毁损的价值。主要包括资产的出售、报废、毁损、盘盈、盘亏和货币性资产损失核销等。

(二) 待处理财产损溢核算的账务处理

为了核算行政单位待处理财产的价值及财产损溢情况，需要设置"待处理财产损溢"科目，它是资产类科目，借方登记资产的盘亏、毁损等数额和经批准核销的盘盈等数额；贷方登记盘盈等数额和经批准核销的盘亏、毁损等数额；本科目期末如为借方余额，反映尚未处理完毕的各种财产的价值及净损失；期末如为贷方余额，反映尚未处理完毕的各种财产净溢余。年度终了，报经批准处理后，本科目一般应无余额。其主要账务处理为：

1. 按照规定报经批准处理无法查明原因的现金短缺或溢余

(1) 属于无法查明原因的现金短缺，报经批准核销的，借记"经费支出"科目，贷记本科目。

(2) 属于无法查明原因的现金溢余，报经批准后，借记本科目，贷记"其他收入"科目。

2. 按照规定报经批准核销无法收回的应收账款、其他应收款

(1) 转入待处理财产损溢时，借记本科目，贷记"应收账款""其他应收款"科目。

(2) 报经批准对无法收回的其他应收款予以核销时，借记"经费支出"科目，贷记本科目；对无法收回的应收账款予以核销时，借记"其他应付款"等科目，贷记本科目。

3. 按照规定报经批准核销预付账款、无形资产

(1) 转入待处理财产损溢时，借记本科目(核销无形资产的，还应借记"累计摊销"科目)，贷记"预付账款""无形资产"科目。

(2) 报经批准予以核销时，借记"资产基金——预付款项、无形资产"科目，贷记本科目。

4. 出售、置换换出存货、固定资产、无形资产、政府储备物资等

(1) 转入待处理财产损溢时，借记本科目(待处理财产价值)(出售、置换换出固定资产的，还应当借记"累计折旧"科目；出售、置换换出无形资产的，还应当借记"累计摊销"科目)，贷记"存货""固定资产""无形资产""政府储备物资"等科目。

(2) 实现出售、置换换出时，借记"资产基金"及相关明细科目，贷记本科目(待处理财产价值)。

(3) 出售、置换换出资产过程中收到价款、补价等收入，借记"库存现金""银行存款"等科目，贷记本科目(处理净收入)。

(4) 出售、置换换出资产过程中发生相关费用，借记本科目(处理净收入)，贷记"库存现金""银行存款""应缴税费"等科目。

(5) 出售、置换换出完毕并收回相关的应收账款后，按照处置收入扣除相关税费后的净收入，借记本科目(处理净收入)，贷记"应缴财政款"。如果处置收入小于相关税费的，按照相关税费减去处置收入后的净支出，借记"经费支出"科目，贷记本科目(处理净收入)。

5. 盘亏、毁损、报废各种实物资产

(1) 转入待处理财产损溢时，借记本科目(待处理财产价值)(处置固定资产、公共基础设施的，还应当借记"累计折旧"科目)，贷记"存货""固定资产""在建工程""政府储备物资""公共基础设施"等科目。

(2) 报经批准予以核销时，借记"资产基金"及相关明细科目，贷记本科目(待处理财产价值)。

(3) 毁损、报废各种实物资产过程中取得的残值变价收入、发生相关费用，以及取得的残值变价收入扣除相关费用后的净收入或净支出的账务处理，比照本科目"四(四)"有关出售资产进行处理。

6. 核销不能形成资产的在建工程成本

转入待处理财产损溢时，借记本科目，贷记"在建工程"科目。报经批准予以核销时，借记"资产基金——在建工程"科目，贷记本科目。

7. 盘盈存货、固定资产、政府储备物资等实物资产

转入待处理财产损溢时，借记"存货""固定资产""政府储备物资"等科目，贷记本科目。报经批准予以处理时，借记本科目，贷记"资产基金"及相关明细科目。

具体账务处理已在本章各项资产核算中讲解，这里不再赘述。

二、政府储备物资的核算

(一) 政府储备物资的含义及内容

政府储备物资是指行政单位直接储存管理的各项政府应急或救灾储备物资等。

负责采购并拥有储备物资调拨权力的行政单位(简称"采购单位")将政府储备物资交由其他行政单位(简称"代储单位")代为储存的,由采购单位作为政府储备物资核算,代储单位将受托代储的政府储备物资作为受托代理资产核算。

(二) 政府储备物资核算的账务处理

为核算行政单位直接储存管理的各项政府应急或救灾储备物资等增减变动情况,应设置"政府储备物资"科目,它是资产类科目,借方登记政府储备物资的增加数,贷方登记政府储备物资的减少数,期末借方余额反映反映行政单位管理的政府储备物资的实际成本。

本科目应当按照政府储备物资的种类、品种、存放地点等进行明细核算。

1. 购入政府储备物资

购入的政府储备物资,其成本包括购买价款、相关税费、运输费、装卸费、保险费以及其他使政府储备物资达到目前场所和状态所发生的支出;单位支付的政府储备物资保管费、仓库租赁费等日常储备费用,不计入政府储备物资的成本。

购入的政府储备物资验收入库,按照确定的成本,借记本科目,贷记"资产基金——政府储备物资"科目;同时,按实际支付的金额,借记"经费支出"科目,贷记"财政拨款收入""零余额账户用款额度""银行存款"等科目。

2. 接受捐赠、无偿调入的政府储备物资

接受捐赠、无偿调入的政府储备物资,其成本按照有关凭据注明的金额加上相关税费、运输费等确定;没有相关凭据可供取得,但依法经过资产评估的,其成本应当按照评估价值加上相关税费、运输费等确定;没有相关凭据可供取得、也未经评估的,其成本比照同类或类似政府储备物资的市场价格加上相关税费、运输费等确定。

接受捐赠、无偿调入的政府储备物资验收入库,按照确定的成本,借记本科目,贷记"资产基金——政府储备物资"科目,由行政单位承担运输费用等的,按实际支付的相关税费、运输费等金额,借记"经费支出"科目,贷记"财政拨款收入""零余额账户用款额度""银行存款"等科目。

3. 发出政府储备物资

发出政府储备物资时,应当根据实际情况采用先进先出法、加权平均法或者个别计价法确定发出政府储备物资的实际成本。计价方法一经确定,不得随意变更。

(1) 经批准对外捐赠、无偿调出政府储备物资时,按照对外捐赠、无偿调出政府储备物资的实际成本,借记"资产基金——政府储备物资"科目,贷记本科目。

对外捐赠、无偿调出政府储备物资发生由行政单位承担的运输费等支出时,借记"经费支出"科目,贷记"财政拨款收入""零余额账户用款额度""银行存款"等科目。

(2) 行政单位报经批准将不需储备的物资出售时,应当转入待处理财产损溢,按照相关储备物资的账面余额,借记"待处理财产损溢"科目,贷记本科目。

4. 盘盈、盘亏或报废、毁损政府储备物资

行政单位管理的政府储备物资应当定期进行清查盘点,每年至少盘点一次。对于发生的政府储备物资盘盈、盘亏或者报废、毁损,应当及时查明原因,按规定报经批准后进行账务处理。

(1) 盘盈的政府储备物资,按照取得同类或类似政府储备物资的实际成本确定入账价值;没有同类或类似政府储备物资的实际成本,按照同类或类似政府储备物资的市场价格确定入账价值。

盘盈的政府储备物资,按照确定的入账价值,借记本科目,贷记"待处理财产损溢"科目。

(2) 盘亏或者报废、毁损的政府储备物资,转入待处理财产损溢时,按照其账面余额,借记"待处理财产损溢"科目,贷记本科目。

【例9-30】 某行政单位通过政府采购购入一批抗洪抢险政府储备物资,买价120 000元,相关税费11 000元。款项通过财政直接支付方式支付,物资入库。

借:政府储备物资　　　　　　　　　　　　　　　　131 000
　　贷:资产基金——政府储备物资　　　　　　　　　　131 000
借:经费支出　　　　　　　　　　　　　　　　　　131 000
　　贷:财政拨款收入　　　　　　　　　　　　　　　　131 000

【例9-31】 某行政单位向洪水灾区无偿调出抗洪抢险政府储备物资,实际成本70 000元。

借:资产基金——政府储备物资　　　　　　　　　　　70 000
　　贷:政府储备物资　　　　　　　　　　　　　　　　70 000

【例9-32】 某行政单位抗洪抢险政府储备物资被大水冲走,损失物资成本5 000元。

借:待处理财产损溢　　　　　　　　　　　　　　　　5 000
　　贷:政府储备物资　　　　　　　　　　　　　　　　5 000

三、公共基础设施的核算

(一) 公共基础设施的含义及内容

公共基础设施是指由行政单位占有并直接负责维护管理、供社会公众使用的工程性公共基础设施资产,包括城市交通设施、公共照明设施、环保设施、防灾设施、健身设施、广场及公共构筑物等其他公共设施。

与公共基础设施配套使用的修理设备、工具器具、车辆等动产,作为管理公共基础设施的行政单位的固定资产核算,不作为公共基础设施核算。

行政单位应当结合本单位的具体情况,制定适合于本单位管理的公共基础设施目录、分类方法,作为进行公共基础设施核算的依据。

公共基础设施应当在对其取得占有权利时确认。

(二) 公共基础设施核算的账务处理

为了核算公共基础设施的增减变动情况及结存,行政单位需要设置"公共基础设施"科目,它是资产类科目,借方登记公共基础设施的增加数,贷方登记公共基础设施的减少数,期末借方余额反映行政单位管理的公共基础设施的实际成本。

本科目应当按照公共基础设施的类别和项目进行明细核算。

1. 取得公共基础设施

(1) 行政单位自行建设的公共基础设施,其成本包括建造该公共基础设施至交付使用前所发生的全部必要支出。

公共基础设施的各组成部分需要分别核算的,按照各组成部分公共基础设施造价确定其成本;没有各组成部分公共基础设施造价的,按照各组成部分公共基础设施同类或类似市场造价的比例对总造价进行分配,确定各组成部分公共基础设施的成本。

公共基础设施建设完工交付使用时,按照确定的成本,借记本科目,贷记"资产基金——公共基础设施"科目;同时,借记"资产基金——在建工程"科目,贷记"在建工程"科目。已交付使用但尚未办理竣工决算手续的公共基础设施,按照估计价值入账,待确定实际成本后再进行调整。

(2) 接受其他单位移交的公共基础设施,其成本按照公共基础设施的原账面价值确认,借记本科目,贷记"资产基金——公共基础设施"科目。

2. 公共基础设施的后续支出

与公共基础设施有关的后续支出,分以下情况处理。

(1) 为增加公共基础设施使用效能或延长其使用寿命而发生的改建、扩建或大型修缮等后续支出,应当计入公共基础设施成本,通过"在建工程"科目核算,完工交付使用时转入本科目。

(2) 为维护公共基础设施的正常使用而发生的日常修理等后续支出,应当计入当期支出,借记有关支出科目,贷记"财政拨款收入""零余额账户用款额度""银行存款"等科目。

3. 处置公共基础设施

行政单位管理的公共基础设施向其他单位移交、毁损、报废时,应当按照规定报经批准后进行账务处理。

(1) 经批准向其他单位移交公共基础设施时,按照移交公共基础设施的账面价值,借记"资产基金——公共基础设施"科目,按照已计提折旧,借记"累计折旧"科目,按照公共基础设施的账面余额,贷记本科目。

(2) 报废、毁损的公共基础设施,转入待处理财产损溢时,按照待处理公共基础设施的账面价值,借记"待处理财产损溢"科目,按照已计提折旧,借记"累计折旧"科目,按照公共基础设施的账面余额,贷记本科目。

【例9-33】 某行政单位自行建造市民健身活动中心,建设完工作为公共基础设施交付使用,实际成本 5 800 000 元。

借：公共基础设施　　　　　　　　　　　　　　　　　　　　　　　　5 800 000
　　贷：资产基金——公共基础设施　　　　　　　　　　　　　　　　　5 800 000
借：资产基金——公共基础设施　　　　　　　　　　　　　　　　　　5 800 000
　　贷：在建工程　　　　　　　　　　　　　　　　　　　　　　　　　5 800 000

【例 9-34】　某行政单位将健身活动中心公共基础设施移交所在小区的街道进行管理，该公共基础设施原账面价值 5 800 000 元，已折旧 600 000 元。

借：资产基金——公共基础设施　　　　　　　　　　　　　　　　　　5 200 000
　　累计折旧　　　　　　　　　　　　　　　　　　　　　　　　　　　 600 000
　　贷：公共基础设施　　　　　　　　　　　　　　　　　　　　　　　5 800 000

【例 9-35】　某行政单位报废一项公共基础设施，账面原值 3 600 000 元，已提折旧 3 400 00 元，转入清理。

借：待处理财产损溢　　　　　　　　　　　　　　　　　　　　　　　　 200 000
　　累计折旧　　　　　　　　　　　　　　　　　　　　　　　　　　　3 400 000
　　贷：公共基础设施　　　　　　　　　　　　　　　　　　　　　　　3 600 000

经批准核销时，
借：资产基金——公共基础设施　　　　　　　　　　　　　　　　　　　 200 000
　　贷：待处理财产损溢　　　　　　　　　　　　　　　　　　　　　　　200 000

四、受托代理资产的核算

(一) 受托代理资产的含义及内容

受托代理资产是指行政单位接受委托方委托管理的各项资产，包括受托指定转赠的物资、受托储存管理的物资等。

行政单位收到受托代理资产为现金和银行存款的，不通过"受托代理资产"科目核算，应当通过"库存现金""银行存款"科目进行核算。

受托代理资产应当在行政单位收到受托代理的资产时确认。

(二) 受托代理资产核算的账务处理

为了核算行政单位受托代理资产的增减变动及结存情况，应设置"受托代理资产"科目，它是资产类科目，借方登记受托代理资产的增加数，贷方登记受托代理资产减少数，期末借方余额反映单位受托代理资产中实物资产的价值。

本科目应当按照资产的种类和委托人进行明细核算；属于转赠资产的，还应当按照受赠人进行明细核算。

1. 受托转赠物资

(1) 接受委托人委托需要转赠给受赠人的物资，其成本按照有关凭据注明的金额确定；没有相关凭据可供取得的，其成本比照同类或类似物资的市场价格确定。

接受委托转赠的物资验收入库，按照确定的成本，借记本科目，贷记"受托代理负债"科目；受托协议约定由行政单位承担相关税费、运输费等的，还应当按照实际支付的相关税费、运输费等金额，借记"经费支出"科目，贷记"银行存款"等科目。

(2) 将受托转赠物资交付受赠人时，按照转赠物资的成本，借记"受托代理负债"科目，贷记本科目。

(3) 转赠物资的委托人取消了对捐赠物资的转赠要求，且不再收回捐赠物资的，应当将转赠物资转为存货或固定资产，按照转赠物资的成本，借记"受托代理负债"科目，贷记本科目；同时，借记"存货""固定资产"科目，贷记"资产基金——存货、固定资产"科目。

2. 受托储存管理物资

(1) 接受委托人委托储存管理的物资，其成本按照有关凭据注明的金额确定。

接受委托储存的物资验收入库，按照确定的成本，借记本科目，贷记"受托代理负债"科目。

(2) 支付由受托单位承担的与受托储存管理的物资相关的运输费、保管费等费用时，按照实际支付的金额，借记"经费支出"科目，贷记"银行存款"等科目。

(3) 根据委托人要求交付受托储存管理的物资时，按照储存管理物资的成本，借记"受托代理负债"科目，贷记本科目。

【例9-36】 某行政单位接受A公司受托转赠的物资验收入库，其成本230 000元，该单位承担相关税费10 000元，用银行存款支付。

(1) 接受委托转赠物资：

借：受托代理资产　　　　　　　　　　　　　　　　　　　　230 000
　　贷：受托代理负债　　　　　　　　　　　　　　　　　　　　230 000

(2) 支付税费：

借：经费支出　　　　　　　　　　　　　　　　　　　　　　　10 000
　　贷：银行存款　　　　　　　　　　　　　　　　　　　　　　10 000

(3) 将物资交给受捐人

借：受托代理负债　　　　　　　　　　　　　　　　　　　　　230 000
　　贷：受托代理资产　　　　　　　　　　　　　　　　　　　　230 000

【例9-37】 假设某行政单位接到通知，A公司取消了受托转赠的物资的转赠要求，且不再收回捐赠物资，其成本230 000元。

借：受托代理负债　　　　　　　　　　　　　　　　　　　　　230 000
　　贷：受托代理资产　　　　　　　　　　　　　　　　　　　　230 000

同时，

借：存货　　　　　　　　　　　　　　　　　　　　　　　　　230 000
　　贷：资产基金——存货　　　　　　　　　　　　　　　　　　230 000

本 章 小 结

行政单位的资产是指行政单位占有或者使用的，能以货币计量的经济资源。行政单位的资产包括流动资产、固定资产、在建工程、无形资产等。其中，流动资产是指可以在1年以内(含1年)变现或者耗用的资产，包括库存现金、银行存款、零余额账户用款额度、财政应返还额度、应收及预付款项、存货等。

核算流动资产需要设置"库存现金""银行存款""应收账款""其他应收款""存货"等科目。

固定资产是指单位价值在规定标准以上、使用年限在1年(不含1年)以上，并在使用过程中保持原有物质形态的资产。核算固定资产需要设置"固定资产"科目。

无形资产是指不具有实物形态而能够为使用者提供某种权利的非货币性资产。核算无形资产需要设置"无形资产"科目。

复习思考题

1. 行政单位流动资产包括哪些内容？
2. 简述银行存款核算的账务处理。
3. 什么是应收款项？如何对应收款项进行核算？
4. 简述存货的核算方法。
5. 什么是固定资产？如何对固定资产进行核算？
6. 什么是政府采购物资？如何对其进行核算？
7. 什么是公共基础设施？如何对其进行核算？
8. 什么是受托代理资产？如何对其进行核算？

练 习 题

一、目的　练习行政单位资产的核算。

二、资料　某行政单位发生以下有关经济业务：

1. 开出支票，从零余额账户开户银行提取现金5 400元备用。
2. 用现金购买办公用品一批，价款900元。
3. 收到财政授权额度到账通知，本期到账额度600 000元。
4. 收到某公司委托代理接受现金捐赠40 000元，准备用于云南地震灾区救灾。
5. 李华出差预借差旅费，付给其现金2 000元。
6. 从外地购入甲材料100千克，单价300元。价款计30 000元，增值税5 100元，材料入库，款项通过财政直接支付方式支付。
7. 行政部门领用甲材料一批，价值3 200元。
8. 购买一台设备，价款5 600元通过零余额账户用款额度支付，设备验收入库。
9. 行政单位接受一辆国外友人捐赠的轿车，价值500 000元，同时用银行存款支付该轿车运输及税费3 200元，轿车已收到。
10. 行政单位报废一台设备，原值60 000元。用现金支付清理费200元，取得报废设备的残料收入1 500元存入银行。该单位设备报废净收入应上缴财政。

三、要求　根据上述经济业务编制会计分录。

第十章 行政单位负债的核算

学习目标

通过本章的学习，要求了解行政单位负债的内容；掌握应缴财政款、应缴税费、应付职工薪酬、应付账款、其他应付款、应付政府补贴款以及长期应付款和受托代理负债的核算。

第一节　流动负债的核算

流动负债是指预计在 1 年内(含 1 年)偿还的负债。行政单位的流动负债包括应缴财政款、应缴税费、应付职工薪酬、应付账款、应付政府补贴款等。

一、应缴财政款的核算

(一) 应缴财政款及其内容

应缴财政款是指行政单位在公务活动中按规定向有关单位和个人收取的应上缴财政预算的各种款项，包括罚没收入、行政事业性收费、政府性基金、国有资产处置和出租收入等。行政单位按照国家税法等有关规定应当缴纳的各种税费，通过"应缴税费"科目核算，不属于应缴财政款项。

1. 政府性基金

它主要指养路费、车辆购置附加费、铁路建设基金、公路建设基金、民航基础设施建设基金、电力建设基金、三峡工程建设基金等数额较大的政府性基金纳入财政预算管理，实行专款专用。

2. 行政性收费

它是指行政单位依照国家法律、法规行使其管理职能，为加强社会、经济、技术和自然资源等的管理按规定向公民、法人和其他组织收取的费用。如公安部门收取的户籍管理证件费、出入境管理费；司法部门收取的民事诉讼费、律师工作执照费；税务部门收取的税务登记费等。

国家规定，对行政收费必须从严控制，凡属国家机关职责范围内的公务活动，原则上不许收费。收费单位必须凭证收费，必须使用由省级财政部门统一制发的专用收据。凡是无收费许可证，不使用专用收据擅自确定收费项目、提高收费标准或扩大收费范围的，均属于乱收费范围，要受到物价检查部门的查处。

3. 罚没收入

它是指国家各级司法机关、行政执法机关和经济管理部门等行政单位依法查处的应上缴国库的各种罚款和没收财物的变价款以及无主财物变价款。

4. 其他按国家预算管理规定应上缴财政的各种款项

如国有资产处置和出租收入等。

(二) 应缴财政款核算的账务处理

行政单位的应缴财政款，在尚未上缴以前，通过"应缴财政款"科目核算。该科目是负债类，贷方登记应缴数，借方登记已缴数，平时贷方余额反映应缴未缴数。本科目贷方余额反映行政单位应当上缴财政但尚未缴纳的款项。年终清缴后，本科目一般应无余额。

本科目应当按照应缴财政款项的类别进行明细核算。

收到应缴财政款时,借记"库存现金""银行存款"等科目,贷记"应缴财政款"科目;上缴财政部门时,借记"应缴财政款",贷记"银行存款"科目。

【例10-1】 某行政单位发生下列应缴财政款业务:

(1) 按规定收取行政性收费5 000元存入银行。

借:银行存款　　　　　　　　　　　　　　　　　　　　　5 000
　　贷:应缴财政款——行政性收费　　　　　　　　　　　　5 000

(2) 将追回的赃物变价出售,取得款项3 000元存入银行。

借:银行存款　　　　　　　　　　　　　　　　　　　　　3 000
　　贷:应缴财政款——罚没收入　　　　　　　　　　　　　3 000

(3) 收到应上缴国家的罚款收入4 000元存入银行。

借:银行存款　　　　　　　　　　　　　　　　　　　　　4 000
　　贷:应缴财政款——罚没收入　　　　　　　　　　　　　4 000

(4) 将一台旧设备出售,取得价款扣除相关税费后净收入2 000元上缴财政国库。

借:待处理财产损溢——处置净收入　　　　　　　　　　　2 000
　　贷:应缴财政款——国有资产处置收入　　　　　　　　　2 000

(5) 将本年应缴财政款14 000元上缴财政。

借:应缴财政款　　　　　　　　　　　　　　　　　　　　14 000
　　贷:银行存款　　　　　　　　　　　　　　　　　　　　14 000

二、应缴税费的核算

(一) 应缴税费及其内容

应缴税费是指行政单位按照税法等规定应当缴纳的各种税费,包括营业税、城市维护建设税、教育费附加、房产税、车船税、城镇土地使用税等。

应缴税费应当在产生缴纳税费义务时确认。

(二) 应缴税费核算的账务处理

为了核算行政单位按照税法等规定应当缴纳的各种税费的计算和缴纳情况,行政单位应设置"应缴税费"科目,它是负债类科目,贷方登记应缴纳的税费;借方登记已缴纳的税费;期末贷方余额,反映行政单位应缴未缴的税费金额。

(1) 因资产处置等发生营业税、城市维护建设税、教育费附加等缴纳义务的,按照税法等规定计算的应缴税费金额,借记"待处理财产损溢"科目,贷记本科目;实际缴纳时,借记本科目,贷记"银行存款"等科目。

(2) 因出租资产等发生营业税、城市维护建设税、教育费附加等缴纳义务的,按照税法等规定计算的应缴税费金额,借记"应缴财政款"等科目,贷记本科目;实际缴纳时,借记本科目,贷记"银行存款"等科目。

(3) 代扣代缴个人所得税,按照税法等规定计算的应代扣代缴的个人所得税金额,借记"应付职工薪酬"科目(从职工工资中代扣个人所得税)或"经费支出"科目(从劳务费中代扣个人所得税),贷记本科目。实际缴纳时,借记本科目,贷记"财政拨款收入""零余额账户用款额度""银行存款"等科目。

【例 10-2】 某行政单位发生下列应缴税费业务：

(1) 9月3日出售一座旧建筑物，该建筑物账面原价 900 000 元，已提折旧 700 000 元，变价款 600 000 元，销售该项固定资产适用的营业税率为 5%(还包括城建维护建设税率 7%，教育费附加 3%)。

销售建筑物应缴营业税额＝600 000×5%＝30 000(元)
应缴城市维护建设税额＝30 000×7%＝2 100(元)
应缴教育费附加＝30 000×3%＝900(元)

① 固定资产转入清理：
借：待处理财产损溢　　　　　　　　　　　　　　　　200 000
　　累计折旧　　　　　　　　　　　　　　　　　　　700 000
　　贷：固定资产　　　　　　　　　　　　　　　　　　　　　900 000

② 经批准实际出售：
借：资产基金——固定资产　　　　　　　　　　　　　200 000
　　贷：待处理财产损溢　　　　　　　　　　　　　　　　　　200 000

③ 取得出售价款：
借：银行存款　　　　　　　　　　　　　　　　　　　600 000
　　贷：待处理财产损溢　　　　　　　　　　　　　　　　　　600 000

④ 计算应缴税费：
借：待处理财产损溢　　　　　　　　　　　　　　　　 30 300
　　贷：应缴税费——营业税　　　　　　　　　　　　　　　　 30 000
　　　　　　　　——城市维护建设税　　　　　　　　　　　　　2 100
　　　　　　　　——教育费附加　　　　　　　　　　　　　　　　900

⑤ 结转出售建筑物净收入：
借：待处理财产损溢——处置净收入　　　　　　　　　567 000
　　贷：应缴财政款——国有资产处置收入　　　　　　　　　　567 000

⑥ 实际缴纳税费：
借：应缴税费——营业税　　　　　　　　　　　　　　 30 000
　　　　　　——城市维护建设税　　　　　　　　　　　2 100
　　　　　　——教育费附加　　　　　　　　　　　　　　900
　　贷：银行存款　　　　　　　　　　　　　　　　　　　　　 33 000

⑦ 将资产处置净收入上缴财政国库：
借：应缴财政款——国有资产处置收入　　　　　　　　567 000
　　贷：银行存款　　　　　　　　　　　　　　　　　　　　　567 000

(2) 9月5日将闲置房屋出租，取得租金收入 80 000 元，租金收入适用的营业税率为 5%(还包括城建维护建设税率 7%，教育费附加 3%)。

出租房屋应缴营业税额＝80 000×5%＝4 000(元)
应缴城市维护建设税额＝4 000×7%＝280(元)
应缴教育费附加＝4 000×3%＝120(元)

① 收到租金：
借：银行存款　　　　　　　　　　　　　　　　　　　　　　　80 000
　　贷：应缴财政款——国有资产出租收入　　　　　　　　　　　80 000
② 计算应缴税费：
借：应缴财政款——国有资产出租收入　　　　　　　　　　　　 4 400
　　贷：应缴税费——营业税　　　　　　　　　　　　　　　　　4 000
　　　　　　　　——城市维护建设税　　　　　　　　　　　　　　280
　　　　　　　　——教育费附加　　　　　　　　　　　　　　　　120
③ 上缴资产出租净收入：
借：应缴财政款——国有资产出租收入　　　　　　　　　　　　75 600
　　贷：银行存款　　　　　　　　　　　　　　　　　　　　　 75 600
(3) 9月10日发放在职职工工资，代扣代缴个人所得税30 000元。
① 计算应代扣代缴的个人所得税：
借：应付职工薪酬　　　　　　　　　　　　　　　　　　　　　30 000
　　贷：应缴税费——个人所得税　　　　　　　　　　　　　　 30 000
② 用银行存款缴纳个人所得税：
借：应缴税费——个人所得税　　　　　　　　　　　　　　　　30 000
　　贷：银行存款　　　　　　　　　　　　　　　　　　　　　 30 000

三、应付职工薪酬的核算

(一) 应付职工薪酬及其内容

应付职工薪酬是指行政单位按照有关规定应付给职工及为职工支付的各种薪酬，包括基本工资、奖金、国家统一规定的津贴补贴、社会保险费、住房公积金等。

应付职工薪酬应当在规定支付职工薪酬的时间确认。

(二) 应付职工薪酬核算的账务处理

为了核算行政单位应付给职工及为职工支付的各种薪酬，行政单位应设置"应付职工薪酬"科目，它是负债类科目，贷方登记计算的应付给职工的各种薪酬；借方登记支付的职工薪酬；期末贷方余额，反映行政单位应付未付的职工薪酬。

本科目应当根据国家有关规定按照"工资(离退休费)""地方(部门)津贴补贴""其他个人收入"以及"社会保险费""住房公积金"等进行明细核算。

【例10-3】　某行政单位发生下列应付职工薪酬业务：

(1) 9月10日计算本月应付职工薪酬总额为650 000元，其中在职职工工资500 000元、离退休费60 000元、地方津贴补贴40 000元、住房公积金50 000元。代扣代缴社会保险费12 000元，代扣代缴住房公积金50 000元，代扣代缴个人所得税18 000元。

① 计算本月应付职工薪酬：
借：经费支出　　　　　　　　　　　　　　　　　　　　　　 650 000
　　贷：应付职工薪酬——工资　　　　　　　　　　　　　　　500 000
　　　　　　　　　　——离退休费　　　　　　　　　　　　　 60 000

　　　　——地方津贴补贴　　　　　　　　　　　　　　　　40 000
　　　　——住房公积金　　　　　　　　　　　　　　　　　50 000
　② 应付职工薪酬中从代扣社会保险费、住房公积金和个人所得税：
　　借：应付职工薪酬　　　　　　　　　　　　　　　　　80 000
　　　　贷：其他应付款——社会保险费　　　　　　　　　 12 000
　　　　　　　　　　——住房公积金　　　　　　　　　　 50 000
　　　　应缴税费——个人所得税　　　　　　　　　　　　 18 000
　③ 用财政直接支付方式支付工资、津贴补贴、社会保险费等款项：
　　借：应付职工薪酬　　　　　　　　　　　　　　　　 570 000
　　　　其他应付款——社会保险费　　　　　　　　　　　 12 000
　　　　　　　　——住房公积金　　　　　　　　　　　　 50 000
　　　　应缴税费——个人所得税　　　　　　　　　　　　 18 000
　　　　贷：财政拨款收入　　　　　　　　　　　　　　　650 000
(2) 9月10日计算单位为职工承担的社会保险费17 000元、住房公积金50 000元，由财政直接支付。
　① 计算本单位承担的社会保险费和住房公积金：
　　借：经费支出　　　　　　　　　　　　　　　　　　　67 000
　　　　贷：应付职工薪酬——社会保险费　　　　　　　　 17 000
　　　　　　　　　　——住房公积金　　　　　　　　　　 50 000
　② 用财政直接支付方式单位承担的社会保险费和住房公积金：
　　借：应付职工薪酬——社会保险费　　　　　　　　　　17 000
　　　　　　　　——住房公积金　　　　　　　　　　　　 50 000
　　　　贷：财政拨款收入　　　　　　　　　　　　　　　 67 000

四、应付账款的核算

(一) 应付账款及其内容

应付账款是指行政单位因购买物资或服务、工程建设等而应付的偿还期限在1年以内(含1年)的款项。

应付账款应当在收到所购物资或服务、完成工程时确认。

(二) 应付账款核算的账务处理

为了核算行政单位因购买物资或服务、工程建设等而应付的偿还期限在1年以内(含1年)的款项，行政单位应设置"应付账款"科目，它是负债类科目，贷方登记增加的应付账款数；借方登记归还的应付账款数；期末贷方余额，反映行政单位尚未支付的应付账款。

本科目应当按照债权单位(或个人)进行明细核算。

(1) 收到所购物资或服务、完成工程但尚未付款时，按照应付未付款项的金额，借记"待偿债净资产"科目，贷记本科目。

(2) 偿付应付账款时，借记本科目，贷记"待偿债净资产"科目；同时，借记"经费支出"科目，贷记"财政拨款收入""零余额账户用款额度""银行存款"等科目。

(3) 无法偿付或债权人豁免偿还的应付账款，应当按照规定报经批准后进行账务处理。经批准核销时，借记本科目，贷记"待偿债净资产"科目。核销的应付账款应在备查簿中保留登记。

【例 10-4】 某行政单位发生下列应付账款业务：

(1) 9月11日从甲单位购买存货一批验收入库，货款45 000元暂欠。

借：存货 45 000
　　贷：资产基金——存货 45 000
借：待偿债净资产 45 000
　　贷：应付账款——甲单位 45 000

(2) 9月25日行政单位通过财政直接支付方式偿还前欠甲单位货款45 000元。

借：经费支出 45 000
　　贷：财政拨款收入 45 000
借：应付账款——甲单位 45 000
　　贷：待偿债净资产 45 000

(3) 9月30日得到通知，原欠M公司的货款20 000元，因M公司解散无法偿还，经批准核销。

借：应付账款——M公司 20 000
　　贷：待偿债净资产 20 000

五、应付政府补贴款的核算

(一) 应付政府补贴款及其内容

应付政府补贴款是指负责发放政府补贴的行政单位，按照规定应当支付给政府补贴接受者的各种政府补贴款。

应付政府补贴款应当在规定发放政府补贴的时间确认。

(二) 应付政府补贴款核算的账务处理

为了核算行政单位负责发放政府补贴款的发生及发放情况，行政单位应设置"应付政府补贴款"科目，它是负债类科目，贷方登记发生的应付政府补贴款；借方登记发放的政府补贴款；期末贷方余额，反映行政单位应付未付的政府补贴金额。

本科目应当按照应支付的政府补贴种类进行明细核算。行政单位还应当按照补贴接受者建立备查簿，进行相应明细核算。

【例 10-5】 某行政单位发生下列应付政府补贴款业务：

(1) 计算应发放本地各学校的政府给予的助学金150 000元，其中甲学校80 000元，乙学校40 000元，丙学校30 000元。

借：经费支出 150 000
　　贷：应付政府补贴款——甲学校 80 000
　　　　　　　　　　　　——乙学校 40 000
　　　　　　　　　　　　——丙学校 30 000

(2) 单位通过零余额账户用款额度向各个学校发放政府补贴款 150 000 元。

借：应付政府补贴款——甲学校 　　　　　　　　　　　　　　80 000
　　　　　　　　——乙学校 　　　　　　　　　　　　　　40 000
　　　　　　　　——丙学校 　　　　　　　　　　　　　　30 000
　　贷：零余额账户用款额度 　　　　　　　　　　　　　　　150 000

六、其他应付款的核算

(一) 其他应付款及其内容

其他应付款是指行政单位除应缴财政款、应缴税费、应付职工薪酬、应付政府补贴款、应付账款以外的其他各项偿还期在 1 年以内(含 1 年)的应付及暂存款项，如收取的押金、保证金、未纳入行政单位预算管理的转拨资金、代扣代缴职工社会保险费和住房公积金等。

(二) 其他应付款核算的账务处理

为了核算行政单位除应缴财政款、应缴税费、应付职工薪酬、应付政府补贴款、应付账款以外的其他各项偿还期在 1 年以内(含 1 年)的应付及暂存款项，行政单位应设置"其他应付款"科目，它是负债类科目，贷方登记发生的其他应付款；借方登记归还的其他应付款；期末贷方余额，反映行政单位尚未支付的其他应付款。

本科目应当按照其他应付款的类别以及债权单位(或个人)进行明细核算。

【例 10-6】 某行政单位发生下列其他应付款业务：

(1) 9 月 18 日收到 N 单位租用会议室押金 5 000 元存入银行。

借：银行存款 　　　　　　　　　　　　　　　　　　　　　　5 000
　　贷：其他应付款——N 单位 　　　　　　　　　　　　　　　5 000

(2) 9 月 20 日 N 单位会议室租用结束，以银行存款退还其押金 5 000 元。

借：其他应付款——N 单位 　　　　　　　　　　　　　　　　5 000
　　贷：银行存款 　　　　　　　　　　　　　　　　　　　　　5 000

第二节　非流动负债的核算

非流动负债是指流动负债以外的负债。行政单位的非流动负债主要包括长期应付款。

一、长期应付款的核算

(一) 长期应付款及其内容

长期应付款是指行政单位发生的偿还期限超过 1 年(不含 1 年)的应付款项。长期应付款主要包括跨年度分期付款购入固定资产的价款以及跨年度分期付款接受的服务等。

行政单位的长期应付款，应当按照承担的相关合同金额或实际发生额进行计量。

(二) 长期应付款核算的账务处理

为了核算行政单位发生的偿还期限超过 1 年(不含 1 年)的应付款项，行政单位应该设置"长期应付款"科目,它是负债类科目,贷方登记发生的长期应付款;借方登记归还的长期应付款;期末贷方余额,反映尚未归还的长期应付款。

【例 10-7】 某行政单位发生下列长期应付款业务:

(1) 9 月 20 日以分期付款方式从丁公司购入一台大型设备,价款 200 000 元,合同规定分 4 年支付,每年末支付 50 000 元。

　　借:固定资产　　　　　　　　　　　　　　　　　　　　　200 000
　　　　贷:资产基金——固定资产　　　　　　　　　　　　　　　　200 000
　　借:待偿债净资产　　　　　　　　　　　　　　　　　　　200 000
　　　　贷:长期应付款——丁公司　　　　　　　　　　　　　　　　200 000

(2) 12 月 30 日单位通过零余额账户用款额度偿还丁公司租赁款项 50 000 元。

　　借:长期应付款——丁公司　　　　　　　　　　　　　　　50 000
　　　　贷:待偿债净资产　　　　　　　　　　　　　　　　　　　　50 000
　　借:经费支出　　　　　　　　　　　　　　　　　　　　　50 000
　　　　贷:零余额账户用款额度　　　　　　　　　　　　　　　　　50 000

二、受托代理负债的核算

(一) 受托代理负债及其内容

受托代理负债是指行政单位接受委托,取得受托管理资产时形成的负债。主要包括行政单位受托指定转赠的物资和受托储存管理的物资等。

受托代理负债应当在行政单位收到受托代理资产并产生受托代理义务时确认。

(二) 受托代理负债核算的账务处理

为了核算行政单位受托代理负债的发生和交付情况,行政单位应设置"受托代理负债"科目,它是负债类科目,贷方登记发生的受托代理负债;借方登记交付的受托代理负债;期末贷方余额,反映行政单位尚未清偿的受托代理负债。

本科目应当按照委托人等进行明细核算;属于指定转赠物资和资金的,还应当按照指定受赠人进行明细核算。

【例 10-8】 某行政单位发生下列受托代理负债业务:

(1) 9 月 10 日接受 F 公司委托,受托捐赠云南地震灾区 H 希望小学计算机 100 台,价值共计 600 000 元,计算机已验收入库。

　　借:受托代理资产　　　　　　　　　　　　　　　　　　600 000
　　　　贷:受托代理负债——H 学校　　　　　　　　　　　　　　600 000

(2) 10 月 20 日单位将 F 公司委托捐赠的计算机 100 台运送给云南 H 学校,用零余额账户用款额度支付该批计算机运输费 4 000 元。

　　借:受托代理负债——H 学校　　　　　　　　　　　　　600 000
　　　　贷:受托代理资产　　　　　　　　　　　　　　　　　　　600 000
　　借:经费支出　　　　　　　　　　　　　　　　　　　　4 000
　　　　贷:零余额账户用款额度　　　　　　　　　　　　　　　　4 000

本 章 小 结

行政单位的负债包括流动负债和非流动负债,流动负债是指预计在1年内(含1年)偿还的负债。行政单位的流动负债包括应缴财政款、应缴税费、应付职工薪酬、应付及暂存款项、应付政府补贴款等。非流动负债是指流动负债以外的负债。行政单位的非流动负债主要包括长期应付款。

应缴财政款是指行政单位在公务活动中按规定向有关单位和个人收取的应上缴财政预算的各种款项。包括罚没收入、行政事业性收费、政府性基金、国有资产处置和出租收入等。

应缴税费是指行政单位按照税法等规定应当缴纳的各种税费,包括营业税、城市维护建设税、教育费附加、房产税、车船税、城镇土地使用税等。

应付职工薪酬是指行政单位按照有关规定应付给职工及为职工支付的各种薪酬,包括基本工资、奖金、国家统一规定的津贴补贴、社会保险费、住房公积金等。

应付账款是指行政单位因购买物资或服务、工程建设等而应付的偿还期限在1年以内(含1年)的款项。

应付政府补贴款是指负责发放政府补贴的行政单位,按照规定应当支付给政府补贴接受者的各种政府补贴款。

长期应付款是指行政单位发生的偿还期限超过1年(不含1年)的应付款项。长期应付款主要包括跨年度分期付款购入固定资产的价款以及跨年度分期付款接受的服务等。

行政单位负债核算需要分别设置"应缴财政款""应缴税费""应付职工薪酬""应付账款""其他应付款""应付政府补贴款""长期应付款"等科目。

复习思考题

1. 行政单位负债包括哪些内容?
2. 什么是长期应付款?它包括哪些内容?
3. 什么是应缴财政款?它包括哪些内容?
4. 什么是应缴税费?它包括哪些内容?
5. 什么是受托代理负债?

练 习 题

一、目的 练习行政单位负债的核算。
二、资料 某行政单位发生以下有关经济业务:
1. 收到乙单位交来的租用固定资产押金3 000元,存入银行。
2. 从大华公司购入甲材料一批,货款3 500元,材料已经入库,货款尚未支付。

3. 收到性质不明款项 5 000 元存入银行。

4. 乙单位租用固定资产到期，退回固定资产，本单位将其交纳的押金 3 000 元退还给乙单位。

5. 通过银行转账支付前欠大华公司货款 3 500 元。

6. 收到应上缴财政国库的罚没款 8 000 元存入银行。

7. 按规定收到行政性收费收入 12 000 元存入银行。

8. 经查明，收到的性质不明款项 5 000 元属于某单位交来的规费收入，转为应缴财政款。

9. 以分期付款方式从某公司购入一台设备验收入库，价款 300 000 元，分三年支付，用零余额账户用款额度支付第一年款项 100 000 元。

10. 将应缴财政款 25 000 元上缴财政。

三、要求　根据上述经济业务编制会计分录。

第十一章　行政单位收入与支出的核算

学习目标

通过本章的学习，要求了解财政拨款收入的管理和经费支出的分类；掌握行政单位收入、支出的核算；理解行政单位收入和支出的含义。

第十一章 行政单位收入与支出的核算

第一节 行政单位收入的核算

一、行政单位收入及内容

收入是指行政单位依法取得的非偿还性资金。行政单位的收入包括财政拨款收入和其他收入。

财政拨款收入是指行政单位从同级财政部门取得的财政预算资金。

其他收入是指行政单位依法取得的除财政拨款收入以外的各项收入。

行政单位的收入一般应当在收到款项时予以确认,并按照实际收到的金额进行计量。

二、财政拨款收入的核算

(一) 财政拨款收入应设置的会计科目

为了核算行政单位从同级财政部门取得的财政预算资金,行政单位应设置"财政拨款收入"科目,它是收入类科目,贷方登记取得的财政拨款收入数;借方登记年末转入"财政拨款结转"数;年终结账后,本科目应无余额。

本科目应当设置"基本支出拨款"和"项目支出拨款"两个明细科目,分别核算行政单位取得用于基本支出和项目支出的财政拨款资金;同时,按照《政府收支分类科目》中"支出功能分类科目"的项级科目进行明细核算;在"基本支出拨款"明细科目下按照"人员经费"和"日常公用经费"进行明细核算,在"项目支出拨款"明细科目下按照具体项目进行明细核算。

有公共财政预算拨款、政府性基金预算拨款等两种或两种以上财政拨款的行政单位,还应当按照财政拨款的种类分别进行明细核算。

(二) 财政拨款收入的账务处理

(1) 财政直接支付方式下,行政单位根据收到的"财政直接支付入账通知书"及相关原始凭证,借记"经费支出"科目,贷记本科目。

年末,行政单位根据本年度财政直接支付预算指标数与财政直接支付实际支出数的差额,借记"财政应返还额度——财政直接支付"科目,贷记本科目。

(2) 财政授权支付方式下,行政单位根据收到的"财政授权支付额度到账通知书",借记"零余额账户用款额度"等科目,贷记本科目。

年末,如行政单位本年度财政授权支付预算指标数大于财政授权支付额度下达数,根据两者间的差额,借记"财政应返还额度——财政授权支付"科目,贷记本科目。

(3) 其他方式下,实际收到财政拨款收入时,借记"银行存款"等科目,贷记本科目。

(4) 本年度财政直接支付的资金收回时,借记本科目,贷记"经费支出"等科目。

(5) 年末,将本科目本年发生额转入财政拨款结转时,借记本科目,贷记"财政拨款结转"科目。

【例 11-1】 某行政单位发生下列财政拨款收入业务:

(1) 收到财政部门拨来当月基本支出经费 120 000 元存入银行。

借：银行存款 120 000
　　贷：财政拨款收入——基本支出拨款 120 000

(2) 收到财政部门拨来专项经费 60 000 元。
借：银行存款 60 000
　　贷：财政拨款收入——项目支出拨款 60 000

(3) 单位收到财政部门委托代理银行转来的财政直接支付入账通知书，财政部门为该行政单位支付在职人员工资 210 000 元。
借：应付职工薪酬 210 000
　　贷：财政拨款收入——基本支出拨款——人员经费 210 000

(4) 单位收到银行转来财政授权支付到账通知书，本期授权支付额度 800 000 元到账，该额度用于日常行政活动。
借：零余额账户用款额度 800 000
　　贷：财政拨款收入——基本支出拨款 800 000

(5) 年终结账，将"财政拨款收入——基本支出拨款"贷方余额 1 030 000 元、"财政拨款收入——项目支出拨款" 60 000 元转入"财政拨款结转"科目。
借：财政拨款收入——基本支出拨款 1 030 000
　　　　　　　　　　——项目支出拨款 60 000
　　贷：财政拨款结转 1 090 000

三、其他收入的核算

(一) 其他收入及其内容

其他收入是指行政单位取得的除财政拨款收入以外的其他各项收入，如从非同级财政部门、上级主管部门等取得的用于完成项目或专项任务的资金、库存现金溢余等。行政单位从非同级财政部门、上级主管部门等取得指定转给其他单位，且未纳入本单位预算管理的资金，不属于其他收入，应当通过"其他应付款"科目核算。

(二) 其他收入核算的账务处理

为了核算行政单位取得的除财政拨款收入以外的其他各项收入情况，行政单位应设置"其他收入"科目。它是收入类科目，贷方登记其他收入的增加数，借方登记转出数，平时贷方余额反映其他收入的累计数。年终结账后，本科目应无余额。

本科目应当按照其他收入的类别、来源单位、项目资金和非项目资金进行明细核算。对于项目资金收入，还应当按照具体项目进行明细核算。

(1) 收到属于其他收入的各种款项时，按照实际收到的金额，借记"银行存款""库存现金"等科目，贷记本科目。

(2) 年末，将本科目本年发生额转入其他资金结转结余时，借记本科目，贷记"其他资金结转结余"科目。

【例 11-2】 某行政单位发生如下其他收入业务：
(1) 收到后勤服务收入现金 120 元。
借：库存现金 120
　　贷：其他收入——后勤服务收入 120

(2) 收到银行存款的利息收入 2 400 元。

借：银行存款　　　　　　　　　　　　　　　　　　　　　　2 400
　　贷：其他收入——利息收入　　　　　　　　　　　　　　　　　2 400

(3) 将无法查明原因的现金溢余收入 1 500 元经批准转入其他收入。

借：待处理财产损溢　　　　　　　　　　　　　　　　　　　　1 500
　　贷：其他收入——库存现金溢余　　　　　　　　　　　　　　　1 500

(4) 年终，将"其他收入"科目贷方余额 4 020 元转入"其他资金结转结余"科目。

借：其他收入——后勤服务收入　　　　　　　　　　　　　　　　120
　　　　　　——利息收入　　　　　　　　　　　　　　　　　　2 400
　　　　　　——库存现金溢余　　　　　　　　　　　　　　　　1 500
　　贷：其他资金结转结余　　　　　　　　　　　　　　　　　　　4 020

第二节　行政单位支出的核算

一、行政单位的支出及其分类和管理要求

(一) 支出的含义

行政单位的支出是指行政单位为保障机构正常运转和完成工作任务所发生的资金耗费和损失。包括经费支出和拨出经费。

经费支出是指行政单位在开展业务活动中发生的各项支出，包括基本支出和项目支出。经费支出是行政单位为实现社会管理职能、完成行政工作任务而计划发生的各项资金的耗费，它是行政单位最主要的支出。

拨出经费是指行政单位纳入预算管理、拨付给所属预算单位的非同级财政拨款资金。包括拨付所属单位的专项经费和补助经费等。

(二) 经费支出的分类

为了全面反映行政单位各项经费支出的内容和结构，便于分析和考核各项经费的实际支出情况，行政单位的经费支出需要按照一定的要求进行分类。

1. 按照部门预算管理要求进行分类

行政单位的经费支出，根据部门预算管理要求可以分基本支出和项目支出。

(1) 基本支出。它是指行政单位为维持正常运转和完成日常工作任务发生的支出，包括人员经费支出和日常公用经费支出。具体项目有基本工资、津贴、办公费、劳务费、交通费、物业管理费、邮电费等。

(2) 项目支出。它是指行政单位为完成专项工作或特定工作任务发生的支出，包括专项会议支出、专项设备购置支出、专项大型修缮支出、基础设置支出等。

2. 按照支出经济分类科目分类

按照《政府收支分类科目》中的"支出经济分类科目"，经费支出可以分为以下几类。

(1) 工资福利支出。它反映单位开支的在职职工和编制外长期聘用人员的各类劳动报酬，以及为上述人员缴纳的各项社会保险费等。

(2) 商品和服务支出。它反映单位购买商品和服务的支出(不包括用于购置固定资产的支出、战略性和应急储备支出，但军事方面的耐用消费品和设备的购置费、军事性建设费以及军事建筑物的购置费等在本科目中反映)。

(3) 对个人和家庭的补助。它反映政府用于对个人和家庭的补助支出。如离休费、退休费、抚恤金、住房公积金等。

(4) 基本建设支出。它反映行政单位由各级发展与改革部门集中安排的一般预算财政拨款用于购置固定资产、战略性和应急性储备、土地和无形资产，以及购建基础设施、大型修缮所发生的支出。

(5) 其他资本性支出。它反映行政单位由各级非发展与改革部门集中安排的用于购置固定资产、战略性和应急性储备、土地和无形资产，以及购建基础设施、大型修缮和财政支持企业更新改造所发生的支出。

(6) 其他支出。它反映行政单位不能划分到上述经济科目的其他有关支出。

3. 按照部门预算管理要求与支出经济分类科目相结合分类

行政单位的经费支出按照部门预算管理要求和《政府收支分类科目》的要求相结合进行分类，就是要求在行政单位的基本支出和项目支出要使用《政府收支分类科目》中的"支出经济分类"科目。

在经费支出的"基本支出"中再分为人员经费和日常公用经费。人员经费是指用于行政单位开支的在职职工和临时聘用人员的各类劳动报酬及缴纳的社会保险费等。人员经费支出包括工资福利支出和对个人和家庭的补助支出。日常公用经费支出是指行政单位为完成其工作任务，用于公务活动方面的必要开支。日常公用经费支出包括商品和服务支出、办公设备购置支出等。

在经费支出的"项目支出"中再分具体项目使用《政府收支分类科目》中的支出经济分类科目，如工资福利支出、商品和服务支出等。

(三) 行政单位支出的管理要求

行政单位的支出是行政单位为保障机构正常运转和完成工作任务所发生的资金耗费和损失，是行政单位为实现社会管理职能、完成行政工作任务的必要财政预算支出。行政单位需要严格按照预算管理的有关规定进行管理。具体要求如下所述。

1. 行政单位的支出应严格遵守国家规定的开支范围和标准

行政单位的支出，需要严格遵守国家规定的开支范围和开支标准。开支范围是按照行政单位的工作任务、工作性质和特点，根据有关部门预算规定的支出用途对行政单位的各项支出所确定的开支内容。开支标准是指在开支范围确定的基础上，对行政单位的各项支出项目所规定的开支额度。开支范围和开支标准是行政单位编制预算的依据，也是财政部分核定预算和考核分析预算执行情况的依据，行政单位必须严格执行，不得随意扩大开支范围和提高开支标准。

2. 行政单位应建立健全支出的内部管理制度

行政单位要建立健全各项支出的内部管理制度，包括支出的统一管理制度和重大支出项目的审批制度。行政单位的各项支出都要纳入单位预算，由单位财务部门实行统一管理。不允许在财务部门之外设立账户和私设小金库，严格执行财政部门批准的预算，不得超预算安排支出。

对于单位的重大支出项目要严格执行审批制度，包括重大支出项目的立项、审批等，对于重大支出项目要建立有关领导集体讨论决定，并列入单位预算或财务计划予以实施，未经有关审批程序，不得发生重大支出项目。

3. 行政单位要保证基本支出的需要，严格管理项目支出

行政的基本支出包括人员经费和日常公用经费支出，这些开支是单位的基本支出需要，要优先保障、优先安排，只有在基本支出得到保证后，才能安排项目支出。

行政单位的项目支出要保证专款专用，不得任意改变项目内容或扩大使用范围。一般情况下每一项目要单独核算，单独分析资金的使用情况。

4. 行政单位要重点管理节约潜力大和管理薄弱的支出

行政单位要采取有效措施，重点控制那些节约潜力大、管理薄弱的支出项目。在人员经费支出管理方面，严格执行主管部门核定的人员编制数和人员工资标准。在日常公用经费支出管理方面，要重点控制车辆购置标准、数量，控制会议数量、参加人数和会议费支出等。

二、行政单位支出核算的账务处理

（一）经费支出的账务处理

为了核算行政单位在开展业务活动中发生的各项支出情况，行政单位应设置"经费支出"科目。它是支出类科目，借方登记经费实际支出数；贷方登记支出收回或转出数；平时借方余额反映经费实际支出累计数。年终结账时，将经费支出科目借方余额全部转入"财政拨款结转"科目，转账后，本科目无余额。

本科目应当分别按照"财政拨款支出"和"其他资金支出""基本支出"和"项目支出"等分类进行明细核算；并按照《政府收支分类科目》中"支出功能分类科目"的项级科目进行明细核算；"基本支出"和"项目支出"明细科目下应当按照《政府收支分类科目》中"支出经济分类科目"的款级科目进行明细核算。同时在"项目支出"明细科目下按照具体项目进行明细核算。

有公共财政预算拨款、政府性基金预算拨款等两种或两种以上财政拨款的行政单位，还应当按照财政拨款的种类分别进行明细核算。

(1) 计提单位职工薪酬时，按照计算出的金额，借记本科目，贷记"应付职工薪酬"科目。

(2) 支付外部人员劳务费，按照应当支付的金额，借记本科目，按照代扣代缴个人所得税的金额，贷记"应缴税费"科目，按照扣税后实际支付的金额，贷记"财政拨款收入""零余额账户用款额度""银行存款"等科目。

(3) 支付购买存货、固定资产、无形资产、政府储备物资和工程结算的款项，按照实际支付的金额，借记本科目，贷记"财政拨款收入""零余额账户用款额度""银行存款"等科目；同时，按照采购或工程结算成本，借记"存货""固定资产""无形资产""在建工程""政府储备物资"等科目，贷记"资产基金"及其明细科目。

(4) 发生预付账款的，按照实际预付的金额，借记本科目，贷记"财政拨款收入""零余额账户用款额度""银行存款"等科目；同时，借记"预付账款"科目，贷记"资产基金——预付款项"科目。

(5) 偿还应付款项时，按照实际偿付的金额，借记本科目，贷记"财政拨款收入""零余额账户用款额度""银行存款"等科目；同时，借记"应付账款""长期应付款"科目，贷记"待偿债净资产"科目。

(6) 发生其他各项支出时，按照实际支付的金额，借记本科目，贷记"财政拨款收入""零余额账户用款额度""银行存款"等科目。

(7) 行政单位因退货等原因发生支出收回的，属于当年支出收回的，借记"财政拨款收入""零余额账户用款额度""银行存款"等科目，贷记本科目；属于以前年度支出收回的，借记"财政应返还额度""零余额账户用款额度""银行存款"等科目，贷记"财政拨款结转""财政拨款结余""其他资金结转结余"等科目。

(8) 年末，将本科目本年发生额分别转入财政拨款结转和其他资金结转结余时，借记"财政拨款结转""其他资金结转结余"科目，贷记本科目。

【例 11-3】 某行政单位 2014 年 12 月份发生如下经费支出业务：

(1) 5 日计算本月应付职工薪酬为 360 000 元。

借：经费支出——财政拨款支出(基本支出)　　　　　　　　　　360 000
　　贷：应付职工薪酬　　　　　　　　　　　　　　　　　　　　360 000

(2) 5 日用零余额账户用款额度支付外雇劳务人员费用 30 000 元，代扣个人所得税 1 500 元。

借：经费支出——财政拨款支出(基本支出)　　　　　　　　　　30 000
　　贷：零余额账户用款额度　　　　　　　　　　　　　　　　　28 500
　　　　应缴税费——应缴个人所得税　　　　　　　　　　　　　 1 500

(3) 15 日职工王华报销差旅费 2 500 元，原借款 3 000 元，退回 500 元现金。

借：经费支出——财政拨款支出(基本支出)　　　　　　　　　　 2 500
　　库存现金　　　　　　　　　　　　　　　　　　　　　　　　　 500
　　贷：其他应收款——王华　　　　　　　　　　　　　　　　　 3 000

(4) 18 日通过零余额账户预付购买固定资产款项 75 500 元。

借：经费支出——财政拨款支出(基本支出)　　　　　　　　　　75 500
　　贷：零余额账户用款额度　　　　　　　　　　　　　　　　　75 500

同时，

借：预付账款　　　　　　　　　　　　　　　　　　　　　　　 75 500
　　贷：资产基金——预付账款　　　　　　　　　　　　　　　　75 500

(5) 20 日收到财政直接支付入账通知书，通过财政直接支付方式购入计算机 100 台，价款 500 000 元。

借：固定资产	500 000	
贷：资产基金——固定资产		500 000
借：经费支出——财政拨款支出(基本支出)	500 000	
贷：财政拨款收入——基本支出拨款		500 000

(6) 21日通过单位零余额账户支付一专门(H项目)会议费用160 000元。

借：经费支出——财政拨款支出(项目支出)	160 000	
贷：零余额账户用款额度		160 000

(7) 23日用非财政资金银行存款60 000元支付外请A项目人员劳务费用。

借：经费支出——其他资金支出(项目支出)	60 000	
贷：银行存款		60 000

(8) 31日将本年度经费支出科目余额5 600 000元分别结转，其中转入财政拨款支出4 100 000元，其他资金支出1 500 000元。

借：财政拨款结转	4 100 000	
其他资金结转结余	1 500 000	
贷：经费支出——财政拨款支出		4 100 000
——其他资金支出		1 500 000

(二) 拨出经费的核算

拨出经费是指行政单位向所属单位拨出的纳入单位预算管理的非同级财政拨款资金，如拨给所属单位的专项经费和补助经费等。

为了核算行政单位向所属单位拨出的纳入单位预算管理的非同级财政拨款资金情况，行政单位应设置"拨出经费"科目。它是支出类科目，借方登记对所属单位拨出的资金数，贷方登记转出数，平时借方余额反映拨出经费累计数。年终转账时，将本科目的借方余额转入"其他资金结转结余"科目，转账后，本科目无余额。

本科目应当分别按照"基本支出"和"项目支出"进行明细核算；还应当按照接受拨出经费的具体单位和款项类别等分别进行明细核算。

(1) 向所属单位拨付非同级财政拨款资金等款项时，借记本科目，贷记"银行存款"等科目。

(2) 收回拨出经费时，借记"银行存款"等科目，贷记本科目。

(3) 年末，将本科目本年发生额转入其他资金结转结余时，借记"其他资金结转结余"科目，贷记本科目。

【例11-4】 某行政单位2014年12月发生如下拨出经费业务：

(1) 12日通过银行向所属预算M单位转拨预算经费300 000元，其中基本支出200 000元，项目支出100 000元。

借：拨出经费——M单位——基本支出	200 000	
——项目支出	100 000	
贷：银行存款		300 000

(2) 31日，年终将"拨出经费"科目借方余额560 000元(假设全部是拨给M单位的)，其中基本支出350 000元、项目支出210 000元转入"其他资金结转结余"科目。

借：其他资金结转结余　　　　　　　　　　　　　　　　560 000
　　贷：拨出经费——M 单位——基本支出　　　　　　　　350 000
　　　　拨出经费——M 单位——项目支出　　　　　　　　210 000

本章小结

> 行政单位的收入包括财政拨款收入和其他收入。财政拨款收入是指行政单位从同级财政部门取得的财政预算资金。其他收入是指行政单位依法取得的除财政拨款收入以外的各项收入。
>
> 行政单位收入的核算需要设置"财政拨款收入""其他收入"科目。
>
> 行政单位的支出是指行政单位为保障机构正常运转和完成工作任务所发生的资金耗费和损失，包括经费支出和拨出经费。
>
> 经费支出是指行政单位在开展业务活动中发生的各项支出，包括基本支出和项目支出。经费支出是行政单位为实现社会管理职能、完成行政工作任务而计划发生的各项资金的耗费，它是行政单位最主要的支出。
>
> 拨出经费是指行政单位纳入预算管理、拨付给所属预算单位的非同级财政拨款资金。包括拨付所属单位的专项经费和补助经费等。
>
> 行政单位支出的核算需要分别设置"经费支出""拨出经费"科目。

复习思考题

1. 行政单位收入的含义及内容如何？
2. 行政单位财政拨款收入有哪些？
3. 如何对财政拨款收入进行核算？
4. 其他收入的来源有哪些？如何进行核算？
5. 行政单位支出的含义及分类如何？
6. 什么是经费支出？如何加强管理？
7. 什么是拨出经费？如何进行核算？

练习题

习题一

一、目的　练习行政单位收入的核算。

二、资料　某行政单位发生以下有关经济业务：

1. 收到财政授权支付额度到账通知，本期到账额度 500 000 元，用于基本支出。

2. 收到财政部门委托代理银行转来的财政直接支付入账通知书，财政部门为该行政单位支付在职人员工资 320 000 元。

3. 收到财政部门拨来专项经费 60 000 元存入银行。

4. 收到财政部门委托代理银行转来的财政直接支付入账通知书，财政部门为该行政单位日常行政活动支付购买机器设备款项 180 000 元，设备验收交付使用。

5. 收到银行存款的利息收入 3 500 元。

6. 将无法查明原因的现金溢余收入 2 500 元经批准转入其他收入。

7. 年终将本年度"财政拨款收入"科目贷方余额 6 000 000 元，其中基本支出拨款 4 800 000 元、项目支出拨款 1 200 000 元转入"财政拨款结转"科目。

8. 年终将本年度"其他收入"科目贷方余额 156 000 元转入"其他资金结转结余"科目。

三、要求　根据上述经济业务编制会计分录。

习题二

一、目的　练习行政单位支出的核算。

二、资料　某行政单位发生以下有关经济业务：

1. 收到银行通知，用银行存款代付上月水电费 5 800 元。

2. 通过银行向所属预算单位拨出基本支出经费 750 000 元。

3. 张红出差回来报销差旅费 3 400 元，退回剩余现金 600 元。

4. 计算本月应付在职职工工资共计 860 000 元。

5. 通过单位零余额账户发放工资 860 000 元。

6. 通过零余额账户预付购买固定资产款项 62 000 元。

7. 收到财政部门通过银行转来的财政直接支付入账通知，支付本单位购买存货款项 185 000 元，存货已验收入库。

8. 用现金支付购买办公用品款 230 元。

9. 年终将本年度"经费支出"科目借方余额 3 900 000 元转入"财政拨款结转"科目；将"拨出经费"科目借方余额 450 000 元转入"其他资金结转结余"科目。

三、要求　根据上述经济业务编制会计分录。

第十二章　行政单位净资产的核算

学习目标

通过本章的学习，要求理解行政单位净资产的含义；掌握行政单位资产基金、财政拨款结转、财政拨款结余、其他资金结转结余和待偿债净资产的账务处理。

第一节　资产基金的核算

一、资产基金的含义

资产基金是指行政单位的预付账款、存货、固定资产、在建工程、无形资产、政府储备物资、公共基础设施等非货币性资产在净资产中占用的金额。

二、资产基金核算的账务处理

为了核算行政单位资产基金的增减变动情况，应设置"资产基金"科目。它是净资产类科目，贷方登记资产基金的增加数，借方登记资产基金的减少数或转销数，贷方余额反映行政单位资产基金总额。

本科目应当设置"预付款项""存货""固定资产""在建工程""无形资产""政府储备物资""公共基础设施"等明细科目，进行明细核算。

【例 12-1】 某行政单位发生如下资产基金业务：

(1) 用银行存款购买一台设备价值 60 000 元。

　　借：经费支出　　　　　　　　　　　　　　　　　　　　　　60 000
　　　　贷：银行存款　　　　　　　　　　　　　　　　　　　　　　60 000

同时，

　　借：固定资产　　　　　　　　　　　　　　　　　　　　　　60 000
　　　　贷：资产基金　　　　　　　　　　　　　　　　　　　　　　60 000

(2) 接受友好单位捐赠的小汽车一辆，价值 150 000 元。

　　借：固定资产　　　　　　　　　　　　　　　　　　　　　　150 000
　　　　贷：资产基金——固定资产　　　　　　　　　　　　　　　　150 000

(3) 经批准，无偿调出计算机 2 台给下属单位，每台价值 5 000 元。

　　借：资产基金——固定资产　　　　　　　　　　　　　　　　10 000
　　　　贷：固定资产　　　　　　　　　　　　　　　　　　　　　　10 000

(4) 经批准，报废无法使用的设备一台，该设备账面原值 80 000 元，收到残值收入 1 200 元，款入银行，以现金 500 元支付清理费。

① 设备账面原值转入清理：

　　借：待处理财产损溢　　　　　　　　　　　　　　　　　　　80 000
　　　　贷：固定资产　　　　　　　　　　　　　　　　　　　　　　80 000

② 经批准核销：

　　借：资产基金——固定资产　　　　　　　　　　　　　　　　80 000
　　　　贷：待处理财产损溢　　　　　　　　　　　　　　　　　　80 000

③ 取得残值收入：

　　借：银行存款　　　　　　　　　　　　　　　　　　　　　　1 200
　　　　贷：待处理财产损溢　　　　　　　　　　　　　　　　　　1 200

④ 支付清理费：
借：待处理财产损溢 500
　　贷：库存现金 500
⑤ 结转清理净收益：
借：待处理财产损溢——处置净收入 700
　　贷：应缴财政款 700

(5) 用零余额账户用款额度购入存货一批验收入库，货款 4 500 元。
借：存货 4 500
　　贷：资产基金——存货 4 500
同时，
借：经费支出 4 500
　　贷：零余额账户用款额度 4 500

第二节　结转结余的核算

行政单位的结转结余包括财政拨款结转、财政拨款结余和其他资金结转结余。

一、财政拨款结转的核算

(一) 财政拨款结转的含义及其内容

财政拨款结转是指行政单位当年预算已执行但尚未完成，或因故未执行，下一年度需要按照原用途继续使用的财政拨款滚存资金。它包括基本支出结转和项目支出结转。

基本支出结转是指行政单位一般预算财政拨款基本支出收支相抵后结转的资金余额。项目支出结转是指行政单位一般预算财政拨款项目支出收支相抵后结转的资金余额。

基本支出结转原则上结转下年继续使用，用于增加人员编制等人员经费和日常公用经费，但不得在人员经费和日常公用经费之间挪用。项目支出结转资金结转下年需要按原用途继续使用。

(二) 财政拨款结转的账务处理

为了核算行政单位当年预算已执行但尚未完成，或因故未执行，下一年度需要按照原用途继续使用的财政拨款滚存资金，行政单位应设置"财政拨款结转"科目。它是净资产类科目，贷方登记年终转入的财政拨款收入数；借方登记年终转入的财政拨款支出数；期末贷方余额，反映行政单位滚存的财政拨款结转资金数额。

本科目应当设置"基本支出结转""项目支出结转"两个明细科目；在"基本支出结转"明细科目下按照"人员经费"和"日常公用经费"进行明细核算，在"项目支出结转"明细科目下按照具体项目进行明细核算；本科目还应当按照《政府收支分类科目》中"支出功能分类科目"的项级科目进行明细核算。

有公共财政预算拨款、政府性基金预算拨款等两种或两种以上财政拨款的行政单位，还应当按照财政拨款种类分别进行明细核算。

本科目还可以根据管理需要按照财政拨款结转变动原因，设置"收支转账""结余转账""年初余额调整""归集上缴""归集调入""单位内部调剂""剩余结转"等明细科目，进行明细核算。

1. 调整以前年度财政拨款结转

因发生差错更正、以前年度支出收回等原因，需要调整财政拨款结转的，按照实际调增财政拨款结转的金额，借记有关科目，贷记本科目(年初余额调整)；按照实际调减财政拨款结转的金额，借记本科目(年初余额调整)，贷记有关科目。

【例 12-2】 某省教育厅 2014 年 2 月份收回以前年度支出 8 000 元存入银行，需要调增财政补助结转。

借：银行存款　　　　　　　　　　　　　　　　　　　　　　　　8 000
　　贷：财政拨款结转——年初余额调整　　　　　　　　　　　　　　8 000

2. 从其他单位调入财政拨款结余资金

按照规定从其他单位调入财政拨款结余资金时，按照实际调增的额度数额或调入的资金数额，借记"零余额账户用款额度""银行存款"等科目，贷记本科目(归集调入)及其明细。

【例 12-3】 某省教育厅原资助某高校的 M 建设项目到期完工，按资助规定，剩余资金 2 000 元划回教育厅存入银行。

借：银行存款　　　　　　　　　　　　　　　　　　　　　　　　2 000
　　贷：财政拨款结转——归集调入　　　　　　　　　　　　　　　　2 000

3. 上缴财政拨款结转

按照规定上缴财政拨款结转资金时，按照实际核销的额度数额或上缴的资金数额，借记本科目(归集上缴)及其明细，贷记"财政应返还额度""零余额账户用款额度""银行存款"等科目。

【例 12-4】 接上例，某省教育厅资助某高校的 M 建设项目系教育部拨款，本批 M 建设项目结余资金共计 50 000 元按规定全部上缴教育部。

借：财政拨款结转——归集上缴　　　　　　　　　　　　　　　　50 000
　　贷：银行存款　　　　　　　　　　　　　　　　　　　　　　　　50 000

4. 单位内部调剂结余资金

经财政部门批准对财政拨款结余资金改变用途，调整用于其他未完成项目等，按照调整的金额，借记"财政拨款结余"科目(单位内部调剂)及其明细，贷记本科目(单位内部调剂)及其明细。

【例 12-5】 经财政部门批准，某省教育厅对财政拨款结余资金 200 000 元改变用途，用于下一批 M 建设项目的资助。

借：财政拨款结余——单位内部调剂　　　　　　　　　　　　　200 000
　　贷：财政拨款结转——单位内部调剂　　　　　　　　　　　　　200 000

5. 结转本年财政拨款收入和支出

(1) 年末，将财政拨款收入本年发生额转入本科目，借记"财政拨款收入——基本支出拨款、项目支出拨款"科目及其明细,贷记本科目(收支转账——基本支出结转、项目支出结转)及其明细。

(2) 年末,将财政拨款支出本年发生额转入本科目,借记本科目(收支转账——基本支出结转、项目支出结转)及其明细,贷记"经费支出——财政拨款支出——基本支出、项目支出"科目及其明细。

【例12-6】 2014年年终,某省教育厅有关财政拨款收入和支出科目余额如下:

科目名称	余额
财政拨款收入——基本支出拨款	8 000 000
——项目支出拨款	2 000 000
经费支出——财政拨款支出(基本支出)	7 600 000
——财政拨款支出(项目支出)	1 700 000

(1) 结转收入:

借:财政拨款收入——基本支出拨款　　　　　　　　　　　　　8 000 000
　　　　　　　　——项目支出拨款　　　　　　　　　　　　　2 000 000
　贷:财政拨款结转——收支转账——基本支出结转　　　　　　8 000 000
　　　　　　　　　　　　　　　　——项目支出结转　　　　　2 000 000

(2) 结转支出:

借:财政拨款结转——收支转账——基本支出结转　　　　　　7 600 000
　　　　　　　　　　　　　　　　——项目支出结转　　　　　1 700 000
　贷:经费支出——财政拨款支出——基本支出　　　　　　　　7 600 000
　　　　　　　　　　　　　　　　——项目支出　　　　　　　1 700 000

6. 将完成项目的结转资金转入财政拨款结余

年末完成上述财政拨款收支转账后,对各项目执行情况进行分析,按照有关规定将符合财政拨款结余性质的项目余额转入财政拨款结余,借记本科目(结余转账——项目支出结转)及其明细,贷记"财政拨款结余"(结余转账——项目支出结余)科目及其明细。

【例12-7】 某省教育厅年终将本年度经分析符合结余性质的已经完工的项目结余200 000元转入财政拨款结余。

借:财政拨款结转——结余转账——项目支出结转　　　　　　200 000
　贷:财政拨款结余——结余转账——项目支出结余　　　　　　200 000

7. 年末冲销有关明细科目余额

年末收支转账后,将本科目所属"收支转账""结余转账""年初余额调整""归集上缴""归集调入""单位内部调剂"等明细科目余额转入"剩余结转"明细科目;转账后,本科目除"剩余结转"明细科目外,其他明细科目应无余额。

【例12-8】 上例中,12月31日该教育厅收支转账后应进行以下明细科目冲销:

(1) 借:财政拨款结转——收支转账——基本支出结转　　　　8 000 000
　　　　　　　　　　　　　　　　　——项目支出结转　　　2 000 000
　　　　　　　　　　——年初余额调整　　　　　　　　　　8 000
　　　　　　　　　　——归集调入　　　　　　　　　　　　2 000

	——单位内部调剂	200 000
	贷：财政拨款结转——剩余结转	10 210 000
(2) 借：财政拨款结转——剩余结转		9 550 000
	贷：财政拨款结转——收支转账——基本支出结转	7 600 000
	——项目支出结转	1 700 000
	财政拨款结转——结余结转	200 000
	——归集上缴	50 000

该行政单位进行上述转账后，"财政拨款结转"科目下的"剩余结转"明细科目余额为660 000元，其他明细科目均无余额。

二、财政拨款结余的核算

(一) 财政拨款结余的含义及其内容

财政拨款结余是指行政单位当年预算工作目标已完成，或因故终止，剩余的财政拨款滚存资金。

《行政单位财务规则》规定，结转资金在规定使用年限未使用或者未使用完的，视为结余资金。

(二) 财政拨款结余的账务处理

为了核算行政单位滚存的财政拨款项目支出结余资金，行政单位应设置"财政拨款结余"科目，它是净资产类科目，贷方登记财政拨款结余资金的增加数，借方登记减少数，余额在贷方反映行政单位滚存的财政拨款结余资金数额。

本科目应当按照具体项目、《政府收支分类科目》中"支出功能分类科目"的项级科目等进行明细核算。

有公共财政预算拨款、政府性基金预算拨款等两种或两种以上财政拨款的行政单位，还应当按照财政拨款的种类分别进行明细核算。

本科目还可以根据管理需要按照财政拨款结余变动原因，设置"结余转账""年初余额调整""归集上缴""单位内部调剂""剩余结转"等明细科目，进行明细核算。

1. 调整以前年度财政拨款结余

因发生差错更正、以前年度支出收回等原因，需要调整财政拨款结余的，按照实际调增财政拨款结余的金额，借记有关科目，贷记本科目(年初余额调整)；按照实际调减财政拨款结余的金额，借记本科目(年初余额调整)，贷记有关科目。

【例12-9】 某行政单位上年度的一笔支出业务已经支付现金1500元并记入支出，现在又收回。现对差错进行调整，调增财政拨款结余。

借：库存现金	1 500
贷：财政拨款结余——年初余额调整	1 500

2. 上缴财政拨款结余

按照规定上缴财政拨款结余时，按照实际核销的额度数额或上缴的资金数额，借记本科目(归集上缴)及其明细，贷记"财政应返还额度""零余额账户用款额度""银行存款"等科目。

【例 12-10】 某行政单位按照规定通过单位零余额账户上缴财政拨款项目结余资金 30 000 元。

借：财政拨款结余——归集上缴　　　　　　　　　　　　　　　　30 000
　　贷：零余额账户用款额度　　　　　　　　　　　　　　　　　　　30 000

3. 单位内部调剂结余资金

经财政部门批准将本单位完成项目结余资金调整用于基本支出或其他未完成项目支出时，按照批准调剂的金额，借记本科目(单位内部调剂)及其明细，贷记"财政拨款结转"(单位内部调剂)科目及其明细。

【例 12-11】 年终，该行政单位经财政部门批准将本单位已完成项目 A 的结余资金 10 000 元调整用于其他未完项目 B 的支出。

借：财政拨款结余——单位内部调剂(A)　　　　　　　　　　　　10 000
　　贷：财政拨款结转——单位内部调剂(项目支出 B)　　　　　　　10 000

4. 将完成项目的结转资金转入财政拨款结余

年末，对财政拨款各项目执行情况进行分析，按照有关规定将符合财政拨款结余性质的项目余额转入本科目，借记"财政拨款结转"(结余转账——项目支出结转)科目及其明细，贷记本科目(结余转账——项目支出结余)及其明细。

【例 12-12】 年终该行政单位将完成的项目 D 结余余额 50 000 元转入财政拨款结余。

借：财政拨款结转——结余转账(项目支出结转 D)　　　　　　　　50 000
　　贷：财政拨款结余——结余转账(项目支出结余)　　　　　　　　50 000

5. 年末冲销有关明细科目余额

年末，将本科目所属"结余转账""年初余额调整""归集上缴""单位内部调剂"等明细科目余额转入"剩余结余"明细科目；转账后，本科目除"剩余结余"明细科目外，其他明细科目应无余额。

【例 12-13】 本例中，12 月 31 日该行政单位进行上述账务处理后应进行以下明细科目冲销：

(1) 借：财政拨款结余——年初余额调整　　　　　　　　　　　　 1 500
　　　　　　　　　　——结余转账(项目支出结余)　　　　　　　　50 000
　　　贷：财政拨款结余——剩余结余　　　　　　　　　　　　　　51 500
(2) 借：财政拨款结余——剩余结余　　　　　　　　　　　　　　　40 000
　　　贷：财政拨款结余——归集上缴　　　　　　　　　　　　　　30 000
　　　　　　　　　　——单位内部调剂(项目支出 A)　　　　　　　10 000

该行政单位进行上述转账后，"财政拨款结余"科目下的"剩余结余"明细科目余额为 11 500 元，其他明细科目均无余额。

三、其他资金结转结余的核算

(一) 其他资金结转结余的含义

其他资金结转结余是指行政单位除财政拨款收支以外的各项收支相抵后剩余的滚存资金。

(二) 其他资金结转结余核算的账务处理

为了核算行政单位除财政拨款收支以外的其他各项收支相抵后剩余的滚存资金,行政单位应设置"其他资金结转结余"科目,它是净资产类科目,贷方登记其他资金结转结余的增加数;借方登记其他资金结转结余减少数;期末贷方余额,反映行政单位滚存的各项非财政拨款资金结转结余数额。

本科目应当设置"项目结转"和"非项目结余"明细科目,分别对项目资金和非项目资金进行明细核算。对于项目结转,还应当按照具体项目进行明细核算。

本科目还可以根据管理需要按照其他资金结转结余变动原因,设置"收支转账""年初余额调整""结余调剂""剩余结转结余"等明细科目,进行明细核算。

1. 调整以前年度其他资金结转结余

因发生差错更正、以前年度支出收回等原因,需要调整其他资金结转结余的,按照实际调增的金额,借记有关科目,贷记本科目(年初余额调整)及其相关明细。按照实际调减的金额,借记本科目(年初余额调整)及其相关明细,贷记有关科目。

【例 12-14】 某省教育厅收回以前年度发生的其他资金支出 40 000 元,调整其他资金结转结余。

借:银行存款　　　　　　　　　　　　　　　　　　　　40 000
　　贷:其他资金结转结余——年初余额调整　　　　　　　　　40 000

2. 结转本年其他资金收入和支出

(1) 年末,将其他收入中的项目资金收入本年发生额转入本科目,借记"其他收入"科目及其明细,贷记本科目(项目结转——收支转账)及其明细;将其他收入中的非项目资金收入本年发生额转入本科目,借记"其他收入"科目及其明细,贷记本科目(非项目结余——收支转账)。

(2) 年末,将其他资金支出中的项目支出本年发生额转入本科目,借记本科目(项目结转——收支转账)及其明细,贷记"经费支出——其他资金支出"科目(项目支出)及其明细、"拨出经费"科目(项目支出)及其明细;将其他资金支出中的基本支出本年发生额转入本科目,借记本科目(非项目结余——收支转账),贷记"经费支出——其他资金支出"科目(基本支出)、"拨出经费"科目(基本支出)。

【例 12-15】 某省教育厅本年末进行年终转账,有关科目余额为:

科目名称　　　　　　　　　　　　　　　　　　　余额
其他收入——项目资金收入(A)　　　　　　　　　 85 000
　　　　——项目资金收入(B)　　　　　　　　　 65 000
　　　　——非项目资金收入　　　　　　　　　　200 000

经费支出——其他资金支出(项目支出 A)　　　　　　　　　83 000
　　　　——其他资金支出(项目支出 B)　　　　　　　　　22 000
　　　　——其他资金支出(基本支出)　　　　　　　　　　170 000

由此进行收支转账分录分别为：
(1) 借：其他收入——项目资金收入(A)　　　　　　　　　　　　85 000
　　　　　　　——项目资金收入(B)　　　　　　　　　　　　65 000
　　　贷：其他资金结转结余——项目结转——收支转账(A)　　　85 000
　　　　　　　　　　　　　　　　——收支转账(B)　　　65 000
(2) 借：其他收入——非项目资金收入　　　　　　　　　　　　200 000
　　　贷：其他资金结转结余——非项目结余——收支转账　　　200 000
(3) 借：其他资金结转结余——项目结转——收支转账(A)　　　83 000
　　　　　　　　　　　　　　　　——收支转账(B)　　　22 000
　　　贷：经费支出——其他资金支出(项目支出 A)　　　　　　　83 000
　　　　　　　　——其他资金支出(项目支出 B)　　　　　　　22 000
(4) 借：其他资金结转结余——非项目结余——收支转账　　　170 000
　　　贷：经费支出——其他资金支出(基本支出)　　　　　　　170 000

3. 缴回或转出项目结余

完成上述转账后，对本年末各项目执行情况进行分析，区分年末已完成项目和尚未完成项目，在此基础上，对完成项目的剩余资金根据不同情况进行账务处理：

(1) 需要缴回原项目资金出资单位的，按照缴回的金额，借记本科目(项目结转——结余调剂)及其明细，贷记"银行存款""其他应付款"等科目。

(2) 将项目剩余资金留归本单位用于其他非项目用途的，按照剩余的项目资金金额，借记本科目(项目结转——结余调剂)及其明细，贷记本科目(非项目结余——结余调剂)。

【例 12-16】接上例，某省教育厅承担的 A 项目完工，按规定交回结余资金 2000 元。
　　借：其他资金结转结余——项目结转——结余调剂　　　　　　2 000
　　　　贷：银行存款　　　　　　　　　　　　　　　　　　　2 000

如果留归本单位用于其他非项目用途，则：
　　借：其他资金结转结余——项目结转——结余调剂　　　　　　2 000
　　　　贷：其他资金结转结余——非项目结余——结余调剂　　　2 000

4. 用非项目资金结余补充项目资金

按照实际补充项目资金的金额，借记本科目(非项目结余——结余调剂)，贷记本科目(项目结转——结余调剂)及其明细。

【例 12-17】该省教育厅用非项目结余资金 17 000 元补充 B 项目的资金不足。
　　借：其他资金结转结余——非项目结余——结余调剂　　　　17 000
　　　　贷：其他资金结转结余——项目结转——结余调剂(B)　　17 000

5. 年末冲销有关明细科目余额

年末收支转账后，将本科目所属"收支转账""年初余额调整""结余调剂"等明细科目余额转入"剩余结转结余"明细科目;转账后,本科目除"剩余结转结余"明细科目外,其他明细科目应无余额。

【例 12-18】 年终,该省教育厅冲销"其他资金结转结余"有关明细科目:转入"剩余结转结余"明细科目。

(1) 借:其他资金结转结余——年初余额调整　　　　　　　　　　　40 000
　　　　　　　　　　　——项目结转——收支转账(A)　　　　　　85 000
　　　　　　　　　　　——项目结转——收支转账(B)　　　　　　65 000
　　　　　　　　　　　——非项目结余——收支转账　　　　　　 200 000
　　　　　　　　　　　——项目结转——结余调剂(B)　　　　　　17 000
　　　贷:其他资金结转结余——剩余结转结余　　　　　　　　　407 000
(2) 借:其他资金结转结余——剩余结转结余　　　　　　　　　　294 000
　　　贷:其他资金结转结余——项目结转——收支转账(A)　　　 83 000
　　　　　　　　　　　——项目结转——收支转账(B)　　　　　 22 000
　　　　　　　　　　　——非项目结余——收支转账　　　　　　170 000
　　　　　　　　　　　——项目结转——结余调剂　　　　　　　 2 000
　　　　　　　　　　　——非项目结余——结余调剂　　　　　　17 000

该省教育厅经过上述转账后,"其他资金结转结余"科目除"剩余结转结余"明细科目有余额 113 000 元外,其他明细科目均无余额。

第三节　待偿债净资产的核算

一、待偿债净资产的含义

待偿债净资产是指行政单位因发生应付账款和长期应付款而相应需在净资产中冲减的金额,它代表着需要对结转结余资金抵减的净资产。

二、待偿债净资产核算的账务处理

为了核算行政单位因发生应付账款和长期应付款而相应需在净资产中冲减的金额,行政单位应设置"待偿债净资产"科目,它是净资产类科目,借方登记待偿债净资产的增加数;贷方登记待偿债净资产的减少数;期末借方余额,反映行政单位因尚未支付的应付账款和长期应付款而需相应冲减净资产的金额。

(1) 发生应付账款、长期应付款时,按照实际发生的金额,借记本科目,贷记"应付账款""长期应付款"等科目。

(2) 偿付应付账款、长期应付款时,按照实际偿付的金额,借记"应付账款""长期应付款"等科目,贷记本科目;同时,按照实际支付的金额,借记"经费支出"科目,贷记"财政拨款收入""零余额账户用款额度""银行存款"等科目。

(3) 因债权人原因,核销确定无法支付的应付账款、长期应付款时,按照报经批准核销的金额,借记"应付账款""长期应付款"科目,贷记本科目。

【例 12-19】 某行政单位进行公共基础设施建设,施工总造价 3 600 000 元,项目完工时，单位通过财政直接支付方式支付工程款 2 600 000 元，按合同规定，另外 1 000 000 元在以后的两年分两次于每年末偿还。

则应编制如下会计分录：

工程完工时：

(1) 借：公共基础设施　　　　　　　　　　　　　　　　　　3 600 000
　　　贷：资产基金——公共基础设施　　　　　　　　　　　　3 600 000

支付价款时：

(2) 借：经费支出　　　　　　　　　　　　　　　　　　　　2 600 000
　　　贷：财政拨款收入　　　　　　　　　　　　　　　　　　2 600 000

确定未付价款时：

(3) 借：待偿债净资产——长期应付款　　　　　　　　　　　1 000 000
　　　贷：长期应付款　　　　　　　　　　　　　　　　　　　1 000 000

每年末偿还长期应付款时：

(4) 借：长期应付款　　　　　　　　　　　　　　　　　　　　500 000
　　　贷：待偿债净资产——长期应付款　　　　　　　　　　　　500 000

同时：

　　借：经费支出　　　　　　　　　　　　　　　　　　　　　500 000
　　　贷：零余额账户用款额度　　　　　　　　　　　　　　　　500 000

【例 12-20】 2014 年 12 月 31 日，该行政单位一笔应付账款 35 000 元债权人已多年无法联系，经批准核销。

则应编制的会计分录为：

借：应付账款　　　　　　　　　　　　　　　　　　　　　　　35 000
　贷：待偿债净资产　　　　　　　　　　　　　　　　　　　　　35 000

本 章 小 结

　　行政单位的净资产是资产减去负债的余额，行政单位的净资产包括财政拨款结转、财政拨款结余、其他资金结转结余、资产基金、待偿债净资产等。

　　财政拨款结转是指行政单位当年预算已执行但尚未完成，或因故未执行，下一年度需要按照原用途继续使用的财政拨款滚存资金。

　　财政拨款结余是指行政单位当年预算工作目标已完成，或因故终止，剩余的财政拨款滚存资金。

　　其他资金结转结余是指行政单位除财政拨款收支以外的各项收支相抵后剩余的滚存资金。

　　资产基金是指行政单位的非货币性资产在净资产中占用的金额。

　　待偿债净资产是指行政单位因发生应付账款和长期应付款而相应需在净资产中冲减的金额。

　　应设置"资产基金""财政拨款结转""财政拨款结余""其他资金结转结余""待偿债净资产"等科目进行核算。

复习思考题

1. 行政单位净资产的含义及内容如何？
2. 什么是资产基金？如何核算？
3. 什么是财政拨款结转？如何核算？
4. 什么是财政拨款结余？如何核算？
5. 什么是其他资金结转结余？如何核算？
6. 待偿债净资产如何进行核算？

练 习 题

一、目的　练习行政单位净资产的核算。

二、资料　某行政单位发生以下有关经济业务：

1. 收到通过财政直接支付方式购入的设备一台，价值 500 000 元，设备已交付使用。
2. 从外单位购入一批计算机 100 台，价值 250 000 元，计算机交付使用，款未付。
3. 用单位零余额账户购买需要安装的设备一台，价值 50 000 元，款已付，设备交付安装。
4. 收到一批捐赠的图书，价值 200 000 元。
5. 经批准将一台不需用的复印机出售，原价 15 000 元，实收价款 1 400 元存入银行。
6. 经批准报废一台设备，原值 6 000 元，用现金支付清理费 120 元，残料收入 1 000 元存入银行。
7. 年终，行政单位本年有关收入支出的余额如下：

财政拨款收入——基本支出拨款	2 800 000 元
——项目支出拨款	1 000 000 元
其他收入——项目资金收入	120 000 元
——非项目资金收入(利息收入)	50 000 元
经费支出——财政拨款支出(基本支出)	2 650 000 元
——财政拨款支出(A 项目支出)	800 000 元
——其他资金支出(项目支出)	80 000 元
拨出经费——某单位(基本支出)	20 000 元
——某单位(项目支出)	10 000 元

请进行年终收支转账。

8. 年终，经分析，财政拨款 A 项目已经完成，项目结余 200 000 元转入财政拨款结余。

三、要求　根据上述经济业务编制会计分录。

第十三章　行政单位财务报表

学习目标

要求了解行政单位财务报表的作用和种类；理解行政单位财务报表的编制要求；掌握资产负债表、收入支出表、财政拨款收入支出表的编制。

第一节 行政单位财务报表概述

一、财务报表的意义

(一) 行政单位会计报表的含义

财务报表是反映行政单位财务状况和预算执行结果等的书面文件,由会计报表及其附注构成。会计报表包括资产负债表、收入支出表、财政拨款收入支出表等。

编制财务报表,是行政单位会计工作的一项重要内容,也是日常会计核算工作的总结阶段。行政单位通过大量的日常会计工作,从取得并审核原始凭证,编制记账凭证,到登记总分类账和明细账,提供了单位预算资金和其他资金活动的大量数据资料。但是这些资料零星地分散在凭证和账簿中,不能集中、概括地反映各单位资金活动的全貌。为了使财政部门、上级机关和本单位领导能了解、掌握单位的预算执行情况和财务活动的全面状况,以便指导单位的财务管理和会计工作,就需要定期将日常会计核算资料进行综合、分析、汇总,编制成具有完整指标体系的会计报表。

(二) 行政单位财务报表的作用

行政单位财务报表综合、全面、系统地反映了行政单位预算执行结果,对于加强预算管理、反映管理层受托责任、增加行政履职能力透明度和单位财务管理具有重要作用。其作用主要表现在:

(1) 行政单位利用会计报表及其他有关资料,可以分析和检查单位预算的执行情况,发现预算管理和财务管理工作中存在的问题,以便采取有效措施,改进预算管理工作,提高财务管理水平。

(2) 各级主管部门利用下级各单位的财务报表,可以考核各单位执行国家有关方针政策的情况,了解行政单位的财政能力和相关人员的办事能力,评价其受托责任的履行情况。主管部门对全系统的会计报表汇总后,还可以分析和检查全系统的预算执行情况,提高全系统的预算管理工作水平。

(3) 财政机关利用各个行政单位的财务报表,便于掌握各单位的预算执行进度,正确地核算预算支出,还可以了解各行政单位执行预算的情况和存在的问题,为行政单位的规划提供决策有用的会计信息,指导和帮助各单位做好预算会计工作,提高预算管理质量。

(4) 社会公众利用行政单位的财务报表,可以了解行政单位的工作业绩、经费支出使用情况,从中发现问题,便于公众监督行政执政能力,提升财政透明度和社会公信力。

二、行政单位财务报表的种类

(一) 行政单位财务报表按反映的内容分类

行政单位财务报表按反映的内容可以分为资产负债表、收入支出表、财政拨款收入支出表、附表和报表附注。

(二) 行政单位财务报表按编制的时间分类

行政单位会计报表按编制时间可以分为月报、季报和年报。

月报，是反映行政单位截止报告月度预算资金活动和预算经费收支情况的报表，主要用于满足本单位预算和财务管理的需要，一般要求编制资产负债表、支出明细表。季报，是分析、检查单位季度预算资金活动情况和经费收支情况的报表，应在月报的基础上较详细地反映单位经费收支执行的全貌。年报，亦称年度决算，是全面反映年度预算资金活动和经费收支结果的报表。年度单位决算报表种类和要求等，按照财政部门和上级下达的有关单位决算编审规定组织执行。

(三) 行政单位财务报表按编报的层次分类

行政单位财务报表按编报的层次可以分为本级报表和汇总报表。

本级报表是反映各行政单位预算执行情况和资金活动情况的报表，汇总报表是各主管部门对本单位和所属单位的报表进行汇总后编制的会计报表。

三、行政单位编制财务报表的要求

为了充分发挥财务报表的应有作用，各个行政单位必须按照财政部门和主管部门统一规定的格式、内容和编制方法编制会计报表，做到数字真实、内容完整、编报及时。

1. 数字真实

各行政单位财务报表必须真实可靠、数字准确，如实反映单位预算执行情况和结果。编报时要以核对无误的会计账簿数字为依据，不能以估计数、计划数填报，更不能弄虚作假、篡改和伪造会计数据，也不能由上级单位估计数代编。因此，各单位必须按期结账，一般不能为赶编报表而提前结账。编制报表前，要认真核对有关账目，切实做到账表相符、账证相符、账账相符和账实相符，保证会计报表的真实性。

2. 内容完整

各个行政单位的财务报表内容必须完整，按照统一规定的报表种类、格式和内容编报齐全，不能漏报。规定的格式栏次不论是表内项目还是补充资料，应填的项目、内容要填列齐全，不能任意取舍，成为一套完整的报表指标体系，以保证会计报表在本部门、本地区以及全国的逐级汇总分析需要。各级主管部门可以根据本系统内的特殊情况和特殊要求，规定增加一些报表项目，但不得影响国家统一规定的报表和报表项目的编报。

3. 编报及时

行政单位财务报表必须按照国家或上级机关规定的期限和程序，在保证报表真实、完整的前提下，在规定的期限内报送上级单位。如果一个单位的会计报表不及时报送，势必影响主管单位、财政部门乃至全国的逐级汇总，影响全局对会计信息的分析。因此，应当科学、合理地组织好日常的会计核算工作，加强会计部门内部及会计部门与有关部门的协作与配合，以便能尽快地编制出会计报表，满足预算管理和财务管理的需要。

第二节 编制年报的准备工作

年报，即年度决算，是全面反映年度资金活动和经费收支执行结果的报表。年报应在年终清理和年终结账的基础上编制。

年终清理结算和结账,是行政单位编制年度决算的一个重要环节,也是保证单位决算报表数字真实、准确、完整的一项基础工作。各行政单位在年度终了前,应根据财政部门或上级主管部门的决算编审工作要求,对各项收支项目、往来款项、货币资金及财产物资进行全面的年终清理结算,并在此基础上办理年度结账、编报决算报表。

一、年终清理

年终清理是指对行政单位全年预算资金收支、其他资金收支活动进行全面的清查、核对、整理和结算工作。年终清理主要包括以下内容:

(一) 清理、核对年度预算收支数字和各项缴拨款数字

年终前,财政机关、上级单位和所属各单位之间,应当认真清理核对预算数字。同时,要逐笔清理核对上下级之间预算拨款和预算缴款数字,按核定的预算或调整的预算,该拨付的拨付,该交回的交回,以保证上下级之间的年度预算数、领拨经费数和上缴、下拨数一致。

为了准确反映各项收支数额,凡属本年度的应拨款项,应当在12月31日前汇达对方。主管会计单位对所属各单位的预算拨款和预算外资金拨款,截至本年度12月25日为止,逾期一般不再下拨。凡属预拨下年度的款项,应注明款项所属年度,以免造成跨年错账。

凡属本年的各项收入,都要及时入账。本年的各项应缴财政款和应缴财政专户的预算外资金,要在年终前全部上缴。属于本年度的各项支出,要按规定的支出渠道如实列报。年度单位支出决算,一律以基层用款单位截至本年度12月31日为止的本年实际支出数为准,不得将年终前预拨下级单位的下年预算拨款列入本年的支出,也不得以上级会计单位的拨款数代替基层会计单位的实际支出数。

(二) 清理核对各项往来款项

对行政单位的各种暂存、暂付等往来款项,年终前应尽量清理完毕,按照有关规定应当转作各项收入或各项支出的往来款项要及时转入各有关科目,编入本年决算。主管单位收到财政专户核拨的预算外资金属于应返还所属单位的部分应及时转拨所属单位,不得在"其他应付款"科目挂账。属于应转入有关收入和支出的往来款项,一定要及时转入收入科目、支出科目,不得在往来科目上长期挂账,导致收入数字和支出数字不实。

(三) 清理、核对货币资金和财产物资

行政单位年终要及时与开户银行对账。银行存款的账面余额同银行对账单的余额核对应相符;现金的账面余额与库存现金核对应相符;有价证券账面数字同实存的有价证券核对应相符。各种财产物资年终必须全部入账,各单位应配备专人对全部财产进行全面的清查盘点,发生盘盈、盘亏的,要及时查明原因,按规定做出处理,调整账簿记录,做到账实相符,账账相符。

二、年终结账

行政单位在年终清理结算的基础上进行年终结账。年终结账工作,一般包括年终转账、

结清旧账、记入新账三个环节。

(一) 年终转账

账目核对无误后,首先计算出各科目借方或贷方的本年度 12 月份合计数和全年累计数,结出本年度 12 月末的余额。试算平衡无误后,将应对冲结转的各个收支科目的余额按年终转账办法,填制本年度 12 月 31 日的记账凭证办理冲账转账。

年终结账的程序如下:

【例 13-1】 某行政单位年终结账时各个收支科目的余额如下:

科目名称	余额/元
财政拨款收入——基本支出拨款	8 000 000
——项目支出拨款	2 000 000
其他收入——项目资金收入	200 000
——非项目资金收入	250 000
经费支出——财政拨款支出(基本支出)	7 600 000
——财政拨款支出(项目支出)	1 700 000
——其他资金支出(基本支出)	160 000
——其他资金支出(项目支出)	110 000
拨出经费——甲单位——基本支出	30 000
——项目支出	20 000

进行年终转账如下:

(1) 结转收入:

借:财政拨款收入——基本支出拨款　　　　　　　　　　　　　　8 000 000
　　　　　　　　——项目支出拨款　　　　　　　　　　　　　　2 000 000
　　贷:财政拨款结转——收支转账——基本支出结转　　　　　　8 000 000
　　　　　　　　　　　　　　——项目支出结转　　　　　　　　2 000 000
借:其他收入——项目资金收入　　　　　　　　　　　　　　　　200 000
　　　　　　——非项目资金收入　　　　　　　　　　　　　　　250 000
　　贷:其他资金结转结余——项目结转——收支转账　　　　　　200 000
　　　　　　　　　　　　——非项目结余——收支转账　　　　　250 000

(2) 结转支出:

借:财政拨款结转——收支转账——基本支出结转　　　　　　　7 600 000
　　　　　　　　　　　　——项目支出结转　　　　　　　　　1 700 000
　　贷:经费支出——财政拨款支出——基本支出　　　　　　　　7 600 000
　　　　　　　　　　　　　　——项目支出　　　　　　　　　1 700 000
借:其他资金结转结余——项目结转——收支转账　　　　　　　130 000
　　　　　　　　　　——非项目结余——收支转账　　　　　　190 000
　　贷:经费支出——其他资金支出(基本支出)　　　　　　　　 160 000
　　　　　　　　——其他资金支出(项目支出)　　　　　　　　 110 000
　　　　拨出经费——甲单位——基本支出　　　　　　　　　　 30 000
　　　　　　　　——甲单位——项目支出　　　　　　　　　　 20 000

年终其他会计事项的结转参照第十二章第二节"结转结余的核算"。

(二) 结清旧账

结清旧账就是最后的年末结账工作，结计出全年发生额累计数和全年最后余额。具体方法是：将结账后无余额的科目结出全年总累计数，然后在下面划双红线，表示本科目全部结清。对年终科目仍有余额的科目，在"全年累计数"下行的"摘要"栏内注明"结转下年"字样，再在下面划双红线，表示年终余额转入新账，结束旧账。

(三) 记入新账

根据本年度各科目余额，编制年终决算的"资产负债表"和有关明细表。将表中所列各科目的年终余额数(不需要编制记账凭证)，直接记入新年度相应的各有关科目，并在"摘要"栏注明"上年结转"字样，以区别新年度发生数。

行政单位的决算经财政部门或上级单位审核批复后，需调整决算数字时，应作相应调整。年终清理和结账完毕，即可编制年终决算报表。

第三节　财务报表的编制

一、资产负债表

(一) 资产负债表的含义及格式

资产负债表是反映行政单位在某一特定日期(月末、季末、年末)财务状况的报表。它是行政单位最基本、最重要的报表。它提供的资料包括行政单位在某一特定日期的资产、负债、净资产、收入和支出等。

资产负债表的格式有两种类型，即账户式和报告式。我国行政单位的资产负债表一般采用账户式。

资产负债表分为左、右两方。左方是资产部，右方为负债和净资产，左、右两方总额平衡，即"资产＝负债＋净资产"。资产负债表应当按照资产、负债和净资产分类、分项列示。

资产负债表的具体格式如表 13-1 所示。

表 13-1　资产负债表

会行政 01 表

编制单位：　　　　　　　　　　　　　年　月　日　　　　　　　　　　　　　单位：元

资产	年初余额	期末余额	负债和净资产	年初余额	期末余额
流动资产：			流动负债：		
库存现金			应缴财政款		
银行存款			应缴税费		
财政应返还额度			应付职工薪酬		
应收账款			应付账款		
预付账款			应付政府补贴款		
其他应收款			其他应付款		

续表

资　　产	年初余额	期末余额	负债和净资产	年初余额	期末余额
存货			一年内到期的非流动负债		
流动资产合计			流动负债合计		
固定资产			非流动负债：		
固定资产原价			长期应付款		
减：固定资产累计折旧			受托代理负债		
在建工程			负债合计		
无形资产					
无形资产原价					
减：累计摊销					
待处理财产损溢			财政拨款结转		
政府储备物资			财政拨款结余		
公共基础设施			其他资金结转结余		
公共基础设施原价			其中：项目结转		
减：公共基础设施累计折旧			资产基金		
公共基础设施在建工程			待偿债净资产		
受托代理资产			净资产合计		
资产总计			负债和净资产总计		

(二) 资产负债表的编制

1. 本表"年初余额"栏内各项数字，应当根据上年年末资产负债表"期末余额"栏内数字填列。如果本年度资产负债表规定的各个项目的名称和内容同上年度不相一致，应对上年年末资产负债表各项目的名称和数字按照本年度的规定进行调整，填入本表"年初余额"栏内。

2. 本表"期末余额"栏各项目的内容和填列方法

第一类：资产类项目的填列。

(1) "库存现金"项目，反映行政单位期末库存现金的金额。本项目应当根据"库存现金"科目的期末余额填列；期末库存现金中有属于受托代理现金的，本项目应当根据"库存现金"科目的期末余额减去其中属于受托代理的现金金额后的余额填列。

(2) "银行存款"项目，反映行政单位期末银行存款的金额。本项目应当根据"银行存款"科目的期末余额填列；期末银行存款中有属于受托代理存款的，本项目应当根据"银行存款"科目的期末余额减去其中属于受托代理的存款金额后的余额填列。

(3) "财政应返还额度"项目，反映行政单位期末财政应返还额度的金额。本项目应当根据"财政应返还额度"科目的期末余额填列。

(4) "应收账款"项目，反映行政单位期末尚未收回的应收账款金额。本项目应当根据"应收账款"科目的期末余额填列。

(5)"预付账款"项目,反映行政单位预付给物资或者服务提供者款项的金额。本项目应当根据"预付账款"科目的期末余额填列。

(6)"其他应收款"项目,反映行政单位期末尚未收回的其他应收款余额。本项目应当根据"其他应收款"科目的期末余额填列。

(7)"存货"项目,反映行政单位期末为开展业务活动耗用而储存的存货的实际成本。本项目应当根据"存货"科目的期末余额填列。

(8)"固定资产"项目,反映行政单位期末各项固定资产的账面价值。本项目应当根据"固定资产"科目的期末余额减去"累计折旧"科目中"固定资产累计折旧"明细科目的期末余额后的金额填列。

"固定资产原价"项目,反映行政单位期末各项固定资产的原价。本项目应当根据"固定资产"科目的期末余额填列。

"固定资产累计折旧"项目,反映行政单位期末各项固定资产的累计折旧金额。本项目应当根据"累计折旧"科目中"固定资产累计折旧"明细科目的期末余额填列。

(9)"在建工程"项目,反映行政单位期末除公共基础设施在建工程以外的尚未完工交付使用的在建工程的实际成本。本项目应当根据"在建工程"科目中属于非公共基础设施在建工程的期末余额填列。

(10)"无形资产"项目,反映行政单位期末各项无形资产的账面价值。本项目应当根据"无形资产"科目的期末余额减去"累计摊销"科目的期末余额后的金额填列。

"无形资产原价"项目,反映行政单位期末各项无形资产的原价。本项目应当根据"无形资产"科目的期末余额填列。

"累计摊销"项目,反映行政单位期末各项无形资产的累计摊销金额。本项目应当根据"累计摊销"科目的期末余额填列。

(11)"待处理财产损溢"项目,反映行政单位期末待处理财产的价值及处理损溢。本项目应当根据"待处理财产损溢"科目的期末借方余额填列;如"待处理财产损溢"科目期末为贷方余额,则以"-"号填列。

(12)"政府储备物资"项目,反映行政单位期末储存管理的各种政府储备物资的实际成本。本项目应当根据"政府储备物资"科目的期末余额填列。

(13)"公共基础设施"项目,反映行政单位期末占有并直接管理的公共基础设施的账面价值。本项目应当根据"公共基础设施"科目的期末余额减去"累计折旧"科目中"公共基础设施累计折旧"明细科目的期末余额后的金额填列。

"公共基础设施原价"项目,反映行政单位期末占有并直接管理的公共基础设施的原价。本项目应当根据"公共基础设施"科目的期末余额填列。

"公共基础设施累计折旧"项目,反映行政单位期末占有并直接管理的公共基础设施的累计折旧金额。本项目应当根据"累计折旧"科目中"公共基础设施累计折旧"明细科目的期末余额填列。

(14)"公共基础设施在建工程"项目,反映行政单位期末尚未完工交付使用的公共基础设施在建工程的实际成本。本项目应当根据"在建工程"科目中属于公共基础设施在建工程的期末余额填列。

(15)"受托代理资产"项目,反映行政单位期末受托代理资产的价值。本项目应当根据"受托代理资产"科目的期末余额(扣除其中受托储存管理物资的金额)加上"库存现金""银行存款"科目中属于受托代理资产的现金余额和银行存款余额的合计数填列。

第二类：负债类项目的填列。

(16)"应缴财政款"项目，反映行政单位期末按规定应当上缴财政的款项(应缴税费除外)。本项目应当根据"应缴财政款"科目的期末余额填列。

(17)"应缴税费"项目，反映行政单位期末应缴未缴的各种税费。本项目应当根据"应缴税费"科目的期末贷方余额填列；如"应缴税费"科目期末为借方余额，则以"－"号填列。

(18)"应付职工薪酬"项目，反映行政单位期末尚未支付给职工的各种薪酬。本项目应当根据"应付职工薪酬"科目的期末余额填列。

(19)"应付账款"项目，反映行政单位期末尚未支付的偿还期限在1年以内(含1年)的应付账款的金额。本项目应当根据"应付账款"科目的期末余额填列。

(20)"应付政府补贴款"项目，反映行政单位期末尚未支付的应付政府补贴款的金额。本项目应当根据"应付政府补贴款"科目的期末余额填列。

(21)"其他应付款"项目，反映行政单位期末尚未支付的其他各项应付及暂收款项的金额。本项目应当根据"其他应付款"科目的期末余额填列。

(22)"一年内到期的非流动负债"项目，反映行政单位期末承担的1年以内(含1年)到偿还期的非流动负债。本项目应当根据"长期应付款"等科目的期末余额分析填列。

(23)"长期应付款"项目，反映行政单位期末承担的偿还期限超过1年的应付款项。本项目应当根据"长期应付款"科目的期末余额减去其中1年以内(含1年)到偿还期的长期应付款金额后的余额填列。

(24)"受托代理负债"项目，反映行政单位期末受托代理负债的金额。本项目应当根据"受托代理负债"科目的期末余额(扣除其中受托储存管理物资对应的金额)填列。

第三类：净资产类的填列项目。

(25)"财政拨款结转"项目，反映行政单位期末滚存的财政拨款结转资金。本项目应当根据"财政拨款结转"科目的期末余额填列。

(26)"财政拨款结余"项目，反映行政单位期末滚存的财政拨款结余资金。本项目应当根据"财政拨款结余"科目的期末余额填列。

(27)"其他资金结转结余"项目，反映行政单位期末滚存的除财政拨款以外的其他资金结转结余的金额。本项目应当根据"其他资金结转结余"科目的期末余额填列。

"项目结转"项目，反映行政单位期末滚存的非财政拨款未完成项目结转资金。本项目应当根据"其他资金结转结余"科目中"项目结转"明细科目的期末余额填列。

(28)"资产基金"项目，反映行政单位期末预付账款、存货、固定资产、在建工程、无形资产、政府储备物资、公共基础设施等非货币性资产在净资产中占用的金额。本项目应当根据"资产基金"科目的期末余额填列。

(29)"待偿债净资产"项目，反映行政单位期末因应付账款和长期应付款等负债而相应需在净资产中冲减的金额。本项目应当根据"待偿债净资产"科目的期末借方余额以"－"号填列。

(三) 行政单位按月编制资产负债表的，应当遵照的编制规定

(1) 月度资产负债表应在资产部分"银行存款"项目下增加"零余额账户用款额度"项目。

(2) "零余额账户用款额度"项目，反映行政单位期末零余额账户用款额度的金额。本项目应当根据"零余额账户用款额度"科目的期末余额填列。

(3) "财政拨款结转"项目。本项目应当根据"财政拨款结转"科目的期末余额，加上"财政拨款收入"科目本年累计发生额，减去"经费支出——财政拨款支出"科目本年累计发生额后的余额填列。

(4) "其他资金结转结余"项目。本项目应当根据"其他资金结转结余"科目的期末余额，加上"其他收入"科目本年累计发生额，减去"经费支出——其他资金支出"科目本年累计发生额，再减去"拨出经费"科目本年累计发生额后的余额填列。

"项目结转"项目。本项目应当根据"其他资金结转结余"科目中"项目结转"明细科目的期末余额，加上"其他收入"科目中项目收入的本年累计发生额，减去"经费支出——其他资金支出"科目中项目支出本年累计发生额，再减去"拨出经费"科目中项目支出本年累计发生额后的余额填列。

月度资产负债表其他项目的填列方法与年度资产负债表的填列方法相同。

二、收入支出表

(一) 收入支出表的含义及格式

收入支出表是反映行政单位在某一会计期间全部预算收支执行结果的报表。收入支出表应当按照收入、支出的构成和结转结余情况分类、分项列示。

收入支出表的格式如表13-2所示。

表13-2 收入支出表

会行政02表

编制单位：　　　　　　　　　　　　　年　月　　　　　　　　　　　　单位：元

项　目	本　月　数	本年累计数
一、年初各项资金结转结余		
(一) 年初财政拨款结转结余		
1. 财政拨款结转		
2. 财政拨款结余		
(二) 年初其他资金结转结余		
二、各项资金结转结余调整及变动		
(一) 财政拨款结转结余调整及变动		
(二) 其他资金结转结余调整及变动		
三、收入合计		
(一) 财政拨款收入		
1. 基本支出拨款		

续表

项　　　目	本　月　数	本年累计数
2. 项目支出拨款		
(二) 其他资金收入		
1. 非项目收入		
2. 项目收入		
四、支出合计		
(一) 财政拨款支出		
1. 基本支出		
2. 项目支出		
(二) 其他资金支出		
1. 非项目支出		
2. 项目支出		
五、本期收支差额		
(一) 财政拨款收支差额		
(二) 其他资金收支差额		
六、年末各项资金结转结余		
(一) 年末财政拨款结转结余		
1. 财政拨款结转		
2. 财政拨款结余		
(二) 年末其他资金结转结余		

(二) 收入支出表的编制

1. 本表"本月数"栏反映各项目的本月实际发生数

在编制年度收入支出表时，应当将本栏改为"上年数"栏，反映上年度各项目的实际发生数；如果本年度收入支出表规定的各个项目的名称和内容同上年度不一致，应对上年度收入支出表各项目的名称和数字按照本年度的规定进行调整，填入本年度收入支出表的"上年数"栏。

本表"本年累计数"栏反映各项目自年初起至报告期末止的累计实际发生数。编制年度收入支出表时，应当将本栏改为"本年数"。

2. 本表"本月数"栏各项目的内容和填列方法

(1) "年初各项资金结转结余"项目及其所属各明细项目，反映行政单位本年初所有资金结转结余的金额。各明细项目应当根据"财政拨款结转""财政拨款结余""其他资金结转结余"及其明细科目的年初余额填列。本项目及其所属各明细项目的数额，应当与上年度收入支出表中"年末各项资金结转结余"中各明细项目的数额相等。

(2) "各项资金结转结余调整及变动"项目及其所属各明细项目，反映行政单位因发生需要调整以前年度各项资金结转结余的事项，以及本年因调入、上缴或交回等导致各项资金结转结余变动的金额。

① "财政拨款结转结余调整及变动"项目，根据"财政拨款结转""财政拨款结余"科

目下的"年初余额调整""归集上缴""归集调入"明细科目的本期贷方发生额合计数减去本期借方发生额合计数的差额填列;如为负数,以"-"号填列。

②"其他资金结转结余调整及变动"项目,根据"其他资金结转结余"科目下的"年初余额调整""结余调剂"明细科目的本期贷方发生额合计数减去本期借方发生额合计数的差额填列;如为负数,以"-"号填列。

(3)"收入合计"项目,反映行政单位本期取得的各项收入的金额。本项目应当根据"财政拨款收入"科目的本期发生额加上"其他收入"科目的本期发生额的合计数填列。

①"财政拨款收入"项目及其所属明细项目,反映行政单位本期从同级财政部门取得的各类财政拨款的金额。本项目应当根据"财政拨款收入"科目及其所属明细科目的本期发生额填列。

②"其他资金收入"项目及其所属明细项目,反映行政单位本期取得的各类非财政拨款的金额。本项目应当根据"其他收入"科目及其所属明细科目的本期发生额填列。

(4)"支出合计"项目,反映行政单位本期发生的各项资金支出金额。本项目应当根据"经费支出"和"拨出经费"科目的本期发生额的合计数填列。

①"财政拨款支出"项目及其所属明细项目,反映行政单位本期发生的财政拨款支出金额。本项目应当根据"经费支出——财政拨款支出"科目及其所属明细科目的本期发生额填列。

②"其他资金支出"项目及其所属明细项目,反映行政单位本期使用各类非财政拨款资金发生的支出金额。本项目应当根据"经费支出——其他资金支出"和"拨出经费"科目及其所属明细科目的本期发生额的合计数填列。

(5)"本期收支差额"项目及其所属各明细项目,反映行政单位本期发生的各项资金收入和支出相抵后的余额。

①"财政拨款收支差额"项目,反映行政单位本期发生的财政拨款资金收入和支出相抵后的余额。本项目应当根据本表中"财政拨款收入"项目金额减去"财政拨款支出"项目金额后的余额填列;如为负数,以"-"号填列。

②"其他资金收支差额"项目,反映行政单位本期发生的非财政拨款资金收入和支出相抵后的余额。本项目应当根据本表中"其他资金收入"项目金额减去"其他资金支出"项目金额后的余额填列;如为负数,以"-"号填列。

(6)"年末各项资金结转结余"项目及其所属各明细项目,反映行政单位截至本年末的各项资金结转结余金额。各明细项目应当根据"财政拨款结转""财政拨款结余""其他资金结转结余"科目的年末余额填列。

上述"年初各项资金结转结余""年末各项资金结转结余"项目及其所属各明细项目,只在编制年度收入支出表时填列。

三、财政拨款收入支出表

(一) 财政拨款收入支出表的含义及格式

财政拨款收入支出表是反映行政单位在某一会计期间财政拨款收入、支出、结转及结余情况的报表。

财政拨款收入支出表的格式如表13-3所示。

表 13-3 财政拨款收入支出表

编制单位：　　　　　　　　　　　　　　年度　　　　　　　　　　　　　　单位：元

项目	年初财政拨款结转结余		调整年初财政拨款结转结余	归集调入或上缴	单位内部调剂		本年财政拨款收入	本年财政拨款支出	年末财政拨款结转结余	
	结转	结余			结转	结余			结转	结余
一、公共财政预算资金										
(一) 基本支出										
1. 人员经费										
2. 日常公用经费										
(二) 项目支出										
1. ××项目										
2. ××项目										
…										
二、政府性基金预算资金										
(一) 基本支出										
1. 人员经费										
2. 日常公用经费										
(二) 项目支出										
1. ××项目										
2. ××项目										
…										
总计										

(二) 财政拨款收入支出表的编制

1. "项目"栏内各项目的设置

本表"项目"栏内各项目，应当根据行政单位取得的财政拨款种类分项设置；其中"项目支出"下，根据每个项目设置；行政单位取得除公共财政预算拨款和政府性基金预算拨款以外的其他财政拨款的，应当按照财政拨款种类增加相应的资金项目及其明细项目。

2. 本表各栏及其对应项目的内容和填列方法

(1) "年初财政拨款结转结余"栏中各项目，反映行政单位年初各项财政拨款结转和结余的金额。各项目应当根据"财政拨款结转""财政拨款结余"及其明细科目的年初余额填列。本栏目中各项目的数额，应当与上年度财政拨款收入支出表中"年末财政拨款结转结余"栏中各项目的数额相等。

(2) "调整年初财政拨款结转结余"栏中各项目，反映行政单位对年初财政拨款结转结余的调整金额。各项目应当根据"财政拨款结转""财政拨款结余"科目中"年初余额调整"科目及其所属明细科目的本年发生额填列。如调整减少年初财政拨款结转结余,以"一"号填列。

(3)"归集调入或上缴"栏中各项目,反映行政单位本年取得主管部门归集调入的财政拨款结转结余资金和按规定实际上缴的财政拨款结转结余资金金额。各项目应当根据"财政拨款结转""财政拨款结余"科目中"归集上缴"和"归集调入"科目及其所属明细科目的本年发生额填列。对归集上缴的财政拨款结转结余资金,以"一"号填列。

(4)"单位内部调剂"栏中各项目,反映行政单位本年财政拨款结转结余资金在内部不同项目之间的调剂金额。各项目应当根据"财政拨款结转"和"财政拨款结余"科目中的"单位内部调剂"及其所属明细科目的本年发生额填列。对单位内部调剂减少的财政拨款结转结余项目,以"一"号填列。

(5)"本年财政拨款收入"栏中各项目,反映行政单位本年从同级财政部门取得的各类财政预算拨款金额。各项目应当根据"财政拨款收入"科目及其所属明细科目的本年发生额填列。

(6)"本年财政拨款支出"栏中各项目,反映行政单位本年发生的财政拨款支出金额。各项目应当根据"经费支出"科目及其所属明细科目的本年发生额填列。

(7)"年末财政拨款结转结余"栏中各项目,反映行政单位年末财政拨款结转结余的金额。各项目应当根据"财政拨款结转""财政拨款结余"科目及其所属明细科目的年末余额填列。

四、报表附注

报表附注是指对在会计报表中列示项目的文字描述或明细资料,以及对未能在会计报表中列示项目的说明等。行政单位的报表附注应当至少披露下列内容:

(1) 遵循《行政单位会计制度》的声明。
(2) 单位整体财务状况、预算执行情况的说明。
(3) 会计报表中列示的重要项目的进一步说明,包括其主要构成、增减变动情况等。
(4) 重要资产处置、资产重大损失情况的说明。
(5) 以名义金额计量的资产名称、数量等情况,以及以名义金额计量理由的说明。
(6) 或有负债情况的说明、1年以上到期负债预计偿还时间和数量的说明。
(7) 以前年度结转结余调整情况的说明。
(8) 有助于理解和分析会计报表的其他需要说明事项。

本 章 小 结

行政单位财务报表是反映行政单位财务状况和预算执行结果等的书面文件,由会计报表及其附注构成。会计报表包括资产负债表、收入支出表、财政拨款收入支出表等。

资产负债表是反映行政单位在某一特定日期财务状况的报表。资产负债表应当按照资产、负债和净资产分类、分项列示。收入支出表是反映行政单位在某一会计期间全部预算收支执行结果的报表。收入支出表应当按照收入、支出的构成和结转结余情况分类、分项列示。财政拨款收入支出表是反映行政单位在某一会计期间财政拨款收入、支出、结转及结余情况的报表。附注是指对在会计报表中列示项目的文字描述或明细资料,以及对未能在会计报表中列示项目的说明等。

会计年终清理结算和结账,是行政单位编制年度决算的一个重要环节,也是保证单位决算报表数字真实、准确、完整的一项基础工作。各行政单位在年度终了前,应根据财政部门或上级主管部门的决算编审工作要求,对各项收支项目、往来款项、货币资金及财产物资进行全面的年终清理结算,并在此基础上办理年度结账、编报决算报表。

行政单位在年终清理结算的基础上进行年终结账。年终结账工作,一般包括年终转账、结清旧账、记入新账三个环节。

复习思考题

1. 行政单位财务报表的含义如何?
2. 行政单位的财务报表可以分为哪几类?
3. 编制财务报表应遵循哪些要求?
4. 简述行政单位年终清理的内容。
5. 什么是资产负债表?如何编制?
6. 行政单位如何进行年终清理?
7. 行政单位的收入支出表有哪些项目?
8. 行政单位如何编制财政拨款收入支出表?

练 习 题

一、目的　练习行政单位资产负债表的编制。

二、资料　某行政单位2014年12月31日全部科目余额如下(单位:元):

科目名称	借方余额	贷方余额
库存现金	5 000	
银行存款	800 000	
财政应返还额度	100 000	
应收账款	120 000	
预付账款	490 000	
存货	50 000	
固定资产原价	1 300 000	
累计折旧		300 000
无形资产原价		800 000
累计摊销		200 000

政府储备物资	200 000
应付账款	520 000
应缴税费	45 000
长期应付款	780 000
其中 2015 年 9 月份到期的	80 000
资产基金	1 850 000
财政拨款结转	620 000
财政拨款结余	520 000
其他资金结转结余	250 000
其中项目结余	150 000
待偿债净资产	1 220 000

三、要求　根据上述资料编制年度资产负债表(年初余额略)。

第四篇 非营利组织会计

第十四章 事业单位资产的核算

学习目标

通过本章的学习，要求了解事业单位资产的分类和现金的管理原则；理解事业单位资产的含义和特征；掌握事业单位流动资产、长期投资、在建工程、固定资产、无形资产的核算。

第十四章 事业单位资产的核算

第一节 事业单位资产概述

一、事业单位资产的含义及特征

事业单位资产是指事业单位占有或使用的能以货币计量的经济资源，包括各种财产、债权和其他权利。

事业单位资产的特征主要表现在：
(1) 事业单位的资产属于经济资源。
(2) 为事业单位所占有或使用。
(3) 能以货币计量。

二、事业单位资产的分类

资产可以按照不同的标准进行分类，例如资产按流动性的分类，按有无实物形态的分类。

(1) 资产按照流动性进行分类，可以分为流动资产和非流动资产。流动资产主要包括库存现金、各种存款、应收及预付款项、存货、短期投资；非流动资产主要包括长期投资、在建工程、固定资产、无形资产等。

(2) 资产按照是否具有实物形态进行分类，可以分为有形资产和无形资产。有形资产是指具有实物形态的资产，例如存货、固定资产等，它们都具有物质实体；无形资产是指没有物质实体的资产，例如应收账款、著作权等属于无形资产。

第二节 流动资产的核算

一、库存现金的核算

库存现金是指事业单位库存的现金，包括库存的人民币和外币。根据国家现金管理制度和结算制度的规定，事业单位收支的各种款项必须按照国务院颁发的《现金管理暂行条例》的规定办理，在规定的范围内使用现金。

(一) 现金的管理原则

1. 账钱分管

为了保证现金的安全，防止各种错误和弊端的发生，现金的收付、结算、审核和登记等工作不能由一人兼管。一般来讲，各单位应单独设置现金出纳员岗位，由出纳员专门负责现金的收付工作，并登记现金账。现金出纳员不得兼管收入费用、债权债务的登记工作，不得兼任稽核和档案保管工作。会计和出纳应分开，实行会计管账不管钱、出纳管钱不管账的内部控制制度。

2. 遵守现金的使用范围

按照《现金管理暂行条例》的规定，各单位的现金使用范围如下：

(1) 职工工资、奖金、津贴。
(2) 个人劳动报酬。
(3) 根据国家规定颁发给个人的科学技术、文化技术、体育等各种奖金。
(4) 各种劳保、福利费用以及国家规定的对个人的其他支出。
(5) 向个人收购农副产品和其他物资的价款。
(6) 出差人员必须随身携带的差旅费。
(7) 结算起点(1 000 元)以下的零星支出。
(8) 中国人民银行确定的需要支付现金的其他支出。

3. 严格现金的收付手续

事业单位办理任何现金收支，都必须以合法的原始凭证为依据。出纳员付出现金时，应当在原始单据上加盖"现金付讫"戳记；收取现金时，应当开给对方收款收据。

4. 遵守库存现金的限额

为了保证各单位使用现金的需要，又防止积压现金和保障现金的安全，银行对各单位核定了库存现金的限额。这个限额一般为不超过本单位 3～5 天的日常零星开支所需要的现金为准。边远地区和交通不便的地区可以多于 5 天，但不得超过 15 天。各单位应当严格遵守开户银行核定的库存现金限额，对于超过限额的部分，应当及时送存银行。

5. 不得坐支现金

坐支现金是指用收入的现金直接办理现金支出。各单位收入的现金，应当于当日或规定的时间内送存开户银行，需要支付现金时，从库存现金限额中支付，或者从银行提取现金后支付，不得从现金收入中支付。因特殊原因确需坐支现金的，应当事先报经开户银行审查批准，由开户银行核定坐支范围和限额，并由开户银行进行监督。

6. 如实反映现金库存情况

收付现金要及时记账，每天业务终了要结出余额，做到日清月结，账款相符。不得以借据或白条抵库。出纳员在将账面库存与实际库存核对时，如发现长款或短款，应及时查明原因，作出处理。

(二) 现金核算的账务处理

为了总括反映事业单位库存现金的收支及结存情况，应设置"库存现金"科目。它是资产类科目，借方登记库存现金的增加数；贷方登记库存现金的减少数；借方余额表示库存现金余额。

为了加强现金的管理和核算，系统了解现金收付的动态，除了进行总分类核算外，还应进行明细分类核算。现金收支的明细分类核算是通过设置"现金日记账"进行的。现金日记账是按照现金收付业务发生或完成时间的先后，逐日顺序连续登记，用来记录现金的增减变动情况的序时账簿。现金日记账由出纳员根据审核无误的原始凭证或现金收付款凭证，逐日逐笔序时登记，每日终了应计算本日现金收入、支出合计数和结存数，并且同库存数进行核对相符，做到日清月结，保证账款相符。月末终了，"现金日记账"的余额应与"库存现金"总账的余额核对相符。

每日账款核对中发现现金溢余或短缺的,应当及时进行处理。如发现现金溢余,属于应支付给有关人员或单位的部分,应借记"库存现金"科目,贷记"其他应付款"科目;属于无法查明原因的部分,借记"库存现金"科目,贷记"其他收入"科目。如发现现金短缺,属于应由责任人赔偿部分,借记"其他应收款"科目,贷记"库存现金"科目;属于无法查明原因的部分,报经批准后,借记"其他支出"科目,贷记"库存现金"科目。

【例 14-1】 某事业单位发生如下现金业务:

(1) 开出支票,从银行提取现金 6 500 元。

借:库存现金　　　　　　　　　　　　　　　　　　　　　　6 500
　　贷:银行存款　　　　　　　　　　　　　　　　　　　　　　6 500

(2) 王平出差借差旅费 4 000 元。

借:其他应收款——王平　　　　　　　　　　　　　　　　　　4 000
　　贷:库存现金　　　　　　　　　　　　　　　　　　　　　　4 000

(3) 王平出差回来,报销差旅费 3 500 元,余款 500 元退回现金。

借:事业支出　　　　　　　　　　　　　　　　　　　　　　　3 500
　　库存现金　　　　　　　　　　　　　　　　　　　　　　　　500
　　贷:其他应收款——王平　　　　　　　　　　　　　　　　　4 000

(4) 单位办公部门用现金 180 元购买办公品。

借:事业支出　　　　　　　　　　　　　　　　　　　　　　　　180
　　贷:库存现金　　　　　　　　　　　　　　　　　　　　　　　180

二、银行存款的核算

(一) 银行存款科目的开立和管理

银行存款是指事业单位存入银行和其他金融机构账户上的货币资金,我国事业单位的银行存款包括人民币存款和外币存款两种。按照人民银行《支付结算办法》的规定,事业单位应在银行开立账户,以办理存款、取款和转账等结算。凡是在银行开立存款户的单位,必须遵守中国人民银行颁布的《银行账户管理办法》的各项规定。事业单位应由会计部门统一在银行开户,避免多头开户。

中国人民银行发布的《支付结算办法》规定,现行结算方式主要有七种:支票结算方式、银行汇票结算方式、银行本票结算方式、商业汇票结算方式、汇兑结算方式、委托收款结算方式、托收承付结算方式。事业单位发生的大量资金收付业务,可根据《支付结算办法》的规定,通过上述七种结算方式进行结算。

事业单位必须遵守国家的法律、法规和《支付结算办法》的各项规定,遵守结算纪律。不准出租、出借账户;不准签发空头支票和远期支票;不准套取银行信用。

(二) 银行存款核算的账务处理

为了总括反映事业单位银行存款的收支和结存情况,应设置"银行存款"科目。它是资产类科目,借方登记银行存款的增加数,贷方登记银行存款的减少数,期末借方余额表示银行存款的实有数额。"银行存款"总账与"库存现金"总账一样,应由不从事出纳工作的会计人员负责登记。它既可以根据银行存款收付款凭证逐笔登记,也可以定期填制汇总收付款凭证于月末汇总登记。

事业单位每天都可能发生通过银行进行结算的业务。为了随时掌握银行存款的收支和结存情况，事业单位应按开户银行、其他金融机构、存款种类及货币种类分别设置"银行存款日记账"，进行序时核算。

银行存款日记账是由出纳员根据审核无误的原始凭证或收付款的记账凭证逐日逐笔序时登记的。每日终了应结出余额，月末结出本月收入、付出的合计数和月末结存数，并且与银行核对账目。

事业单位将款项存入银行或其他金融机构时，应借记"银行存款"科目，贷记"事业收入""经营收入""库存现金"等科目；提取和支用存款时，应贷记"银行存款"科目，借记"库存现金""事业支出""经营支出"等科目。

【例14-2】 某事业单位发生如下银行存款业务：

(1) 收到财政部门拨入事业经费300 000元存入银行。

  借：银行存款   300 000
    贷：财政补助收入   300 000

(2) 销售产品收到货款36 000元存入银行。

  借：银行存款   3 600
    贷：经营收入   3 600

(3) 收回外单位前欠货款5 000元存入银行。

  借：银行存款   5 000
    贷：应收账款   5 000

(4) 将现金3 000元送存银行。

  借：银行存款   3 000
    贷：库存现金   3 000

(5) 开出支票60 000元，支付房屋租金。

  借：事业支出   60 000
    贷：银行存款   60 000

(6) 用银行存款1 200元购买事业用办公品。

  借：事业支出   1 200
    贷：银行存款   1 200

(7) 用银行存款支付本月水电费5 600元。

  借：事业支出   5 600
    贷：银行存款   5 600

(三) 银行存款的对账

为了防止银行存款日记账发生差错，准确掌握银行存款实际金额，事业单位应按期与银行对账，至少每月核对一次。银行存款日记账的核对主要包括三个环节：一是银行存款日记账与银行存款收款凭证、付款凭证要相互核对，做到账证相符；二是银行存款日记账与银行存款总账要相互核对，做到账账相符；三是银行存款日记账与银行开出的银行存款对账单要相互核对，以便准确地掌握单位可动用的银行存款实有数。将银行存款日记账与银行对账单进行核对时,如发现存款余额不一致,其原因有二:一是记账有错漏;二是未达账项。所谓未达账项,是指对于同一经济业务,在单位与开户银行之间,由于凭证传递上的时间差,一方已经登记入账,而另一方尚未登记入账的款项。

事业单位与银行之间发生的未达账项有下列四种情况:

(1) 事业单位已经收款入账,而银行尚未入账的款项。如事业单位收到的转账支票,事业单位已经增加银行存款,而银行尚未作账务处理。

(2) 事业单位已经付款入账,而银行尚未入账的款项。例如事业单位签发的转账支票,事业单位已经减少银行存款,由于持票人尚未到银行办理转账手续,而银行尚未作账务处理。

(3) 银行已经收款入账,而事业单位尚未入账的款项。例如事业单位的存款利息,银行已经增加事业单位的存款,而事业单位尚未接到存款结息通知,而尚未入账。

(4) 银行已经付款入账,而事业单位尚未入账的款项。例如银行代事业单位支付的水电费,银行已经付款入账,而事业单位还未接到银行的付款通知,尚未入账。

以上任何一种情况的发生,都会使事业单位和银行双方的账面余额不等。因此,事业单位在接到银行转来的对账单时,应尽快与银行存款日记账核对,核对时,若发现未达款项,应编制"银行存款余额调节表"进行调节。调节后,双方余额如果相等,一般说明双方记账没有错误;如果不等,表明记账有错误,需要进一步核对,找出原因,更正错误记录。

银行存款余额调节表的编制方法主要是将银行对账单上的余额与事业单位银行存款账面余额都调整为正确数额,以相互核对。

现举例说明"银行存款余额调节表"的编制方法。

【例 14-3】 某事业单位某月底的银行存款账面余额为 95 000 元,银行对账单的余额为 87 000 元。经逐笔核对,发现如下未达账项:

(1) 月末收到外单位购买图书的转账支票一张,金额为 6 500 元,银行尚未入账。

(2) 银行代本单位支付水电费 5 400 元,但本单位尚未接到付款通知。

(3) 委托银行收取的商品销售款 1 800 元,银行已经收到入账,但单位尚未收到银行的收款通知。

(4) 本单位开出转账支票一张,金额 2 100 元,支付购买图书款,银行尚未转账付款。

根据上述情况编制的"银行存款余额调节表"如表 14-1 所示。

表 14-1 银行存款余额调节表

201×年×月 31 日　　　　　　　　　　　　　　　　单位:元

项 目	金额	项 目	金额
单位银行存款账面余额	95 000	银行对账单账面余额	87 000
加:单位未收,银行已收的款项		加:银行未收,单位已收的款项	
(3) 委托银行收取的货款	1 800	(1) 银行未入账的支票	6 500
减:单位未付,银行已付的款项		减:银行未付,单位已付的款项	
(2) 银行代付水电费	5 400	(4) 银行未付款的支票	2 100
调整后单位银行存款余额	91 400	调整后银行对账单存款余额	91 400

从表 14-1 看出,该单位本月末银行存款的实际结存数应该为 91 400 元。

值得说明的是，编制银行存款余额调节表，只是为了检查账簿记录的正确性，并不需要更改账面记录，对于银行已经入账而本单位尚未入账的业务和本单位已经入账而银行尚未入账的业务，均不作账务处理，待以后业务凭证到达后再作账务处理。

三、零余额账户用款额度的核算

(一) 零余额账户用款额度核算的内容

在国库集中收付制度下，事业单位经财政部门审批，在国库集中支付代理银行开设单位零余额账户，用于财政授权支付的结算。财政部门根据预算安排和资金使用计划，定期向事业单位下达财政授权支付额度。事业单位可以根据下达的额度，自行签发授权支付指令，通知代理银行办理资金支付业务。

(二) 零余额账户用款额度核算的账务处理

为了核算实行国库集中支付的事业单位根据财政部门批复的用款计划收到和支用的零余额账户用款额度，应设置"零余额账户用款额度"科目，它是资产类科目。借方登记收到的代理银行转来的"授权支付到账通知书"所列的财政授权支付到账额度数额；贷方登记使用的数额。收到用款额度时，借记本科目，贷记"财政补助收入"科目；使用时借记有关科目，贷记本科目。

年度终了，事业单位依据代理银行提供的对账单作注销额度的相关账务处理，借记"财政应返还额度——财政授权支付"科目，贷记"零余额账户用款额度"科目。事业单位本年度财政授权支付预算指标数大于零余额账户用款额度下达数的，根据未下达的用款额度，借记"财政应返还额度——财政授权支付"科目，贷记"财政补助收入"科目。

下年初，事业单位依据代理银行提供的额度恢复到账通知书作恢复额度的相关账务处理，借记"零余额账户用款额度"科目，贷记"财政应返还额度——财政授权支付"科目。

该科目期末借方余额，反映事业单位尚未支用的用款额度，本科目年末应无余额。

【例 14-4】 某事业单位 1 日收到代理银行转来的"授权支付到账通知书"，本月用于基本支出的财政授权支付额度 200 000 元。28 日，事业单位开出授权支付凭证，通知银行支付本月电费 6 500 元。事业单位应做的会计分录为：

借：零余额账户用款额度	200 000
贷：财政补助收入——基本支出	200 000
借：事业支出——基本支出	6 500
贷：零余额账户用款额度	6 500

四、应收账款的核算

(一) 应收账款核算的内容

应收账款是指事业单位因提供劳务、开展有偿服务以及销售产品等业务形成的应向客户收取的款项。不包括借出款、备用金、应向职工收取的各种代垫款项等。

一般情况下，事业单位赊销商品或提供劳务等，应按买卖成交时的实际金额入账。但也要考虑折扣因素。

1. 商业折扣

所谓商业折扣是指单位可以从价目单上规定的价格中扣减一定百分比数额的折扣方式，如 10%、15%、20%等。扣减后的净额才是实际销售价格。例如，某学校某项研究产品的报价为 2 000 元，按 10%的商业折扣出售，则应收账款的记账金额为 1 800 元。显然，商业折扣不会引起特殊的会计处理问题，会计上只需要按已扣除商业折扣的实际发票价格确认应收账款。

2. 现金折扣

所谓现金折扣是指单位为了鼓励客户在一定时期内早日付款而给予的一种优待。这种折扣的条件，通常写成：2/10，1/20，N/30(即 10 天内付款折扣 2%，20 天内付款折扣 1%，30 天内全价付款)。

现金折扣对于销货方而言，称为销货折扣，它使单位应收账款的实际数额随客户的付款是否及时而异。例如一笔 20 万元的赊销账款，规定的销货折扣条件为 2/10，1/20，N/30。如果客户在 10 天内付款，扣 2%的折扣，应收账款的数额为 196 000 元；如果 20 天以后，30 天内付款，没有折扣，应收账款的数额为 200 000 元。因此，在有现金折扣的情况下，应收账款入账金额的确认有两种处理方法。

(1) 总价法。总价法是将未扣除现金折扣的全部价款作为实际售价，记作应收账款的入账金额，这种方法把现金折扣理解为鼓励客户提早付款而获得的经济利益。销售方给予客户的现金折扣，从融资角度出发，属于一种理财费用，于收到账款时记入经营支出。

(2) 净价法。净价法是将扣除现金折扣后的金额作为实际售价，据以记作应收账款的入账金额。这种方法是把客户取得的折扣看作正常现象，认为一般客户都会提前付款，而将由于客户超过折扣期限而多收入的金额看作提供信贷获得的收入，于收到账款时入账，作冲减经营支出处理。

在我国的会计实务中，所采用的是总价法。

(二) 应收账款核算的账务处理

为了核算事业单位因销售产品/商品、提供劳务、开展服务等业务应收取的款项，应设置"应收账款"科目。它是资产类科目，借方登记单位应收取的款项，贷方登记收回的款项，期末借方余额反映尚未收回的各种应收账款。本科目应按不同的债务人设置明细账，进行明细核算。

【例 14-5】 某事业单位发生下列应收账款业务：

(1) 10 月 2 日,向光明公司提供劳务取得收入 10 000 元。规定的现金折扣条件为：2/10，1/20，N/30，则 10 月 2 日提供劳务进行结算时：

借：应收账款——光明公司　　　　　　　　　　　　　　　　10 000
　　贷：经营收入　　　　　　　　　　　　　　　　　　　　　　　　10 000

(2) 光明公司于 10 月 8 日付款，收到款项 9 800 元。

借：银行存款　　　　　　　　　　　　　　　　　　　　　　　9 800
　　经营支出　　　　　　　　　　　　　　　　　　　　　　　　　200
　　贷：应收账款——光明公司　　　　　　　　　　　　　　　　10 000

(3) 向某公司销售一批产品,价款 20 000 元,增值税 3 400 元,货已发出,款尚未收到。

借:应收账款　　　　　　　　　　　　　　　　　　　　　　　　23 400
　　贷:经营收入　　　　　　　　　　　　　　　　　　　　　　20 000
　　　　应缴税费——应缴增值税(销项税额)　　　　　　　　　　 3 400

(4) 收到某公司所欠货款 23 400 元存入银行。

借:银行存款　　　　　　　　　　　　　　　　　　　　　　　　23 400
　　贷:应收账款　　　　　　　　　　　　　　　　　　　　　　23 400

五、应收票据的核算

(一) 应收票据核算的内容

应收票据是指事业单位因销售商品从事经营活动而收到的商业汇票。商业汇票是由出票人签发的、指定付款人在一定日期支付一定金额给收款人或持票人的票据。

商业汇票按承兑人的不同,通常可以分为商业承兑汇票和银行承兑汇票两种。

商业承兑汇票是由付款人承兑的汇票,它可以由收款人签发,也可以由付款人签发,但必须由付款人承兑;银行承兑汇票是由收款人或承兑申请人签发,并由承兑申请人向银行申请,银行审查同意承兑的票据。

应收票据按是否计息划分,可分为带息票据和不带息票据。带息票据是指注明利率及付息日期的票据,带息票据可以在票据到期时一次付息。不带息票据是指到期只按面额支付,无须支付利息的票据。带息票据到期利息的计算公式为:

$$应收票据利息 = 应收票据面值 \times 利率 \times 时间$$

上式中,利率一般以年利率表示,时间则以日或月表示。因此,应把年利率换算成与时间单位一致的日利率或月利率,然后才能计算。

事业单位的应收票据,在到期前可以用背书形式转让给银行。银行同意接受时,要预扣自贴现日至到期日的利息,将其余额即贴现净值支付给单位。这种利用票据向银行融资的做法被称为应收票据贴现。银行所预扣的利息称为贴现息。计算贴现的利率称贴现率。

计算贴现净值的步骤为:

(1) 计算到期值:

$$票据到期值 = 面值 \times (1 + 利率 \times 期限)$$

对于无息票据来说,到期值就是其面值。

(2) 计算贴现息:

$$贴现息 = 票据到期值 \times 银行贴现利率 \times 贴现期限$$

$$贴现期限 = 票据有效天数 - 单位持有天数$$

(3) 计算贴现净值:

$$贴现净值 = 票据到期值 - 贴现息$$

(二) 应收票据核算的账务处理

为了反映事业单位应收票据的取得和兑现情况,应设置"应收票据"科目。它是资产类科目，借方登记应收票据的金额，贷方登记到期收回的票面金额和已办理贴现的应收票据的票面金额，期末余额在借方，反映单位期末持有的应收票据的票面金额。

事业单位还应设置"应收票据备查簿"，逐笔登记每一笔应收票据的种类、号数、出票日期、交易合同号、付款人、承兑人、背书人的姓名或单位名称、到期日期和利率、贴现日期、贴现率和贴现金额，以及收款日期和收回金额等资料。

【例14-6】 某事业单位销售A产品一批给N公司，价款20 000元，增值税3 400元。货已发出。按合同约定三个月后付款，事业单位收到一张三个月到期的商业承兑汇票，面值为23 400元。

(1) 收到面值为23 400元的汇票。

借：应收票据　　　　　　　　　　　　　　　　　　　　　　23 400
　　贷：经营收入　　　　　　　　　　　　　　　　　　　　20 000
　　　　应缴税费——应缴增值税(销项税额)　　　　　　　　3 400

(2) 上述票据到期收回面值23 400元。

借：银行存款　　　　　　　　　　　　　　　　　　　　　　23 400
　　贷：应收票据　　　　　　　　　　　　　　　　　　　　23 400

事业单位持未到期的应收票据向银行贴现，应按实际收到的金额(即扣除贴现息后的净额)，借记"银行存款"等科目；按贴现息部分，借记"经营支出"科目；按应收票据的票面金额，贷记"应收票据"科目。

(3) 假设例14-6中，单位急需资金，将票据持有两个月后，向银行申请贴现，贴现率为12%。则该单位办理贴现时：

$$贴现息 = 23\,400 \times 12\% \times (30 \div 360) = 234(元)$$
$$贴现净额 = 23\,400 - 234 = 23\,166(元)$$

借：银行存款　　　　　　　　　　　　　　　　　　　　　　23 166
　　其他支出　　　　　　　　　　　　　　　　　　　　　　　234
　　贷：应收票据　　　　　　　　　　　　　　　　　　　　23 400

贴现的应收票据到期，如果付款人按期支付款项给银行，则办理贴现单位的责任完全解除。该单位在"应收票据备查簿"上注销该票据。

如果贴现的商业票据到期，承兑人的银行存款不足支付票据款项，申请贴现的单位将会收到银行退回的应收票据和支款通知，银行将从贴现单位的账户上扣除票款。此时，贴现单位要按所付本息，借记"应收账款"科目，贷记"银行存款"科目。若申请贴现的单位的银行存款账户余额不足，银行作逾期贷款处理，贴现单位应借记"应收账款"科目，贷记"短期借款"科目。

(4) 假设上例中，办理贴现的应收票据到期，付款单位未能按期付款，贴现银行将票据退回申请贴现的单位，并从贴现单位存款户中扣除票款，则：

借：应收账款　　　　　　　　　　　　　　　　　　　　　　23 400
　　贷：银行存款　　　　　　　　　　　　　　　　　　　　23 400

如果申请贴现单位账户的存款余额也不足支付票款，银行则作为逾期贷款处理，申请贴现单位应做的会计分录为：

借：应收账款　　　　　　　　　　　　　　　　　　　　　　23 400
　　贷：短期借款　　　　　　　　　　　　　　　　　　　　23 400

如果贴现票据是银行承兑的，一般不会出现到期不能付款的情况。票据到期时，承兑银行如数付款给收款单位，不构成贴现单位的经济业务，不需要编制会计分录。

六、预付账款的核算

预付账款是指按照购货、劳务合同预付给供应单位的款项。预付账款按实际发生的金额入账。会计期末，预付账款按历史成本报告。

为了反映和监督事业单位预付货款的支出和结算情况，应设置"预付账款"科目，它是资产类科目，借方登记向供应单位预付的货款，贷方登记本单位收到所购物品时应结转的预付货款，期末余额一般在借方，反映本单位向供应单位已预付尚未结算的货款。该科目有时也会出现贷方余额，反映单位预付款超过货款的数额，其性质属于应收账款。

预付账款不多的单位可以不设此科目，而将预付的货款记入"应收账款"科目的借方。但在编制会计报表时，仍然要将"预付账款"和"应收账款"的金额分开反映。

【例14-7】 某事业单位订购某项货物，按合同规定预付货款50 000元。

借：预付账款　　　　　　　　　　　　　　　　　　　　　50 000
　　贷：银行存款　　　　　　　　　　　　　　　　　　　　　50 000

单位收到订购的货物时，应根据发票、账单等列明的金额，借记"存货""应缴税费"等有关科目，贷记"预付账款"科目；补付货款时，借记"预付账款"科目，贷记"银行存款"科目。

假设例14-7中，事业单位订购的货物到货，发票账单上列明价款60 000元，税金10 800元，用银行存款补付货款20 800元，则：

借：存货——材料　　　　　　　　　　　　　　　　　　　60 000
　　应缴税费——应缴增值税(进项税额)　　　　　　　　　10 800
　　贷：预付账款　　　　　　　　　　　　　　　　　　　　　70 800
借：预付账款　　　　　　　　　　　　　　　　　　　　　20 800
　　贷：银行存款　　　　　　　　　　　　　　　　　　　　　20 800

如果预付账款大于发票账单上列明的金额，退回多付的货款时，借记"银行存款"科目，贷记"预付账款"科目。

七、其他应收款的核算

其他应收款是指除应收票据、应收账款、预付账款以外的其他应收、暂付款项。主要包括借出款、备用金、应向职工收取的各种代垫款项等。

为了反映和监督事业单位其他应收款的发生和结存情况，应设置"其他应收款"科目。它是资产类科目，借方登记发生的各种其他应收款，贷方登记单位收到的款项，期末余额通常在借方，反映应收未收的其他应收款。

【例14-8】 某事业单位发生如下其他应收款业务：

(1) 职工李力借差旅费，付给其现金1 600元。

借：其他应收款——李力　　　　　　　　　　　　　　　　1 600
　　贷：库存现金　　　　　　　　　　　　　　　　　　　　　1 600

(2) 单位内部办公部门领取备用金 3 000 元，以现金支付。
借：其他应收款——备用金　　　　　　　　　　　　　　3 000
　　贷：库存现金　　　　　　　　　　　　　　　　　　　　　3 000
(3) 李力出差回来，报销差旅费 1 560 元，余款 40 元退回。
借：事业支出　　　　　　　　　　　　　　　　　　　　1 560
　　库存现金　　　　　　　　　　　　　　　　　　　　　　40
　　贷：其他应收款——李力　　　　　　　　　　　　　　　　1 600

八、存货的核算

(一) 存货核算的内容

存货是指事业单位在开展业务活动及其他活动中为耗用而储存的各种资产，具体包括材料、燃料、包装物、低值易耗品及达不到固定资产标准的用具、装具、动植物等的实际成本。

1. 存货的分类

一般事业单位的存货可以分为以下几类：

(1) 原材料，指使用以后即消耗或改变原有形态的各种物质。如原料、燃料、实验材料、改装使用的元件、零配件等。

(2) 低值易耗品，指因价值低、易损耗等原因而不作固定资产管理的劳动资料。如仪器、仪表、工具、量具、器具、一般用品和劳保用品等。

(3) 办公用品，指事业单位在办公活动中使用的各种物料。如纸张、笔墨等。

(4) 产成品，指事业单位生产完工并已验收入库的产品。

由于事业单位的业务规模和性质不同，对存货管理的方式和要求有所不同：存货品种多、数量大、价值较高的事业单位，应对存货进行详细划分，进行明细核算；存货品种少、数量小、价值较低的事业单位，实行综合核算，可以不对存货进行明细分类，也可以不将存货单独进行核算，其购入和耗用可直接列支出。

2. 存货的盘存制度

存货的盘存制度是指确定特定会计期间存货减少与结存存货量的方法，它包括实地盘存制和永续盘存制两种。

(1) 实地盘存制(也称定期盘存制)。它是指事业单位在每个会计期间增加的存货，要依据会计凭证，依次记入存货明细账及其总账，但对各个会计期间销售或者耗用的存货平时不予记录，到了会计期末，通过实地盘点，确定存货的期末结存数量，并按存货的一定计价方法确定期末存货的金额，然后通过倒挤的方法，确定本期已经销售或者耗用存货的数量和金额。

实地盘存制的优点是平时只登记进货的成本和数量，不需要登记发出存货的数量和金额，月末通过实地盘点确定结存存货的数量和金额，汇总倒挤出本期减少的存货数量和金额，一次登记入账，简化了日常的登记存货账簿的工作。缺点是不能随时结转发出存货的成本，只能月末一次结转，加大了期末的核算工作量；同时以存计销，掩盖了存货管理中存在的自然损耗和人为损耗因素，从而导致发出存货成本计算不实的问题；由于平时不记录存货的减少数量和金额，不能随时反映存货收、发、存的信息，不利于日常对存货的计划管理和控制。

【例 14-9】 某事业单位 A 材料的期初结存及本期购进和发出的资料如下：

10 月 1 日：结存 100 千克，单价 50 元，金额 5 000 元。

10 月 8 日，发出 80 千克。

10 月 12 日，购进 200 千克，单价 50 元，金额 10 000 元。

10 月 25 日，购进 80 千克，单价 50 元，金额 4 000 元。

10 月 30 日，发出 240 千克。

10 月 31 日盘点，A 材料的期末结存数量为 50 千克。采用实地盘存制，登记 A 材料明细账，如表 14-2 所示。

表 14-2 材料明细账

计量单位：千克
材料名称：A 材料　　　　　　　　　　　　　　　　　　　　　　　　　　　　　金额单位：元

年		凭证	摘要	收入			发出			结存		
月	日			数量	单价	金额	数量	单价	金额	数量	单价	金额
10	1		期初结存							100	50	5 000
	12		购进	200	50	10 000						
	25		购进	80	50	4 000						
	31		盘点							50	50	2 500
	31		发出成本				330	50	16 500			
10	31		合计	280	50	14 000	330	50	16 500	50	50	2 500

通过本例可以看出，采用实地盘存制，平时只记录购进存货的数量和成本，不记录发出存货的数量和成本，可以简化存货的核算工作。但这种盘存制度不能从账面上反映存货的收入、发出和结存情况，只能通过定期盘点，计算、结转发出存货的成本。由于用倒挤方法确定发出存货的数量和成本，使结转的发出存货数量和成本可能包含非正常耗用的数量和成本，从而不利于存货的管理。如在本例中，发出 A 材料的数量应该为 320 千克(80+240)，金额为 16 000 元，但采用实地盘存制，确定的发出存货的数量为 330 千克，金额为 16 500 元，比实际发出数量多 10 千克，成本多 500 元。

(2) 永续盘存制(也称账面盘存制)，是指事业单位在每个会计期间增加的存货、减少的存货(销售或者耗用)，都要根据存货收发凭证依次记入材料明细账，对存货的增减变动情况进行连续记录，并根据存货增减数量的登记，随时在存货明细账中结出存货的结存数量。这种方法下，在存货的明细账中的收入数量和金额可以根据收入存货的原始记录进行登记，发出存货的数量可以根据发出存货的原始记录进行登记，在每次收发存货后，要随时结出存货的数量。存货明细账中是否随时登记发出存货和结存存货的金额，应根据事业单位采取的期末存货计价方法而定。会计实务中，一般都在会计期末通过期末存货的计价，集中计算和结转本期发出存货的成本。无论事业单位采用哪种存货计价方法，都能在每次收发存货后，在存货的明细账中及时结出存货的数量。因此，永续盘存制又称账面盘存制。

永续盘存制的应用,要求为存货设置明细的辅助分类账,以反映每种品名及型号存货收入、发出和结存的数量和金额。有了这种明细账记录,一方面可据以同存货的总分类账相互核对,以便在它们之间保持数量和金额上的勾稽关系,增强存货核算的正确性;另一方面也便于存货的管理和控制,可以弥补实地盘存制的不足。

【例14-10】 仍以例14-9为例,采用永续盘存制,登记的材料明细账如表14-3所示。

表14-3 材料明细账

计量单位:千克
材料名称:A材料　　　　　　　　　　　　　　　　　　　　金额单位:元

年		凭证	摘要	收入			发出			结存		
月	日			数量	单价	金额	数量	单价	金额	数量	单价	金额
10	1		期初结存							100	50	5 000
	8		发出				80	50	4 000	20	50	1 000
	12		购进	200	50	10 000				220	50	11 000
	25		购进	80	50	4 000				300	50	15 000
	30		发出				240	50	12 000	60	50	3 000
10	31		合计	280	50	14 000	320	50	16 000	60	50	3 000

通过上例可以看出,采用永续盘存制,可以在账簿中反映存货的收入、发出和结存的情况,并从数量和金额两方面进行管理控制;账簿上结存数量60千克,可以通过实地盘点进行核对,如果账簿上的结存数量与实存数量不符可以及时查明原因,本例中实际比账面少10千克。但是,永续盘存制要求每一品种的存货都要开设一个明细账,使存货的明细分类核算工作量大大增多。由于永续盘存制便于存货的日常核算,有利于存货的计划与控制,又能通过实地盘点来及时发现和处理存货各种不正常的损失,因而,它在企业和事业单位广泛采用。

(二)存货——材料的核算

1. 材料入账价格的确定

单位购入的自用材料,应将购入材料的买价、运杂费以及相关税金等之和作为材料的入账价格;按照《中华人民共和国增值税暂行条理》规定,属于一般纳税人的事业单位,购入非自用材料,按不含税价格入账;属于小规模纳税人的事业单位购入非自用材料,按含税价格入账。

2. 材料发出的计价

按照现行制度规定,事业单位领用或发出材料可以根据单位的实际情况,选择先进先出法、加权平均法或个别计价法确定其实际成本。

(1)先进先出法。它是假定先购进的材料先发出去,对发出材料和期末材料进行计价的方法。采用这种计价方法,收入材料时要逐笔登记购入材料的数量、单价和金额;发出材料时,按先进先出的原则确定单价,逐笔登记发出材料和结存材料金额。

【例14-11】 某事业单位,期初结存A材料200千克,单价10元,金额2 000元,其他资料如表14-4所示。

表 14-4 材料明细账

计量单位：千克
材料名称：A 材料　　　　　　　　　　　　　　　　　　　　　　　　　金额单位：元

年		摘要	收入		发出		结存		
月	日		数量	单价	数量	单价	数量	单价	金额
10	1	月初余额					200	10	2 000
	8	领用			200				
	10	购入	500	11					
	23	购入	300	9					
	29	领用			600				
10	31	合计	800		800		200		

第一次发出材料的实际成本＝200×10＝2 000(元)
第二次发出材料的实际成本＝500×11＋100×9＝6 400(元)
本月发出 A 材料的实际成本＝2 000＋6 400＝8 400(元)

(2) 加权平均法。它是用本月初库存材料的实际成本加上本月收入材料的实际成本，除以本月初结存材料的数量加上本月收入材料的数量，求出材料的加权平均单价，作为发出材料的计价标准的方法。采用这种方法，可以在每月月末根据材料明细分类账的有关数字计算出材料平均单价后，求出发出和结存材料的金额。因此，这种计价工作一般要在月末进行。其计算公式为：

$$\text{加权平均单价} = \frac{\text{期初结存材料金额} + \text{本期购入材料金额}}{\text{期初结存材料数量} + \text{本期购入材料数量}}$$

期末结存材料金额＝加权平均单价×期末结存材料数量

$$\text{本期发出材料成本} = \text{期初结存材料成本} + \text{本期购入材料成本} - \text{期末结存材料成本}$$

根据例 14-11 的已知资料，用加权平均计价法计算发出材料的实际成本为：

$$\text{加权平均单价} = \frac{2000 + 5500 + 2700}{200 + 500 + 300} = 10.2(\text{元/千克})$$

本期发出 A 材料的实际成本＝(200＋600)×10.2＝8 160(元)
期末结存 A 材料的实际成本＝200×10.2＝2 040(元)

3. 材料核算的账务处理

为了核算和监督事业单位材料的收入、发出和结存情况，应设置"存货——材料"科目。它是资产类科目，借方登记外购验收入库材料的实际成本，贷方登记发出、领用、对外销售、盘亏、毁损等各种原因减少的材料成本，期末余额在借方，反映月末库存材料实际成本。

材料保管部门应按材料的品种、规格等分设明细账进行明细核算。材料明细账的格式采用数量金额式，既提供数量指标，又提供金额指标。会计部门的材料总账应和材料保管部门的明细账定期核对，以便从金额和数量上加强对材料的管理和控制。

购入材料时，应根据原始单据进行验收无误后，才能在原始单据上加盖"验收合格"戳记，并由验收人签章后，填制"入库单"，其中一份由材料记账员据以登记材料明细账，一份连同购入材料的原始单据一并送交会计部门报账。会计部门对材料管理部门送来的原始单据审核无误后，据以作材料收入的账务处理。

事业单位购入自用的材料验收入库，应按买价、采购费用以及增值税等的合计数，借记"存货——材料"科目，贷记"银行存款"等科目。

如果事业单位属于小规模纳税人，购入材料验收入库时，应按材料的买价、支付的采购费用、税金等合计数，借记"存货——材料"科目，贷记"银行存款"等科目。

如果事业单位属于一般纳税人，购入非自用材料验收入库时，应按材料的买价、支付的采购费用等合计数，借记"存货——材料"科目，按购入材料时支付的进项增值税数额；借记"应缴税费——应缴增值税(进项税额)"科目；按支付的价税款合计数，贷记"银行存款"等科目。

发出材料时，由领料部门填写"领料单"，写明材料名称、规格、数量和用途，向材料管理部门领料。材料管理部门付料后，在领料单加盖"付讫"戳记，并登记材料明细账。

单位领用自用材料，用于事业活动时，借记"事业支出"科目，贷记"存货——材料"科目。

属于小规模纳税人的单位领用材料时，应按其用途分别借记"事业支出""经营支出"科目，贷记"存货——材料"科目。

属于一般纳税人的单位，领用材料时，按不含税的材料成本，分别其用途，借记"事业支出""经营支出"科目，贷记"存货——材料"科目。

【例 14-12】 某事业单位发生下列材料收发业务：

(1) 购入自用的甲材料 1 000 千克，单价 20 元，增值税为 3 400 元，价税款合计 23 400 元，用银行存款支付，材料入库。

借：存货——材料　　　　　　　　　　　　　　　　　　　　　23 400
　　贷：银行存款　　　　　　　　　　　　　　　　　　　　　　23 400

(2) 一般纳税人事业单位，购入非自用乙材料 200 千克，单价 50 元，增值税 1 700 元，用银行存款支付价税合计 11 700 元，材料入库。

借：存货——材料　　　　　　　　　　　　　　　　　　　　　10 000
　　应缴税费——应缴增值税(进项税额)　　　　　　　　　　　 1 700
　　贷：银行存款　　　　　　　　　　　　　　　　　　　　　　11 700

(3) 一般纳税人事业单位从外地购入非自用 A 材料 300 千克，单价 20 元，增值税额为 1 020 元；购入 B 材料 200 千克，单价 15 元，增值税 510 元。材料已经验收入库，用银行存款支付价税款合计数 10 530 元和运杂费 500 元，运杂费按材料重量比例分配。

$$运杂费分配率 = \frac{500}{300+200} = 1(元/千克)$$

A 材料应分配的运杂费 = 300×1 = 300(元)

B 材料应分配的运杂费 = 200×1 = 200(元)

购入材料的会计分录为：

借：存货——材料——A 材料　　　　　　　　　　　　　　6 300
　　　　　　　　——B 材料　　　　　　　　　　　　　　3 200
　　应缴税费——应缴增值税(进项税额)　　　　　　　　1 530
　　贷：银行存款　　　　　　　　　　　　　　　　　　11 030

(4) 某事业单位属于小规模纳税人，从外地购入丁材料 1 000 千克，单价 2 元，增值税 340 元。材料入库，款未付。

借：存货——材料——丁材料　　　　　　　　　　　　　1 340
　　贷：应付账款　　　　　　　　　　　　　　　　　　 1 340

(5) 单位修缮办公楼领用材料，成本 450 元。

借：事业支出　　　　　　　　　　　　　　　　　　　　 450
　　贷：存货——材料　　　　　　　　　　　　　　　　　450

(6) 实行内部产品成本核算的单位生产产品领用材料 2 500 元。

借：存货——生产成本　　　　　　　　　　　　　　　 2 500
　　贷：存货——材料　　　　　　　　　　　　　　　　2 500

(7) 事业单位经营活动领用材料 1 200 元。

借：经营支出　　　　　　　　　　　　　　　　　　　 1 200
　　贷：存货——材料　　　　　　　　　　　　　　　　1 200

(三) 自行加工存货的核算

发生自行加工存货业务的事业单位，应当在"存货"科目下设置"生产成本"明细科目，归集核算自行加工存货所发生的实际成本(包括耗用的直接材料费用、发生的直接人工费用和分配的间接费用)。

【例 14-13】　某事业单位发生下列业务：

(1) 生产某产品领用材料费用 60 000 元。

借：存货——生产成本　　　　　　　　　　　　　　　60 000
　　贷：存货——材料　　　　　　　　　　　　　　　 60 000

(2) 10 月 25 日结转完工验收入库产品的实际成本 50 000 元，其中 M 产品 30 000 元，N 产品 20 000 元。

借：存货——M 产品　　　　　　　　　　　　　　　　30 000
　　　　　——N 产品　　　　　　　　　　　　　　　　20 000
　　贷：存货——生产成本　　　　　　　　　　　　　 50 000

(四) 存货清查的核算

为了如实反映存货库存情况，各事业单位的库存存货应定期进行清查盘点。每年年终应当全面清查一次。存货清查后，如果实存数与账存数一致，账实相符，不必进行账务处理。如果实存数大于账存数，称为盘盈；如果实存数小于账存数，称为盘亏；如果实存数与账存数一致，但实存的材料有质量问题，不能按正常的材料使用的，称为毁损。不论存货是盘盈，还是盘亏、毁损，都需要进行账务处理，调整账存数，使账存数与实存数一致。存货盘盈、盘亏或毁损，说明事业单位在经营管理中、材料的保管中存在一定的问题。因此，一旦发现账存数与实存数不一致时，应核准数字，并对差异形成的原因进行分析，明确经济责任，提出合理的处理意见。

事业单位的存货，每年应至少盘点一次，发现存货的盘盈、盘亏等情况。发现事业单位存货盘盈的按照同类或类似存货的实际成本或市场价值等，借记"存货"科目，贷记"其他收入"科目。

发现盘亏的存货，或者毁损、报废的存货，转入待处置资产时，应借记"待处置资产损溢"科目，贷记"存货"科目。(关于"待处置资产损溢"科目的使用参见本章第四节)

属于增值税一般纳税人的事业单位购进的非自用材料发生盘亏或者毁损、报废的，转入待处置资产损溢时，按照存货的账面余额与相关增值税进项税额转出金额的合计金额，借记"待处置资产损溢"科目；按存货的账面余额，贷记"存货"科目，按转出的增值税进项税额；贷记"应缴税费——应缴增值税(进项税额转出)"科目。

报经批准予以处置时，按照"待处置资产损溢"科目的相应余额，借记"其他支出"科目，贷记"待处置资产损溢"科目。

【例 14-14】 某事业单位年终进行财产清查，发现盘亏乙材料 100 千克，单价 15 元，共计 1 500 元；盘盈 A 材料 30 千克，按同类材料的成本计价 600 元。

事业单位盘亏的乙材料 1 500 元转入待处置资产时：

借：待处置资产损溢   1 500
    贷：存货——材料——乙材料   1 500

报经财政部门批准后：

借：其他支出   1 500
    贷：待处置资产损溢   1 500

盘盈的 A 材料 600 元，会计分录为：

借：存货——材料——A 材料   600
    贷：其他收入   600

九、短期投资的核算

为了核算事业单位依法取得的、持有时间不超过 1 年(含 1 年)的投资，事业单位需要设置"短期投资"科目。它是资产类科目，借方登记取得短期投资的实际成本，实际成本包括买价以及税金、手续费等相关费用；贷方登记收回的短期投资实际成本；实际成本与收回的金额之间的差额借记或贷记"其他收入——投资收益"科目。期末借方余额，反映事业单位持有的短期投资成本。

十、财政应返还额度的核算

(一) 财政应返还额度的核算内容

财政应返还额度是指事业单位年终注销的、需要在下年度恢复的年度未实现的用款额度。实行国库集中收付制度后，事业单位的财政经费由财政部门通过国库单一账户统一拨付。事业单位的年度财政预算指标包括财政直接支付额度和财政授权支付额度。年度终了，事业单位需要对未实现的用款额度进行注销，形成财政应返还额度，以后在下年度得以恢复。事业单位的财政应返还额度包括财政直接支付额度和财政授权支付额度。

(二) 财政应返还额度的账务处理

为了核算年终财政应返还额度的注销、恢复和使用情况,事业单位应设置"财政应返还额度"科目,它是资产类科目。借方登记当年直接支付预算指标数与当年财政直接支付实际支出数的差额以及当年财政授权支付预算指标数大于零余额账户用款额度下达数的差额;贷方登记下年度恢复的财政直接支付额度的实际发生的支出以及下年度收到的恢复财政授权额度。本科目期末借方余额,反映事业单位应收财政返还的资金额度。

【例 14-15】 某事业单位本年度财政直接支付额度为 4 000 000 元,当年度实际完成支付数 3 800 000 元,需要注销未实现的财政直接支付额度 200 000 元。

借:财政应返还额度——财政直接支付　　　　　　　　　　　200 000
　　贷:财政补助收入　　　　　　　　　　　　　　　　　　200 000

假如上例中,如果是财政授权支付额度预算指标 4 000 000 元,本年度实际下达的授权支付额度 3 800 000 元,未使用的零余额账户用款额度 100 000 元,未下达的额度 200 000 元,则:

借:财政应返还额度——财政授权支付　　　　　　　　　　　300 000
　　贷:零余额账户用款额度　　　　　　　　　　　　　　　100 000
　　　　财政补助收入　　　　　　　　　　　　　　　　　　200 000

下年初恢复额度时,对于恢复的财政直接支付额度不进行账务处理,只记录预算数,实际使用恢复的财政直接支付额度时,借记有关支出科目,贷记"财政应返还额度——财政直接支付"科目;对于恢复的财政授权支付额度,借记"零余额账户用款额度"科目,贷记"财政应返还额度——财政授权支付"科目。

例如上例中,下年度,事业单位收到代理银行提供的恢复到账通知书,恢复上年注销财政授权额度 300 000 元(包括上年末未下达的零余额账户用款额度 200 000 元和未使用的授权额度 100 000 元),均已经下达到零余额账户。

借:零余额账户用款额度　　　　　　　　　　　　　　　　　300 000
　　贷:财政应返还额度——财政授权支付　　　　　　　　　300 000

第三节　长期投资的核算

一、事业单位长期投资概述

长期投资是指事业单位依法取得的,持有时间超过 1 年(不含 1 年)的各种股权和债权性质的投资。事业单位可以利用货币资金、实物或无形资产等方式向其他单位进行长期投资。事业单位的长期投资,按其投资方式划分,可以分为长期股权投资和长期债券投资。债券投资是指事业单位以购买各种债券的方式而进行的对外投资,包括购买的国库券和其他各种债券;长期股权投资是指事业单位以货币资金、固定资产或无形资产等方式取得的长期股权。

事业单位应当严格遵守国家法律、行政法规以及财政部门有关事业单位对外投资的规定。

二、长期投资核算的账务处理

为了反映和监督事业单位各类对外长期投资的形成及投资的收回情况,应设置"长期投资"科目。它是资产类科目,借方登记购买长期债券实际支付的价款以及其他投资按评估或合同、协议确认的价值加上相关税费合计数,贷方登记到期收回的长期投资本金及出售时收回的成本,余额在借方,反映长期投资的成本。该科目应按长期投资的种类和被投资单位等设置明细账,进行明细分类核算。

(一) 长期债券投资

事业单位购入长期债券形成对外投资时,应按实际成本(以货币资金购入的长期债券包括实际支付的价款以及税金、手续费等相关费用),借记"长期投资"科目,贷记"银行存款"科目,同时,借记"事业基金"科目,贷记"非流动资产基金——长期投资"科目。

事业单位转让债券或到期收回债券的本息,按实际收到的金额,借记"银行存款"等科目,按投资的实际成本贷记"长期投资"科目。实际金额与账面成本的差额,借记或贷记"其他收入——投资收益"科目。同时,按照收回长期投资对应的非流动资产基金,借记"非流动资产基金"科目,贷记"事业基金"科目。

事业单位持有债券所收到的利息应当记入当期收入,借记"银行存款"科目,贷记"其他收入——投资收益"科目。

【例 14-16】 某事业单位发生下列长期债券投资业务:

(1) 事业单位购入甲公司 201×年 1 月 1 日发行的债券,债券面值 20 000 元,还本期 3 年,年利率为 6%,到期还本付息。购入时实际支付的价格为 21 000 元。

借:长期投资——债券投资　　　　　　　　　　　　　　　21 000
　　贷:银行存款　　　　　　　　　　　　　　　　　　　　　　21 000

同时,
借:事业基金　　　　　　　　　　　　　　　　　　　　　　21 000
　　贷:非流动资产基金——长期投资　　　　　　　　　　　　　21 000

(2) 上述债券到期收回本金 20 000 元,利息 3 600 元存入银行。

借:银行存款　　　　　　　　　　　　　　　　　　　　　　23 600
　　贷:长期投资——债券投资　　　　　　　　　　　　　　　21 000
　　　　其他收入——投资收益　　　　　　　　　　　　　　　 2 600

同时,
借:非流动资产基金——长期投资　　　　　　　　　　　　　21 000
　　贷:事业基金　　　　　　　　　　　　　　　　　　　　　 21 000

(二) 长期股权投资

事业单位在长期股权投资取得时,应当按照其实际成本作为投资成本。事业单位可以以货币资金、固定资产和无形资产等进行长期股权投资。

1. 以货币资金取得长期股权投资

事业单位以货币资金取得长期股权投资,按照实际支付的全部价款(包括购买价款以及税金、手续费等相关税费)作为投资成本,借记"长期投资——长期股权投资"科目,贷记"银行存款"等科目;同时,按照投资成本金额,借记"事业基金"科目,贷记"非流动资产基金——长期投资"科目。

【例 14-17】 某事业单位以货币资金 600 000 元向其他单位投资,取得其长期股权。

借:长期投资——长期股权投资　　　　　　　　　　　　　　　60 000
　　贷:银行存款　　　　　　　　　　　　　　　　　　　　　　60 000
同时,
借:事业基金　　　　　　　　　　　　　　　　　　　　　　　60 000
　　贷:非流动资产基金——长期投资　　　　　　　　　　　　　60 000

2. 以固定资产取得长期股权投资

事业单位向其他单位投出固定资产时,应按评估或合同、协议确认的价值加上相关税费作为投资成本,借记"长期投资——长期股权投资"科目,贷记"非流动资产基金——长期投资"科目;按发生的相关税费,借记"其他支出"科目,贷记"银行存款""应缴税费"等科目;同时,按投出固定资产对应的非流动资产基金,借记"非流动资产基金——固定资产"科目,按投出固定资产已计提折旧,借记"累计折旧"科目,按投出固定资产的账面余额,贷记"固定资产"科目。

【例 14-18】 某事业单位向其他单位投资转出一台设备作为长期股权投资,账面余额 12 000 元,已提折旧 3 000 元,经双方协商确认价值 10 000 元,用银行存款支付相关税费 1 500 元。

借:长期投资——长期股权投资　　　　　　　　　　　　　　　11 500
　　贷:非流动资产基金——长期投资　　　　　　　　　　　　　11 500
借:其他支出　　　　　　　　　　　　　　　　　　　　　　　1 500
　　贷:银行存款　　　　　　　　　　　　　　　　　　　　　　1 500
同时,
借:累计折旧　　　　　　　　　　　　　　　　　　　　　　　3 000
　　非流动资产基金——固定资产　　　　　　　　　　　　　　9 000
　　贷:固定资产　　　　　　　　　　　　　　　　　　　　　　12 000

3. 以无形资产取得长期股权投资

事业单位以入账的无形资产取得的长期股权投资,按照评估价值加上相关税费作为投资成本,借记"长期投资——长期股权投资"科目,贷记"非流动资产基金——长期投资"科目,按发生的相关税费,借记"其他支出"科目,贷记"银行存款""应缴税费"等科目;同时,按照投出无形资产对应的非流动资产基金,借记"非流动资产基金——无形资产"科目,按投出无形资产已计提摊销,借记"累计摊销"科目,按投出无形资产的账面余额,贷记"无形资产"科目。

以未入账的无形资产取得的长期股权投资,按照评估价值加上相关税费作为投资成本,借记"长期投资——长期股权投资"科目,贷记"非流动资产基金——长期投资"科目;按发生的相关税费,借记"其他支出"科目,贷记"银行存款""应缴税费"等科目。

【例 14-19】 某事业单位以专利权对其他单位投资,取得其长期股权。该项专利权的账面余额 40 000 元,已计提摊销 6 000 元,双方确认的价值为 45 000 元,用银行存款支付相关税费 1 200 元。

借:长期投资——长期股权投资　　　　　　　　　　　　　　46 200
　　贷:非流动资产基金——长期投资　　　　　　　　　　　　46 200
借:其他支出　　　　　　　　　　　　　　　　　　　　　　1 200
　　贷:银行存款　　　　　　　　　　　　　　　　　　　　　1 200
同时,
借:非流动资产基金——无形资产　　　　　　　　　　　　　34 000
　　累计摊销　　　　　　　　　　　　　　　　　　　　　　6 000
　　贷:无形资产　　　　　　　　　　　　　　　　　　　　　40 000

长期股权投资持有期间,收到利润等投资收益时,按照实际收到的金额,借记"银行存款"科目,贷记"其他收入——投资收益"科目。

转让长期股权投资,转入待处置资产时,按照转让长期股权投资的账面余额,借记"待处置资产损溢——处置资产价值"科目,贷记"长期投资——长期股权投资"科目。

实际发生转让时,按照转让长期股权投资对应的非流动资产基金,借记"非流动资产基金——长期投资"科目,贷记"待处置资产损溢——处置资产价值"科目。

第四节　固定资产的核算

一、固定资产的定义和分类

(一) 固定资产的定义

固定资产,是指事业单位持有的使用期限超过 1 年(不含 1 年),单位价值在规定的标准以上,并在使用过程中基本保持原来物质形态的资产,包括房屋和建筑物、专用设备、通用设备等。单位价值虽未达到规定标准,但耐用时间超过 1 年(不含 1 年)的大批同类物资,应当作为固定资产核算。

一般情况下,事业单位的固定资产必须同时具备两个条件:一是单位价值在规定标准以上(通用设备单位价值在 1 000 元以上,专用设备单位价值在 1 500 元以上);二是使用年限在 1 年以上(不含 1 年)。

(二) 固定资产的分类

事业单位的固定资产是单位开展业务及其他活动的重要物质条件,其种类、规格繁多。为了加强固定资产的管理,正确进行固定资产核算,必须对固定资产进行科学、合理的分类。事业单位固定资产按其性质和使用情况可以分成六大类。

1. *房屋和建筑物*

它是指事业单位拥有占有权和使用权的房屋、建筑物及其附属设施。其中,房屋包括办公用房、业务用房、库房、职工宿舍用房、职工食堂、锅炉房等;建筑物包括道路、围墙、水塔等;附属设施包括房屋、建筑物内的电梯、通信线路、输电线路、水气管道等。

2. 专用设备

它是指事业单位根据业务工作的需要购置的各种具有专门性能和专门用途的设备，如学校的教学仪器、科研单位的科研仪器、医院的医疗器械等。

3. 通用设备

它是指事业单位用于业务工作需要的通用性设备，如办公用的家具、交通工具等。

4. 文物和陈列品

它是指博物馆、展览馆、纪念馆等文化事业单位的各种文物或陈列品，如古画、字画、纪念品等。

5. 图书、档案

它是指专业图书馆、文化馆储藏的书籍，以及事业单位储藏的统一管理使用的业务用书，如单位图书馆、阅览室的图书等。

6. 其他固定资产

它是指除了上述五类以外的其他各类固定资产，如家具、用具、装具及动植物。

二、固定资产的入账价值

固定资产的价值构成是指固定资产价值所包括的范围，即固定资产的入账金额。固定资产应按取得时的实际成本入账。由于固定资产的来源渠道不同，其价值构成的具体内容也有所差异。

1. 购入的固定资产

购入的固定资产，其成本包括购买价款、相关税费以及固定资产交付使用前所发生的可归属于该项资产的运输费、装卸费、安装调试费和专业人员服务费等。

2. 自行建造的固定资产

自行建造的固定资产，应按建造过程中实际发生的全部支出作为固定资产的价值入账。固定资产的利息和有关费用，以及外币借款的汇兑差额，在固定资产办妥竣工手续之后发生的，应计入当期支出或费用。

3. 在原有固定资产基础上进行改建、扩建的固定资产

在原有固定资产基础上进行改建、扩建的固定资产，应按原有固定资产的账面价值，减去改建、扩建过程中取得的变价收入，加上改建、扩建过程中发生的支出作为其原始价值入账。

4. 融资租入的固定资产

融资租入的固定资产，按租赁协议或者合同确定的租赁价款、相关税费以及固定资产交付使用前所发生可归属于该项资产的运输费、途中保险费、安装调试费等确定。

5. 接受捐赠、无偿调入的固定资产

接受捐赠、无偿调入的固定资产，其成本按照有关凭据注明的金额加上相关税费、运

输费等确定；没有相关凭据的，其成本比照同类或类似固定资产的市场价格加上相关税费、运输费等确定；没有相关凭据、同类或类似固定资产的市场价格也无法可靠取得的，该固定资产按照名义金额入账。

6. 盘盈的固定资产

盘盈的固定资产，应按同类或类似固定资产的市场价格确定入账；同类或类似固定资产的市场价格无法可靠取得的，按照名义金额入账。

三、固定资产核算使用的科目

固定资产核算使用的主要科目包括"固定资产""在建工程""累计折旧""待处置资产损溢"科目。

1. "固定资产"科目

它是资产类科目，用来核算固定资产的原始价值。"固定资产"科目的借方登记增加的固定资产原值，贷方登记减少的固定资产原值，期末余额在借方，反映事业单位现有固定资产的原价。

为了反映和监督各项不同性能、不同用途的固定资产增减变化情况，除了进行总分类核算外，还应设置"固定资产卡片"和"固定资产登记簿"进行固定资产的明细核算。

"固定资产卡片"是进行固定资产明细分类核算的账簿，应以每一个独立的固定资产项目为对象分别设置，一个独立的固定资产设置一张卡片，并按固定资产的类别、保管和使用单位顺序排列。在每一张卡片中，应载明该项固定资产的编号、名称、规格、技术特征、使用单位、开始使用日期、原价、预计使用年限、停用以及大修理等详细资料。

凡是增加固定资产，都应设置新的卡片；凡是有关大修理、停用、在事业单位内部改变使用单位、进行清理或售出等，都应在卡片内进行登记；凡是减少的固定资产，都应将卡片抽出，另行保管。

固定资产登记簿应按固定资产的类别开设账页，每个账页内按使用单位设置专栏。年初分别按固定资产增加或减少的日期序时登记，反映各类、各部门固定资产原值的增减变动。固定资产登记簿、固定资产卡片和"固定资产"总账科目的余额要定期核对。

2. "累计折旧"科目

它是资产类科目，用来核算事业单位固定资产计提的累计折旧。借方登记处置固定资产时，转出的已计提的折旧数；贷方登记按月计提的折旧数；期末贷方余额，反映事业单位计提的固定资产折旧累计数。

3. "在建工程"科目

它是资产类科目，用来核算事业单位已经发生必要支出，但尚未完工交付使用的各种建筑(包括新建、改建、扩建、修缮等)和设备安装工程的实际成本。借方登记发生的实际成本，贷方登记完工交付使用的建筑工程实际成本，期末借方余额，反映事业单位尚未完工的在建工程发生的实际成本。

"在建工程"科目应该按照工程性质和具体工程项目等进行明细核算。

4. "待处置资产损溢"科目

它是资产类科目,用来核算待处置资产的价值及处置损溢情况。借方登记转入待处置的资产价值和处置资产过程中发生的相关税费及转出的处置资产净收入,贷方登记报经批准予以核销的处置资产价值和处置资产过程中取得的收入、赔偿款等。

四、固定资产核算的账务处理

(一) 固定资产增加的核算

1. 购置固定资产的核算

事业单位购置固定资产时,应按资金来源分别借记"事业支出""经营支出""专用基金——修购基金"等科目,贷记"银行存款""零余额账户用款额度""财政补助收入"等科目;同时,借记"固定资产"科目,贷记"非流动资产基金——固定资产"科目。

购入需要安装的固定资产,先通过"在建工程"科目核算。安装完毕交付使用时,借记"固定资产"科目,贷记"非流动资产基金——固定资产"科目;同时,借记"非流动资产基金——在建工程"科目,贷记"在建工程"科目。

【例14-20】 某事业单位发生下列固定资产业务:

(1) 用事业活动经费拨款购入一台设备,价值25 000元,用银行存款付款。

借:事业支出　　　　　　　　　　　　　　　　　　　　　　　25 000
　　贷:银行存款　　　　　　　　　　　　　　　　　　　　　　　25 000

同时,

借:固定资产　　　　　　　　　　　　　　　　　　　　　　　25 000
　　贷:非流动资产基金——固定资产　　　　　　　　　　　　　25 000

(2) 事业单位用修购基金购置一台计算机,价值5 000元,增值税850元,价税款已用银行存款支付。

借:专用基金——修购基金　　　　　　　　　　　　　　　　　5 850
　　贷:银行存款　　　　　　　　　　　　　　　　　　　　　　　5 850

同时,

借:固定资产　　　　　　　　　　　　　　　　　　　　　　　5 850
　　贷:非流动资产基金——固定资产　　　　　　　　　　　　　5 850

2. 融资租入固定资产的核算

融资租入固定资产时,按照确定的成本,借记"固定资产"(不需要安装的)或"在建工程"(需要安装的)科目,贷记"长期应付款"科目,按其差额贷记"非流动资产基金——固定资产、在建工程"科目。同时,按照实际支付的相关税费、运输费、途中保险费、安装调试费等,借记"事业支出""经营支出"等科目,贷记"银行存款""零余额账户用款额度""财政补助收入"等科目。

支付租金时,借记"事业支出""经营支出"等科目,贷记"银行存款""零余额账户用款额度""财政补助收入"等科目;同时,借记"长期应付款"科目,贷记"非流动资产基金——固定资产"科目。

【例 14-21】 某事业单位以融资方式租入设备一台，按租赁合同规定，设备的价款 150 000 元，运输费 3 000 元，途中保险费 2 000 元，安装调试费 5 000 元，以银行存款支付。设备款项分 5 年支付。设备安装完毕交付使用。

(1) 租入设备时：

借：固定资产——融资租入固定资产　　　　　　　　　　160 000
　　贷：长期应付款　　　　　　　　　　　　　　　　　　　　150 000
　　　　非流动资产基金——固定资产　　　　　　　　　　　　 10 000
借：事业支出　　　　　　　　　　　　　　　　　　　　 10 000
　　贷：银行存款　　　　　　　　　　　　　　　　　　　　　 10 000

(2) 每年支付租金时：

借：事业支出　　　　　　　　　　　　　　　　　　　　 30 000
　　贷：银行存款　　　　　　　　　　　　　　　　　　　　　 30 000
借：长期应付款　　　　　　　　　　　　　　　　　　　 30 000
　　贷：非流动资产基金——固定资产　　　　　　　　　　　　 30 000

3. 接受捐赠固定资产的核算

事业单位收到捐赠的固定资产时，应根据捐赠者提供的有关凭据注明的金额加上相关税费、运输费等确定成本；没有相关凭据的，比照同类或类似固定资产的市场价格加上相关税费、运输费等确定成本；没有相关凭据、同类或类似固定资产的市场价格也无法可靠取得的，该固定资产按名义金额入账。按入账价值，借记"固定资产"科目，贷记"非流动资产基金——固定资产"科目；按照发生的相关税费，借记"其他支出"科目，贷记"银行存款"等科目。

【例 14-22】 某事业单位接受捐赠全新的设备一台，其发票上列明价值 40 000 元。同时，用银行存款支付运输和包装等有关费用 3 000 元。

借：其他支出　　　　　　　　　　　　　　　　　　　　　3 000
　　贷：银行存款　　　　　　　　　　　　　　　　　　　　　　3 000

同时，

借：固定资产　　　　　　　　　　　　　　　　　　　　 43 000
　　贷：非流动资产基金——固定资产　　　　　　　　　　　　 43 000

4. 购入需要安装固定资产的核算

事业单位购入需要安装的固定资产时，按照支付的全部价款，借记"在建工程"科目，贷记"非流动资产基金——在建工程"科目；同时，借记"事业支出""经营支出"等科目，贷记"银行存款""零余额账户用款额度""财政补助收入"等科目。

【例 14-23】 某事业单位购入一台需要安装的设备，价款 60 000 元、安装调试费 5 000 元，款项通过单位的零余额账户支付。

借：在建工程　　　　　　　　　　　　　　　　　　　　 65 000
　　贷：非流动资产基金——在建工程　　　　　　　　　　　　 65 000
借：事业支出　　　　　　　　　　　　　　　　　　　　 65 000
　　贷：零余额账户用款额度　　　　　　　　　　　　　　　　 65 000

假设上述设备安装完毕交付使用：
借：固定资产　　　　　　　　　　　　　　　　　　　　　　　　　65 000
　　贷：非流动资产基金——固定资产　　　　　　　　　　　　　　　　65 000
同时，
借：非流动资产基金——在建工程　　　　　　　　　　　　　　　　65 000
　　贷：在建工程　　　　　　　　　　　　　　　　　　　　　　　　65 000

(二) 固定资产减少的核算

1. 固定资产折旧的核算

折旧是指在固定资产使用寿命内，按照确定的方法对应折旧金额进行系统分摊。事业单位应当对除文物和陈列品、动植物、图书、档案和以名义金额计量的固定资产外的固定资产计提折旧。

事业单位一般采用年限平均法或工作量法计提固定资产折旧。事业单位应计提折旧额为其成本，不考虑预计净残值。

事业单位计提折旧时，借记"非流动资产基金——固定资产"科目，贷记"累计折旧"科目。

【例 14-24】某事业单位计提本月固定资产折旧，本月应提折旧额为 36 000 元。
借：非流动资产基金——固定资产　　　　　　　　　　　　　　　　36 000
　　贷：累计折旧　　　　　　　　　　　　　　　　　　　　　　　　36 000

2. 固定资产出售、无偿调出、对外捐赠的核算

事业单位出售、无偿调出、对外捐赠固定资产，转入待处置资产时，按照待处置固定资产的账面价值，借记"待处置资产损溢"科目；按照已计提的折旧，借记"累计折旧"科目；按照固定资产的账面余额，贷记"固定资产"科目。

实际出售、调出、捐出时，按照处置固定资产对应的非流动资产基金，借记"非流动资产基金——固定资产"科目，贷记"待处置资产损溢"科目。出售固定资产过程中，取得的价款等收入，借记"银行存款""库存现金"等科目，贷记"待处置资产损溢"科目。取得价款、发生相关税费，以及出售价款扣除相关税费后的净收入，借记"待处置资产损溢——处置净收入"科目，贷记"应缴国库款"科目。

【例 14-25】某事业单位将一台不需用的设备出售，转入待处置资产。该设备原价 25 000 元，售价 18 000 元，款收到存入银行。
借：待处置资产损溢　　　　　　　　　　　　　　　　　　　　　　25 000
　　贷：固定资产　　　　　　　　　　　　　　　　　　　　　　　　25 000
实际出售时：
借：非流动资产基金——固定资产　　　　　　　　　　　　　　　　25 000
　　贷：待处置资产损溢　　　　　　　　　　　　　　　　　　　　　25 000
借：银行存款　　　　　　　　　　　　　　　　　　　　　　　　　　18 000
　　贷：待处置资产损溢　　　　　　　　　　　　　　　　　　　　　18 000
借：待处置资产损溢——处置净收入　　　　　　　　　　　　　　　　18 000
　　贷：应缴国库款　　　　　　　　　　　　　　　　　　　　　　　18 000

3. 投资转出固定资产的核算

投资转出固定资产的账务处理，应按评估价值(或合同、协议确认的价值)加相关税费，借记"长期投资"科目，贷记"非流动资产基金——长期投资"科目；同时，按固定资产的账面余额，借记"非流动资产基金——固定资产"等科目，贷记"固定资产"科目。业务举例参见本章第三节"长期投资的核算"中的有关内容。

五、固定资产清查的核算

事业单位应当定期对固定资产进行清查盘点，每年至少清查盘点一次，以保证固定资产核算资料的真实性。清查时，以财产管理部门为主，由会计部门、资产使用部门和职工代表参加。对于清查结果，要写出清查报告，报告给单位负责人。

(一) 固定资产清查的方法

在对固定资产清查前，首先必须核对固定资产账目，将全部有关固定资产增加、减少的经济业务登记入账，并结出余额，做到账账相符。固定资产清查盘点的方法主要有以下三种：

(1) 账实逐一核对法，即根据固定资产账目与实物固定资产进行逐一核对，以查明固定资产实存数量的一种方法。

(2) 抄列实物清单法，即在进行清查时，直接根据单位的固定资产实物，实地逐项登记各种财产物资的品种、数量、价值等，以此查明单位固定资产实存数量的方法。这种方法工作量较大，一般在单位账目不清或有其他特殊原因需要查明固定资产数量时采用。

(3) 卡实直接核对法，即在进行固定资产清查时，将固定资产实物与固定资产卡片进行逐项核对，以查明固定资产卡是否与固定资产实存数量相符的一种方法。

通过固定资产清查、盘点，应根据清查的结果，编制"固定资产盘盈、盘亏报告表"，按规定的程序报经批准后，对盘盈固定资产应增设固定资产卡片，对盘亏或减少的固定资产，应注销固定资产卡片，另行归档保管。

(二) 固定资产盘盈的账务处理

按《事业单位会计制度》规定，事业单位盘盈的固定资产，按同类或类似固定资产的市场价格确定入账价值；同类或类似固定资产的市场价格无法可靠取得的，按名义金额入账。借记"固定资产"科目，贷记"非流动资产基金"科目。

【例 14-26】 某事业单位年终进行财产清查，发现盘盈 A 设备一台，同类固定资产的市场价格 2 300 元。

借：固定资产　　　　　　　　　　　　　　　　　　　　　2 300
　　贷：非流动资产基金　　　　　　　　　　　　　　　　　2 300

(三) 固定资产盘亏或者毁损、报废的核算

固定资产报废是指固定资产由于长期使用中的有形磨损，并达到规定的使用年限，不能修复继续使用；或者由于技术进步形成的无形损耗，使得必须用新的、更先进的固定资产予以替换等原因造成的对原有固定资产按照有关规定进行产权注销的行为。

因报废、毁损等原因减少的固定资产转入待处置资产时，应按其账面价值，借记"待处置资产损溢"科目；按已提取的折旧额，借记"累计折旧"科目；按固定资产的账面余额，贷记"固定资产"科目。

报经批准予以处置时，按照处置固定资产对应的非流动资产基金，借记"非流动资产基金——固定资产"科目，贷记"待处置资产损溢"科目。

处置毁损、报废固定资产过程中所取得的收入、发生的相关税费，以及处置收入扣除相关税费后的净收入的账务处理参见本节固定资产出售、无偿调出、对外捐赠的核算。

【例14-27】某事业单位报废一台设备，转入待处置资产。该设备账面余额20 000元，已提折旧17 000元。已报经有关部门批准处置，在报废清理过程中，取得残值变价收入4 000元存入银行，用现金支付清理费300元。

(1) 将固定资产转入待处置资产：

借：待处置资产损溢　　　　　　　　　　　　　　　　　　　3 000
　　累计折旧　　　　　　　　　　　　　　　　　　　　　　17 000
　贷：固定资产　　　　　　　　　　　　　　　　　　　　　20 000

(2) 报经批准实际处置时：

借：非流动资产基金——固定资产　　　　　　　　　　　　　3 000
　贷：待处置资产损溢　　　　　　　　　　　　　　　　　　 3 000

(3) 取得残值收入：

借：银行存款　　　　　　　　　　　　　　　　　　　　　　4 000
　贷：待处置资产损溢　　　　　　　　　　　　　　　　　　 4 000

(4) 支付清理费：

借：待处置资产损溢　　　　　　　　　　　　　　　　　　　　300
　贷：库存现金　　　　　　　　　　　　　　　　　　　　　　 300

(5) 结转处置资产净收入：

借：待处置资产损溢——处置净收入　　　　　　　　　　　　3 700
　贷：应缴国库款　　　　　　　　　　　　　　　　　　　　 3 700

第五节　无形资产的核算

一、无形资产及其内容

无形资产是指事业单位持有的没有实物形态的可辨认非货币性资产，包括专利权、商标权、土地使用权、著作权、非专利技术等。

1. 专利权

专利权是指专利人在法定期限内，对某一项发明创造所拥有的独占权和专有权。专利权的主体是依据专利法被授予专利权的个人或单位，专利权的客体是受专利法保护的专利范围。并不是所有的专利权都能给持有者带来经济利益，有的专利权可能没有经济价值或具有很小的经济价值；有的专利权会被另外更有经济价值的专利权所取代等。因此，并不需要把所有的专利权都作为无形资产核算。只有那些能够给事业单位带来较大经济价值，并且为此花费了支出的专利权才能作为无形资产核算。

2. 商标权

商标权是指专门在某类指定的商品或产品上使用特定的名称或图案的权利。根据我国商标法的规定,经商标局核准注册的商标为注册商标,商标注册人享有商标专用权,受法律保护。商标权的内容包括独占使用权和禁止使用权。商标权的价值在于它能使享有人获得较高的盈利能力。我国商标法规定,商标权的有效期限为10年,期满前可继续申请延长注册期。

3. 土地使用权

土地使用权是指事业单位依法取得的国有土地在一定时间内享有开发、利用、经营等活动的权利。事业单位拥有的并未入账的土地使用权不能作为无形资产核算;花了较大的代价取得的土地使用权,应予以本金化,将取得时所发生的一切支出作为土地使用权成本,记入无形资产科目。根据我国土地管理法的规定,我国土地实行公有制,任何单位和个人不得侵占、买卖或者以其他形式非法转让。国有土地可依法确定给国有企业、集体企业等单位,其使用权可依法转让。

4. 著作权

著作权是指著作权人对其著作依法享有的出版、发行等方面的专有权利。著作权可以转让、出售或者赠予。著作权包括发表权、著名权、修改权、保护作品完整权、使用权和获得报酬权等。

5. 非专利技术

非专利技术也称专有技术,是指发明人垄断的、不公开的、具有实用价值的先进技术、资料、技能、知识等。非专利技术具有经济性、机密性、动态性等特点。

由于非专利技术未经公开,也未申请专利,所以不受法律保护,但事实上具有专利权的效用。

非专利技术可以是自己开发的,也可以是根据合同规定从外部购入的。如果是自己开发研究,可能成功,也可能失败,研制过程中发生的相关费用,会计核算上一般将其全部列作当期费用处理,不作为无形资产核算。从外部购入的,应按实际发生的一切支出,予以资本化,作为无形资产入账核算。

事业单位应当对无形资产进行摊销,以名义金额计量的无形资产除外。摊销是指在无形资产使用寿命内,按照确定的方法对应摊销额进行系统分摊。

无形资产的摊销年限,法律规定了有效年限的,按照法律规定的有效年限作为摊销年限;法律没有规定有效年限的,按照相关合同或单位申请书中的受益年限作为摊销年限;法律没有规定有效年限、相关合同或单位申请书也没有规定受益年限的,按照不少于10年的期限摊销。

事业单位应当采用年限平均法按月对无形资产进行摊销,应摊销金额为其成本。

二、无形资产核算的账务处理

事业单位无形资产的核算需要设置"无形资产"和"累计摊销"科目。

为了核算事业单位的专利权、非专利技术、著作权、商标权、土地使用权等各种无形资产的价值，应设置"无形资产"科目。它是资产类科目，借方登记按各种方式取得的无形资产成本，贷方登记无形资产摊销的金额和转出的成本。期末余额在借方，反映尚未摊销的无形资产价值。该科目按无形资产的类别设置明细账，进行明细核算。

为了核算事业单位无形资产计提的累计摊销情况，应设置"累计摊销"科目。它是资产类科目，借方登记处置无形资产时转出的累计摊销额；贷方登记按月计提的摊销额；期末贷方余额，反映事业单位计提的无形资产摊销累计数。

(一) 取得无形资产的核算

1. 外购的无形资产

事业单位购入无形资产时，应按实际支出数(包括买价、相关税费等)，借记"无形资产"科目，贷记"非流动资产基金——无形资产"科目；同时，按照实际支付金额，借记"事业支出"等科目，贷记"银行存款""财政补助收入""零余额账户用款额度"等科目。

【例14-28】 某事业单位购入一项专利权，价款300 000元，款项已用银行存款支付。

借：无形资产——专利权　　　　　　　　　　　　　　　300 000
　　贷：非流动资产基金——无形资产　　　　　　　　　　　　300 000
借：事业支出　　　　　　　　　　　　　　　　　　　　300 000
　　贷：银行存款　　　　　　　　　　　　　　　　　　　　300 000

2. 自创的无形资产

事业单位自行创造的专利等无形资产，能否成功具有很大的不确定性，因此，通常将为创造专利而发生的试验费用作为技术研究费，计入事业支出。待试制成功申请专利时，再将申请专利的注册费、聘请律师费等费用计入无形资产价值。

【例14-29】 某事业单位自行试制成功并依法取得了一项专利权，在申请专利权的过程中，支付专利登记费30 000元，律师费5 000元。

借：无形资产——专利权　　　　　　　　　　　　　　　35 000
　　贷：非流动资产基金——无形资产　　　　　　　　　　　　35 000
借：事业支出　　　　　　　　　　　　　　　　　　　　35 000
　　贷：银行存款　　　　　　　　　　　　　　　　　　　　35 000

3. 接受捐赠、无偿调入的无形资产

事业单位接受捐赠、无偿调入的无形资产时，如果捐赠方提供了有关凭据，按凭据上标明的金额加上支付的相关税费，作为无形资产的实际成本；如果捐赠方没有提供有关凭据的，应按照同类或类似无形资产的市场价格，加上应支付的相关税费确定；没有相关凭据、同类或类似无形资产的市场价格也无法可靠取得的，该资产按照名义金额入账。借记"无形资产"科目，贷记"非流动资产基金——无形资产"科目；发生的相关税费等，借记"其他支出"科目，贷记"银行存款"等科目。

【例14-30】 某事业单位接受其他单位捐赠专利权一项，该项无形资产市场价格400 000元。

借：无形资产——专利权　　　　　　　　　　　　　　　400 000
　　贷：非流动资产基金——无形资产　　　　　　　　　　　　400 000

(二) 无形资产摊销的核算

按月计提无形资产摊销时，借记"非流动资产基金——无形资产"科目，贷记"累计摊销"科目。

【例 14-31】 某事业单位，本月摊销无形资产摊销金额 300 000 元。

借：非流动资产基金——无形资产　　　　　　　　　　　　　300 000
　　贷：累计摊销　　　　　　　　　　　　　　　　　　　　　　　300 000

(三) 转让、无偿调出、对外捐赠、投资转出无形资产的核算

(1) 事业单位转让、无偿调出、对外捐赠无形资产，转入待处置资产时，按照待处置无形资产的账面价值，借记"待处置资产损溢"科目；按照已计提的摊销，借记"累计摊销"科目；按照无形资产的账面余额，贷记"无形资产"科目。

【例 14-32】 某事业单位决定转让一项专利权，转入待处置资产。该项专利权的账面余额 30 000 元，已计提摊销 10 000 元，转让价格 25 000 元存入银行。

转入待处置资产时：

借：待处置资产损溢　　　　　　　　　　　　　　　　　　　20 000
　　累计摊销　　　　　　　　　　　　　　　　　　　　　　　10 000
　　贷：无形资产　　　　　　　　　　　　　　　　　　　　　　　30 000

实际发生转让时：

借：非流动资产基金——无形资产　　　　　　　　　　　　　20 000
　　贷：待处置资产损溢　　　　　　　　　　　　　　　　　　　　20 000
借：银行存款　　　　　　　　　　　　　　　　　　　　　　25 000
　　贷：待处置资产损溢　　　　　　　　　　　　　　　　　　　　25 000

结转处置资产净收入时：

借：待处置资产损溢——处置净收入　　　　　　　　　　　　25 000
　　贷：应缴国库款　　　　　　　　　　　　　　　　　　　　　　25 000

(2) 对外投资无形资产的核算。

对外投资转出无形资产的账务处理按本章第三节"长期投资的核算"的有关规定处理。

本 章 小 结

> 事业单位的资产包括流动资产、长期投资、固定资产和无形资产。事业单位库存现金、银行存款、应收账款、应收票据、预付账款、其他应收款的核算与企业会计基本相同。
>
> 存货是指事业单位在开展业务活动及其他活动中为耗用而储存的各种资产，具体包括材料、燃料、包装物、低值易耗品及达不到固定资产标准的用具、装具、动植物等的实际成本。存货的核算应设置"存货"科目。
>
> 长期投资是指事业单位依法取得的，持有时间超过 1 年(不含 1 年)的各种股权和债权性质的投资。事业单位可以利用货币资金、实物或无形资产等方式向其他单位进行长期投资。事业单位的长期投资，按其投资方式划分，可以分为长期股权投资和长期

债券投资。债券投资是指事业单位以购买各种债券的方式而进行的长期投资，包括购买的国库券和其他各种债券；长期股权投资是指事业单位以货币资金、固定资产或无形资产等方式取得的长期股权。长期投资核算应设置"长期投资"科目。

固定资产是指事业单位持有的使用期限超过1年(不含1年)、单位价值在规定的标准以上，并在使用过程中基本保持原来物质形态的资产，包括房屋和建筑物、专用设备、通用设备等。单位价值虽未达到规定标准，但耐用时间超过1年(不含1年)的大批同类物资，应当作为固定资产核算。需要设置"固定资产""非流动资产基金""在建工程""累计折旧""待处置资产损溢"科目核算。

无形资产是指事业单位持有的没有实物形态的可辨认非货币性资产，包括专利权、商标权、土地使用权、著作权、非专利技术等。需要设置"无形资产""累计折旧"科目核算。

复习思考题

1. 现金的管理原则如何？
2. 什么是未达账项？它包括哪几种情况？
3. 如何对未达账项进行调整？
4. 应收及预付款项的内容包括哪些？
5. 存货的盘存制度有哪两种？
6. 长期投资的含义如何？它包括哪些内容？
7. 什么是固定资产？它分为哪些类别？
8. 如何对固定资产进行核算？
9. 清查盘点固定资产的方法有哪些？
10. 什么是无形资产？它包括哪些内容？

练 习 题

习题一

一、目的　练习事业单位流动资产的核算。

二、资料　某事业单位2015年1月发生以下有关经济业务：

1. 开出支票，从银行提取现金5 800元备用。
2. 用转账支票购买办公用品一批，价款3 500元。
3. 开出转账支票支付本月水电费7 900元。
4. 购入生产产品用甲材料500千克，单价100元，增值税率17%。价税合计58 500元，款已付，材料入库。
5. 王华出差预借差旅费3 000元。
6. 从外地购入事业用乙材料100千克，单价300元。价款计30 000元，增值税5 100元，材料入库，款未付。

7. 某事业部门领用乙材料一批,价值 3 170 元。

8. 收到财政部门拨入的本月事业经费 300 000 元存入银行。

9. 收到银行通知,财政授权支付额度 500 000 元到账。

三、要求　根据上述经济业务编制会计分录。

习题二

一、目的　练习事业单位长期投资和固定资产的核算。

二、资料　某事业单位 2015 年 2 月发生以下有关经济业务:

1. 开出支票购买 3 年期国库券 600 张,每张面值 1 000 元,共计支付款项 600 000 元。

2. 收回到期的国库券,面值 200 000 元,利息 15 000 元,款项存入银行。

3. 用拨入的事业经费购入设备一台,价款 40 000 元,设备安装费 5 000 元,设备交付使用,款已付。

4. 用修购基金购入复印机一台,价款 12 000 元,款已用银行存款支付。

5. 融资租入一台需要安装设备,价款 500 000 元,用银行存款支付安装费 4 000 元,设备交付使用,设备价款分 5 年付清,该设备用于经营活动。

6. 通过银行支付上述设备第一年租赁费 100 000 元。

7. 本月计提固定资产折旧共计 3 500 元。

8. 对外投资转出一台设备,取得长期股权。双方议价 45 000 元。设备账面余额 60 000 元,已提折旧 20 000 元,用银行存款支付相关税费 1 500 元。

9. 一批旧设备决定报废,转入待处置资产。该批设备账面余额 200 000 元,已提折旧 190 000 元。报经批准后进行报废处理,用现金支付清理费 900 元,取得残料收入 3 500 元存入银行。

三、要求　根据上述经济业务编制会计分录。

第十五章 事业单位负债的核算

学习目标

通过本章的学习,要求了解事业单位负债的内容;掌握短期借款、长期借款、应付和预收款项、应缴款项的核算;理解应缴国库款、应缴财政专户款的含义。

第一节　借入款项的核算

一、借入款项核算的内容

事业单位借入款项是指事业单位根据业务活动的需要，向银行或其他金融机构借入有偿使用的各种款项。事业单位的借入款项包括短期借款和长期借款。

短期借款是指事业单位借入的期限在 1 年内(含 1 年)的各种借款。

长期借款是指事业单位向银行或其他金融机构借入的偿还期限在 1 年以上(不含 1 年)的各种借款。

二、借入款项核算的账务处理

事业单位借入款项的核算应该设置"短期借款"和"长期借款"科目。

1. "短期借款"科目

为了反映和监督事业单位短期借款的借入和归还情况，应设置"短期借款"科目。它是负债类科目，贷方登记借入短期借款的本金，借方登记偿还的短期借款的本金，期末余额在贷方，反映尚未偿还的短期借款本金。该科目应按债权单位设置明细账。

短期借款的会计处理涉及三个方面：取得借款的会计处理；归还借款本金的会计处理；支付利息的会计处理。

事业单位取得短期借款时，借记"银行存款"科目，贷记"短期借款"科目；归还借款时，借记"短期借款"科目，贷记"银行存款"科目；支付利息时，借记"其他支出"科目，贷记"银行存款"科目。

2. "长期借款"科目

为了反映和监督事业单位长期借款的借入和归还情况，应设置"长期借款"科目。它是负债类科目，贷方登记长期借款的本金；借方登记偿还的长期借款的本金；期末余额在贷方，反映尚未偿还的长期借款本金。该科目应按债权单位设置明细账。

长期借款的会计处理涉及三个方面：取得借款的会计处理；归还借款本金的会计处理；支付利息的会计处理。

事业单位取得长期借款时，借记"银行存款"科目，贷记"长期借款"科目；归还借款时，借记"长期借款"科目，贷记"银行存款"科目。

支付长期借款的利息分别不同情况处理：属于工程项目建设期间的，计入工程成本，按照支付的利息，借记"在建工程"科目，贷记"非流动资产资金——在建工程"科目；同时，借记"其他支出"科目，贷记"银行存款"科目。属于工程项目完工交付使用后支付的，计入当期支出但不计入工程成本，按照支付的利息，借记"其他支出"科目，贷记"银行存款"科目。

【例 15-1】某事业单位 7 月 1 日从银行取得借款 30 000 元，借期 6 个月，年利率 6%，到期一次还本付息。该项借款用于事业活动。

(1) 7月1日取得借款时：

借：银行存款　　　　　　　　　　　　　　　　　　　30 000
　　贷：短期借款　　　　　　　　　　　　　　　　　　30 000

(2) 12月31日归还本金和利息时：

借：短期借款　　　　　　　　　　　　　　　　　　　30 000
　　其他支出　　　　　　　　　　　　　　　　　　　　　900
　　贷：银行存款　　　　　　　　　　　　　　　　　　30 900

【例15-2】 某事业单位1月1日从银行借入为期2年的款项，借款本金240 000元，利率9%，利息每季度末支付一次。该项借款用于单位的事业发展需要。

(1) 1月1日取得借款时：

借：银行存款　　　　　　　　　　　　　　　　　　　240 000
　　贷：长期借款　　　　　　　　　　　　　　　　　　240 000

(2) 每季度末支付利息时：

借：其他支出　　　　　　　　　　　　　　　　　　　　5 400
　　贷：银行存款　　　　　　　　　　　　　　　　　　　5 400

(3) 到期归还本金时：

借：长期借款　　　　　　　　　　　　　　　　　　　240 000
　　贷：银行存款　　　　　　　　　　　　　　　　　　240 000

第二节　应付和预收款项的核算

一、应付票据的核算

(一) 应付票据核算的内容

应付票据是指事业单位对外发生债务时所开出、承兑的商业汇票，包括银行承兑汇票和商业承兑汇票。按国家的有关规定，单位之间只有在商品交易的情况下，才能使用商业汇票结算方式。在会计核算中，购买商品采用商业汇票结算方式下，如果是商业承兑汇票，承兑人是付款人(购买方)；如果是银行承兑汇票，承兑人是银行。在商业汇票尚未到期前，是单位的一项负债，期末反映在资产负债表上的应付票据项目内。付款单位在应付票据到期前，应把足够的票款交存银行，以便银行能在到期日凭票将款项划转给收款人、背书人或贴现银行。事业单位在收到银行的付款通知后，编制付款凭证，进行账务处理。

(二) 应付票据核算的账务处理

为了反映事业单位由于商品交易而开出、承兑的商业汇票的实际情况，应设置"应付票据"科目。它是负债类科目，贷方登记因购买材料、商品等开出、承兑的商业汇票；借方登记已支付的商业汇票款；期末余额在贷方，反映尚未到期支付的商业汇票。

各个事业单位还应设置"应付票据备查簿"，详细登记每一应付票据的种类、号数、签发日期、到期日、票面金额、收款人姓名或单位名称，以及付款日期和金额等详细资料。应付票据到期付清时，应在备查簿内逐笔注销。

事业单位开出、承兑商业汇票或者以汇票抵付货款，应借记"存货——材料""应付账款"等科目，贷记"应付票据"科目。支付银行承兑汇票的手续费，借记"其他支出"科目，贷记"银行存款"科目。到期收到银行的付款通知时，按支付的本息数，借记"应付票据""其他支出"科目，贷记"银行存款"科目。

如果单位在开出并承兑的商业汇票到期时不能支付票款，应在票据到期并未签发新的票据时，将"应付票据"账面余额转入"应付账款"科目。

如果单位采用的是银行承兑汇票，在对方(销售方)已将应收票据向银行申请贴现，付款时，单位无力偿还，由银行代为最终付款并作为逾期借款处理，借记"应付票据"科目，贷记"银行存款"或"短期借款"科目。

【例15-3】 某事业单位，采用商业汇票结算方式购入材料一批，货款20 000元，增值税3 400元，材料入库。事业单位开出为期3个月的商业承兑汇票。

(1) 开出承兑的商业汇票时：

借：存货——材料　　　　　　　　　　　　　　　　　20 000
　　应缴税费——应缴增值税(进项税额)　　　　　　　 3 400
　　　贷：应付票据　　　　　　　　　　　　　　　　　23 400

(2) 票据到期还款时：

借：应付票据　　　　　　　　　　　　　　　　　　　23 400
　　　贷：银行存款　　　　　　　　　　　　　　　　　23 400

(3) 如果票据到期不能如期支付票款时：

借：应付票据　　　　　　　　　　　　　　　　　　　23 400
　　　贷：应付账款　　　　　　　　　　　　　　　　　23 400

二、应付账款的核算

(一) 应付账款核算的内容

应付账款是指事业单位因购买材料、商品或接受劳务供应等所发生的债务。应付账款入账时间的确定，应区别情况处理：在货物和发票同时到达的情况下，一般待货物到达入库后，才按发票账单登记应付账款；在货物和发票不是同时到达的情况下，在实际中，一般是在月末将所购货物按估计价格登记入账。

(二) 应付账款核算的账务处理

为了总括反映事业单位因购买材料、物资以及接受劳务等而产生的应付账款及偿还情况，应设置"应付账款"科目。它是负债类科目，贷方登记应支付的款项；借方登记已支付或已转销或已转作商业汇票结算方式的款项；期末余额在贷方，反映尚未支付的应付款项。该科目应按供应单位设置明细账进行明细核算。

事业单位购入材料、物资等已验收入库，但货款尚未支付，应根据有关凭证，借记"存货——材料"等科目，贷记"应付账款"科目。对于期末尚未收到发票账单的收料凭证，应分别材料、商品科目抄列清单，并按暂估价入账，借记"存货——材料"科目，贷记"应付账款"科目，下月初用红字做同样的分录，予以冲回，以便下月按正常程序处理。

【例 15-4】 某事业单位购入经营活动用材料业务如下：

(1) 购入材料一批，价款 20 000 元，增值税 3 400 元，材料入库，款未付。

  借：存货——材料   20 000
    应缴税费——应缴增值税(进项税额)   3 400
    贷：应付账款   23 400

(2) 月末购入的材料一批价值 50 000 元，增值税 8 500 元。材料验收入库，款未付。但月末发票账单尚未到达，按材料暂估价 60 000 元入账。

  借：存货——材料   60 000
    贷：应付账款   60 000

下月初用红字冲回：

  借：存货——材料   60 000
    贷：应付账款   60 000

待收到对方发票账单时：

  借：存货——材料   50 000
    应缴税费——应缴增值税(进项税额)   8 500
    贷：应付账款   58 500

(3) 事业单位偿还前欠货款 23 400 元。

  借：应付账款   23 400
    贷：银行存款   23 400

三、预收账款的核算

(一) 预收账款核算的内容

预收账款是指事业单位按照合同规定向购货单位或接受劳务单位预收的款项。事业单位有时在销售产品或提供劳务以前，按合同规定，要预先收取全部或部分款项，这些预收款项需要事业单位在一定时间内以交付货物或提供劳务来偿还，但在未偿还之前构成单位的一项债务。

(二) 预收账款核算的账务处理

预收账款的核算，应根据单位的具体情况而定。如果预收账款比较多，可以单独设置"预收账款"科目；预收账款不多的单位，也可将预收的账款直接记入"应收账款"科目的贷方。

"预收账款"科目是负债类科目，贷方登记预收的货款，借方登记应收的货款或退回多收的货款。期末贷方余额反映尚未结清的预收账款。该科目应按购买单位设置明细账。

事业单位收到账款时，应借记"银行存款"科目，贷记"预收账款"科目；销售货物或提供劳务后，确认收入时，借记"预收账款"科目，贷记有关收入科目。付款单位补付或退回付款单位的款项，借记或贷记"银行存款"等科目。

【例 15-5】 某事业单位接受一批订货合同，货款总额 20 000 元。按合同规定对方先预付货款 15 000 元，待产品完工发出后，再补付 5 000 元。

(1) 收到预付的货款时：
借：银行存款　　　　　　　　　　　　　　　　　　　　　15 000
　　贷：预收账款　　　　　　　　　　　　　　　　　　　　　　15 000
(2) 产品完工发出并收到对方单位补付货款 5 000 元时：
借：预收账款　　　　　　　　　　　　　　　　　　　　　15 000
　　银行存款　　　　　　　　　　　　　　　　　　　　　 5 000
　　贷：经营收入　　　　　　　　　　　　　　　　　　　　　　20 000

四、其他应付款的核算

(一) 其他应付款核算的内容

事业单位除了应付票据、应付账款和预收账款等以外，还会发生一些应付、暂收其他单位或个人的款项，如存入保证金等，这些应付、暂收的款项属于其他应付款。

(二) 其他应付款核算的账务处理

为了总括反映事业单位其他应付款的应付、暂收情况，应设置"其他应付款"科目。它是负债类科目，贷方登记应付或暂收其他单位或个人的款项；借方登记偿还的款项；期末余额在贷方，反映尚未偿还的款项。本科目应按应付、暂收款项的类别或单位、个人设置明细账。

事业单位发生各种应付、暂收款项时，借记"银行存款""事业支出""经营支出"等科目，贷记"其他应付款"科目；支付时，借记"其他应付款"科目，贷记"银行存款"科目；无法归还或豁免的其他应付款，应借记"其他应付款"科目，贷记"其他收入"科目。

【例 15-6】 某事业单位发生如下其他应付款业务：
(1) 收到某单位租用包装物押金 4 000 元。
借：银行存款　　　　　　　　　　　　　　　　　　　　　 4 000
　　贷：其他应付款　　　　　　　　　　　　　　　　　　　　　 4 000
(2) 某单位将包装物退还事业单位，事业单位退还押金 4 000 元。
借：其他应付款　　　　　　　　　　　　　　　　　　　　　 4 000
　　贷：银行存款　　　　　　　　　　　　　　　　　　　　　　 4 000

五、应付职工薪酬的核算

(一) 应付职工薪酬的核算内容

应付职工薪酬是指事业单位按规定应付给职工的各种薪酬，以及为职工支付的各种社会保障。包括基本工资、绩效工资、国家统一规定的津贴补贴、社会保障费、住房公积金等。

(二) 应付职工薪酬核算的账务处理

为了核算事业单位应付职工薪酬的计算和支付情况，事业单位应设置"应付职工薪酬"科目。它是负债类科目，借方登记支付的工资、津贴补贴等薪酬；贷方登记计算的当期应付职工薪酬；期末贷方余额，反映事业单位应付未付的职工薪酬。

事业单位计算当期应付职工薪酬时，借记"事业支出""经营支出"等科目，贷记"应付职工薪酬"科目。支付工资、津贴补贴等薪酬时，借记"应付职工薪酬"科目，贷记"银行存款""财政补助收入""零余额账户用款额度"等科目。

事业单位为职工代扣代缴个人所得税、缴纳社会保险费、住房公积金等时，借记"应付职工薪酬"科目，贷记"应缴税费""银行存款""财政补助收入""零余额账户用款额度"等科目。

【例15-7】 某事业单位发生如下应付职工薪酬业务：

(1) 计算本月在职事业编制人员工资共计2 800 000元，其中基本工资、绩效工资1 300 000元，津贴补贴780 000元，应付社会保险费480 000元，应付住房公积金240 000元。

借：事业支出——财政补助支出　　　　　　　　　　　　　　280 000
　　贷：应付职工薪酬——工资　　　　　　　　　　　　　　1 300 000
　　　　　　　　　　——津贴补贴　　　　　　　　　　　　　780 000
　　　　　　　　　　——社会保障费　　　　　　　　　　　　480 000
　　　　　　　　　　——住房公积金　　　　　　　　　　　　240 000

(2) 事业单位用银行存款向职工支付工资2 080 000元。

借：应付职工薪酬——工资　　　　　　　　　　　　　　　1 300 000
　　　　　　　　——津贴补贴　　　　　　　　　　　　　　780 000
　　贷：银行存款　　　　　　　　　　　　　　　　　　　2 080 000

(3) 事业单位缴纳社会保险费、住房公积金分别为480 000元、240 000元。

借：应付职工薪酬——社会保障费　　　　　　　　　　　　480 000
　　　　　　　　——住房公积金　　　　　　　　　　　　　240 000
　　贷：银行存款　　　　　　　　　　　　　　　　　　　　720 000

六、长期应付款的核算

(一) 长期应付款的核算内容

长期应付款是指事业单位发生的偿还期限在1年以上(不含1年)的应付款项，如以融资租赁租入固定资产的租赁费、跨年度分期付款购入固定资产的价款等。

(二) 长期应付款的账务处理

为了核算事业单位长期应付款的发生和归还情况，事业单位应设置"长期应付款"科目。它是负债类科目，借方登记归还的长期应付款；贷方登记发生的长期应付款；期末贷方余额，反映事业单位尚未支付的长期应付款。

事业单位发生长期应付款时，借记"固定资产""在建工程"等科目，贷记"长期应付款""非流动资产基金"等科目。支付长期应付款时，借记"事业支出""经营支出"等科目，贷记"银行存款"等科目；同时，借记"长期应付款"科目，贷记"非流动资产基金"科目。

长期应付款业务核算参见第十四章第四节"固定资产的核算"的内容。

第三节　应缴款项的核算

一、应缴国库款的核算

应缴国库款是指事业单位按规定取得的应缴入国库预算的款项(应缴税费除外)。主要包括：事业单位代收的纳入预算管理的基金、行政性收费收入、罚没收入、无主财物变价收入和其他按预算管理规定应上缴预算的款项。

为了核算事业单位按规定应缴入国库的各种款项，应设置"应缴国库款"科目。它是负债类科目，贷方登记取得应缴入国库的各项款项；借方登记实际上缴的应缴国库的各项款项；贷方余额，反映应缴未缴数。年终应全部上缴，上缴后该科目无余额。本科目应按《政府收支分类科目》中的收入科目分类设置明细账。

事业单位取得应缴国库款时，借记"银行存款"科目，贷记"应缴国库款"科目；上缴时，借记"应缴国库款"科目，贷记"银行存款"科目。

【例15-8】　某事业单位发生如下业务：
(1) 收到罚没收入4 000元存入银行。
　借：银行存款　　　　　　　　　　　　　　　　　　　　　　4 000
　　　贷：应缴国库款　　　　　　　　　　　　　　　　　　　　　　4 000
(2) 收到行政性规费收入20 000元存入银行。
　借：银行存款　　　　　　　　　　　　　　　　　　　　　　20 000
　　　贷：应缴国库款　　　　　　　　　　　　　　　　　　　　　　20 000
(3) 收到无主财物的变价收入6 000元存入银行。
　借：银行存款　　　　　　　　　　　　　　　　　　　　　　6 000
　　　贷：应缴国库款　　　　　　　　　　　　　　　　　　　　　　6 000
(4) 将应缴国库的款项30 000元上缴国库。
　借：应缴国库款　　　　　　　　　　　　　　　　　　　　　　30 000
　　　贷：银行存款　　　　　　　　　　　　　　　　　　　　　　　30 000

二、应缴财政专户款的核算

(一) 应缴财政专户款的核算内容

应缴财政专户款是指事业单位按规定代收的应上缴财政专户的各种款项。按照国家的有关规定，国家机关、事业单位和社会团体为了履行和代行政府职能，依据国家法律、法规和具有法律效率的规章而收取、提取和安排使用的各种财政性资金，按规定纳入财政专户管理。

应缴财政专户的款项在未缴纳之前，不能作为事业单位的收入，而是一项负债，作为应缴财政专户款处理。事业单位按规定代收的应缴财政专户的款项必须上缴同级财政专户，支出由同级财政按预算收支计划和单位财务收支计划统筹安排，从财政专户中拨付，实行收支两条线管理。

事业单位收到应缴入财政专户的款项时,应全额上缴同级财政专户,不能作为本单位的收入处理,待同级财政专户拨付本单位使用时,才作为收入处理。

(二) 应缴财政专户款核算的账务处理

为了核算事业单位按规定应上缴财政专户的各项收入,应设置"应缴财政专户款"科目。它是负债类科目,贷方登记收到的应缴财政专户的各项收入;借方登记上缴财政专户的数额;余额在贷方,反映应缴未缴数。年终应全部上缴财政专户,上缴后,该科目无余额。

事业单位收到应缴财政专户的款项时,借记"银行存款"科目,贷记"应缴财政专户款"科目;上缴财政专户时,借记"应缴财政专户款"科目,贷记"银行存款"科目。

【例15-9】 某事业单位发生如下应缴财政专户款业务:

(1) 收到应缴财政专户的款项45 000元存入银行。

借:银行存款　　　　　　　　　　　　　　　　　　45 000
　　贷:应缴财政专户款　　　　　　　　　　　　　　　45 000

(2) 将上述应缴财政专户款上缴财政。

借:应缴财政专户款　　　　　　　　　　　　　　　45 000
　　贷:银行存款　　　　　　　　　　　　　　　　　　45 000

(3) 收到财政部门从财政专户返还的款项30 000元。

借:银行存款　　　　　　　　　　　　　　　　　　30 000
　　贷:事业收入　　　　　　　　　　　　　　　　　　30 000

三、应缴税费的核算

应缴税费是指事业单位按税法规定应交纳的各种税金。主要包括一般纳税人事业单位应交增值税;事业单位提供劳务或销售产品应交纳的营业税、消费税、城市建设维护税、资源税、教育费附加等;有所得税交纳业务的事业单位交纳的所得税等。

为了核算事业单位应交纳的各种税金,应设置"应缴税费"科目。它是负债类科目,贷方登记应交的各种税费,借方登记已交的各种税费,期末贷方余额为应交未交的税费,借方余额为多交的税费。该科目应按税费的种类设置明细账。

(一) 增值税

增值税是对在我国境内销售货物或提供加工、修理修配劳务以及进口货物的单位和个人,以其实现的增值额为征税对象征收的一种税。也就是说,从事货物销售或进口,以及提供应税劳务的纳税人,要根据货物或应税劳务销售额,或进口货物金额,按规定的税率计算销项税额,从中扣除上一环节已纳增值税款(即进项税额),其余额即为应纳的增值税税款。

1. 一般纳税人事业单位增值税的核算

属于一般纳税人的事业单位为了进行应交增值税的核算,应在应交增值税明细账中设置"进项税额""销项税额""已交税金""进项税额转出"等专栏。

(1) 事业单位购入非自用的材料时，按材料增值税专用发票上注明的增值税额记：
借：存货——材料
　　应缴税费——应缴增值税(进项税额)
　　贷：银行存款(或应付账款)
(2) 销售产品取得经营收入时：
借：银行存款(应收账款)
　　贷：经营收入
　　　　应缴税费——应缴增值税(销项税额)
(3) 事业单位交纳增值税时，用销项税额减去进项税额：
借：应缴税费——应缴增值税(已交税金)
　　贷：银行存款

2. 小规模纳税人事业单位增值税的核算

属于小规模纳税人的事业单位，购进货物时，将支付的增值税计入存货的成本；销售货物或提供劳务，一般情况下，只需开普通发票。按不含税价格的3%计算应交增值税。采用销售额和应纳税金合并定价的，按照"销售额＝含税金额÷(1＋3%)"公式还原为不含税销售额。

(二) 营业税、消费税、城市建设维护税等税金的核算

事业单位提供劳务或销售产品应交纳的税金还包括消费税、营业税、城市建设维护税等，这些税金一般是在月末计算出应交纳的税金时，借记"经营支出""待处置资产损溢"等科目，贷记"应缴税费"科目；交纳时，借记"应缴税费"科目，贷记"银行存款"等科目。

【例15-10】 某事业单位，2月份转让一厂房，取得收入500 000元，按5%营业税率计算营业税，分别按7%和3%的税率计算应交城市维护建设税和教育费附加。则有关的账务处理为：

(1) 月末计算有关的税费：

$$应缴营业税＝500\,000×5\%＝25\,000(元)$$
$$应缴城市建设维护税＝25\,000×7\%＝1\,750(元)$$
$$应缴教育费附加＝25\,000×3\%＝750(元)$$

借：待处置资产损溢——处置净收入　　　　　　　　　　　27 500
　　贷：应缴税费——应缴营业税　　　　　　　　　　　　25 000
　　　　　　　　——应缴城市建设维护税　　　　　　　　 1 750
　　　　　　　　——应缴教育费附加　　　　　　　　　　　 750
(2) 交纳税费时：
借：应缴税费——应缴营业税　　　　　　　　　　　　　　25 000
　　　　　　——应缴城市建设维护税　　　　　　　　　　 1 750
　　　　　　——应缴教育费附加　　　　　　　　　　　　　 750
　　贷：银行存款　　　　　　　　　　　　　　　　　　　27 500

本 章 小 结

事业单位的负债主要包括借入款项、应付和预收款项、应缴款项。应付账款、预收款项、应付票据、其他应付款等负债的核算与企业会计基本相同。

借入款项包括短期借款和长期借款。需要分别设置"短期借款"和"长期借款"科目核算。

应缴国库款是指事业单位按规定取得的应缴入国库预算的款项(应缴税费除外)。主要包括：事业单位代收的纳入预算管理的基金、行政性收费收入、罚没收入、无主财物变价收入和其他按预算管理规定应上缴预算的款项，需要设置"应缴国库款"科目核算。

应缴财政专户款是指事业单位按规定代收的应上缴财政专户的各种款项。按照国家的有关规定，国家机关、事业单位和社会团体，为了履行和代行政府职能，依据国家法律、法规和具有法律效率的规章而收取、提取和安排使用的各种财政性资金，按规定纳入财政专户管理。需要设置"应缴财政专户款"科目核算。

应缴税费是指事业单位按税法规定应交纳的各种税金。主要包括一般纳税人事业单位应交增值税；事业单位提供劳务或销售产品应交纳的营业税、消费税、城市建设维护税、资源税、教育费附加等；有所得税交纳业务的事业单位交纳的所得税等。需要设置"应缴税费"科目核算。

复习思考题

1. 什么是借入款项？按偿还期限不同，可以分为哪几类？如何核算？
2. 应付票据的含义如何？其账务处理怎样？
3. 什么是应缴国库款？它包括哪些内容？
4. 什么是应缴财政专户款？
5. 应付职工薪酬包括哪些项目？
6. 应缴税费如何核算？

练 习 题

一、目的　练习事业单位负债的核算。

二、资料　某事业单位 2015 年 1 月发生以下有关经济业务：

1. 向同级财政部门借入款项 300 000 元，期限 1 年，利率 6%。
2. 收到外单位交来的借用包装物押金 6 000 元存入银行。
3. 收到应上缴国库的罚没收入 8 500 存入银行。

4. 购入生产产品用甲材料 500 千克,单价 100 元,增值税率 17%。价税合计 58 500 元,款未付,材料入库。

5. 归还到期的用于事业活动的借入款本金 100 000 元,利息 6 000 元。

6. 将收到的罚没款 8 500 元上缴国库。

7. 收到应上缴财政专户的款项 700 000 元存入银行。

8. 将收到的应缴财政专户款 700 000 元上缴财政专户。

三、要求　根据上述经济业务编制会计分录。

第十六章 事业单位收入的核算

学习目标

通过本章的学习，要求了解事业单位收入的类别；掌握事业收入、经营收入、上级补助收入、财政补助收入、其他收入、附属单位上缴收入的核算；明确事业收入与经营收入、财政补助收入与上级补助收入的区别。

第一节　事业单位收入概述

一、收入的含义及分类

(一) 收入的含义

事业单位的收入是指事业单位为开展业务活动及其他活动依法取得的非偿还性资金，包括财政补助收入、上级补助收入、事业收入、经营收入、附属单位上缴收入、其他收入等。

事业单位收入的具体含义为：

(1) 事业单位的收入是开展业务活动及其他活动取得的。事业单位一般不从事物质资料的生产，它的主要任务是在精神生产领域组织和开展各项业务及其他活动。由于其业务活动具有非生产性，因此，开展业务活动的资金耗费，主要是从财政部门取得的财政补助收入、从主管部门或上级单位取得的上级补助收入；同时，也可以通过开展有偿服务活动和生产经营活动获得事业收入和经营收入，来补充所缺资金。

(2) 事业单位的收入具有非偿还性。也就是说，事业单位取得各项收入后不需要偿还，可根据需要安排用于业务活动和其他活动。若需要偿还，则应作为负债处理。

(3) 事业单位的收入是依法取得的。事业单位必须依据国家的有关法律、法规和规章制度获得各项收入。

(4) 事业单位的收入来源渠道多。由于事业单位的改革，一部分事业单位进入了市场，其收入来源渠道不断增多，除了原有的财政补助收入、上级补助收入外，还有事业收入、经营收入以及其他收入等。

(二) 收入的分类

事业单位的收入按其来源渠道的不同，可以分为以下几类。

1. 财政补助收入

财政补助收入是指事业单位从同级财政部门取得的各类财政拨款，包括基本支出补助和项目支出补助。

2. 上级补助收入

上级补助收入是指事业单位从主管部门和上级单位取得的非财政补助收入，即事业单位的主管部门或上级单位用自身组织的收入或集中下级单位的收入拨给事业单位的资金。

3. 事业收入

事业收入是指事业单位开展专业业务活动及辅助活动所取得的收入。所谓专业业务活动，是指事业单位根据本单位专业特点所从事或开展的主要业务活动，也可以叫做"主营业务"。如文化单位的演出活动、农业单位的技术推广活动、学校的教学活动、卫生单位的医疗保健活动、水利单位的排灌和抗旱活动等。辅助活动是指与专业活动相关、直接为专业活动服务的单位行政管理活动、后勤服务活动及其他有关活动。事业单位通过开展上述活动取得的收入，都作为事业收入处理。

4. 经营收入

经营收入是指事业单位在专业活动及辅助活动之外开展非独立核算经营活动取得的收入。如科研单位的产品或商品销售收入、经营服务收入、工程承包收入、租赁收入、其他经营收入等。经营收入必须具备两个特征：一是经营活动取得的收入，而不是专业业务活动及辅助活动取得的收入；二是非独立核算的经营活动取得的收入，而不是独立核算经营活动取得的收入。事业单位的经营活动如果规模较大，应尽可能独立核算，执行企业财务制度，其上缴给事业单位的收入作为附属单位上缴收入处理。经营活动规模小，不便或无法独立核算的，纳入到经营收入中核算。

5. 附属单位上缴收入

附属单位上缴收入是指事业单位附属的独立核算单位按规定标准或比例交纳的各项收入。

6. 其他收入

其他收入是指上述范围以外的收入，如投资收益、利息收入、捐赠收入等。

二、收入的确认

事业单位的收入一般应当在收到款项时予以确认，并按照实际收到的金额进行计量。

采用权责发生制确认的收入，应当在提供劳务或者发出存货，同时收讫价款或者取得索取价款的凭据时予以确认，并按照实际收到的金额或者有关凭据注明的金额进行计量。

三、收入的管理

(1) 实行收入统一核算和统一管理制度。按国家的有关规定，事业单位的各项收入全部纳入单位预算，统一进行核算，统一进行管理。事业单位的所有收入都要通过银行账户核算，一般情况下，事业单位只在银行开设一个基本账户。同时，各个部门、单位在组织收入时，属于行政事业性收费的，要使用省以上财政部门统一监制的票据；属于经营收入的，要使用税务发票，并按章纳税。

目前，事业单位财政拨款外的收入迅速增长，如何加强这部分收入的管理，成为事业单位财务管理的当务之急。因此，事业单位必须将各项收入纳入单位预算管理，统一核算，统一管理，减少使用上的盲目性，避免造成资金的浪费，以提高其使用效益。

(2) 保证收入合法有效。事业单位必须认真执行国家物价政策，严格执行收费标准，使用符合国家标准的合法票据。对各项收入要取之得当、用之合理，严禁乱收费、乱使用。

(3) 划清各项收入界限，依法交纳税费。事业单位必须正确划分各项收入的界限。对财政补助收入，要严格按国家规定的事业经费科目、内容、程序，进行申报、领拨、使用、核销，并按预算级次和预算科目进行明细反映。对应上缴预算的收入要及时足额上缴。对经营性收入、服务性收入，要依法交纳各种税金或费用。

(4) 要处理好社会效益与经济效益的关系。事业单位开展组织收入的活动，必须将社会效益放在首要位置，必须有利于事业发展，有利于社会的精神文明建设。同时，事业单位组织收入应当按照市场经济建设规律办事，要讲求经济效益。因此，事业单位要将经济效益与社会效益很好地统一起来，在保证社会效益的前提下，尽可能提高经济效益。

第二节　拨入款项的核算

一、财政补助收入的核算

财政补助收入是指事业单位从同级财政部门取得的各类财政拨款，包括基本支出补助和项目支出补助。它来源于国家预算资金，是国家对发展各项事业的投入，是事业单位开展业务活动的基本资金来源。

为了核算事业单位从同级财政部门取得的各类财政拨款，应设置"财政补助收入"科目。它是收入类科目，贷方登记实际收到的财政补助收入，借方登记财政补助收入的缴回或结转数；平时该科目的余额在贷方，反映财政补助收入的累计数。

本科目应设置"基本支出""项目支出"两个二级明细科目；两个明细科目下按照《政府收支分类科目》中"支出功能分类"的相关科目进行明细核算；同时在"基本支出"明细科目下按照"人员经费"和"日常公用经费"进行明细核算，在"项目支出"明细科目下按照具体项目进行明细核算。

在财政实拨资金方式下，事业单位收到财政补助收入时，借记"银行存款"科目，贷记"财政补助收入"科目；缴回多拨经费时，借记"财政补助收入"科目，贷记"银行存款"科目。

在财政直接支付方式下，事业单位收到国库支付执行机构委托代理银行转来的"财政直接支付入账通知书"时，借记"事业支出""存货"等科目，贷记"财政补助收入"科目。年度终了，根据本年度财政直接支付预算指标数与当年财政直接支付实际支出数的差额，借记"财政应返还额度——财政直接支付"科目，贷记"财政补助收入"科目。

在财政授权支付方式下，事业单位收到代理银行转来的"授权支付到账通知书"，借记"零余额账户用款额度"科目，贷记"财政补助收入"科目。年度终了，根据本年度财政授权支付预算指标数大于零余额账户用款额度下达数的，借记"财政应返还额度——财政授权支付"科目，贷记"财政补助收入"科目。

如果由于购货退回等发生国库直接支付款项退回的，属于以前年度支付的款项，按照退回金额，借记"财政应返还额度"科目，贷记"财政补助结转""财政补助结余""存货"等科目；属于本年度支付的款项，按照退回的金额，借记"财政补助收入"科目，贷记"事业支出""存货"等科目。

期末，将本科目的本期发生额转入财政补助结转，借记"财政补助收入"科目，贷记"财政补助结转"科目，转完后，该科目没有余额。

【例 16-1】　某事业单位 12 月份发生如下业务：
(1) 8 日收到财政部门拨来本月事业经费 800 000 元存入银行。
　　借：银行存款　　　　　　　　　　　　　　　　　　　　　800 000
　　　　贷：财政补助收入　　　　　　　　　　　　　　　　　　　　800 000

(2) 假设该事业单位实行国库集中支付制度，收到代理银行转来的"授权支付到账通知书"，本月事业单位财政授权支付额度为 800 000 元已下达，其中基本经费 500 000 元，项目经费 300 000 元。

借：零余额账户用款额度   800 000
    贷：财政补助收入——基本支出   500 000
        ——项目支出   300 000

(3) 31 日将"财政补助收入"科目贷方余额 800 000 元转入"财政补助结转"科目。

借：财政补助收入   800 000
    贷：财政补助结转   800 000

二、上级补助收入的核算

上级补助收入是指从财务主管部门和上级单位取得的非财政补助收入。为了核算事业单位从财务主管部门和上级单位拨来的弥补事业开支不足的非财政补助款，应设置"上级补助收入"科目。它是收入类科目，贷方登记上级补助收入的增加数，期末将该科目的发生额中的专项资金收入转入非财政补助结转，借记本科目，贷记"非财政补助结转"科目；将该科目的发生额中的非专项资金收入转入事业结余，借记本科目，贷记"事业结余"科目；结转后，该科目无余额。

本科目应按发放补助单位、补助项目、《政府收支分类科目》中"支出功能分类"相关科目等进行明细核算。上级补助收入中如果有专项资金收入，还应按具体项目进行明细核算。

【例 16-2】某事业单位发生如下业务：

(1) 收到上级单位拨来的弥补事业开支不足的非财政补助收入 900 000 元。

借：银行存款   900 000
    贷：上级补助收入   900 000

(2) 年终，将"上级补助收入"科目的贷方余额 2 400 000 元转入"事业结余"科目。

借：上级补助收入   2 400 000
    贷：事业结余   2 400 000

第三节 各项收入的核算

事业单位的各项收入主要包括事业收入、经营收入、附属单位上缴收入、其他收入等。

一、事业收入的核算

事业收入是指事业单位开展专业业务活动及辅助业务活动所取得的收入。其中，按照国家有关规定应当上缴国库或者财政专户的资金，不计入事业收入；从财政专户拨给事业单位的资金、经批准不上缴国库或者财政专户的资金，计入事业收入。

为了核算事业单位取得的专业业务及其辅助活动收入，应设置"事业收入"科目。它是收入类科目，贷方登记取得的事业收入或从财政专户核拨的资金，期末，将本科目的发生额中的专项资金收入转入"非财政补助结转"科目;将本科目的发生额中的非专项资金收入转入"事业结余"科目,结转后,本科目无余额。该科目应按收入类别、项目、《政府收支分类科目》中"支出功能分类"相关科目等进行明细核算。事业收入中如有专项资金收入,还应按具体项目进行明细核算。

事业单位取得收入时,借记"银行存款""库存现金"等科目,贷记"事业收入"科目。期末,将本科目发生额中的专项资金收入转入非财政补助结转时,借记本科目,贷记"非财政补助结转"科目;将本科目发生额中的非专项资金收入转入事业结余时,借记本科目,贷记"事业结余"科目。结转后,本科目无余额。

【例16-3】 某事业单位收到专业业务活动收入600 000元存入银行。

借:银行存款　　　　　　　　　　　　　　　　　　　　　　　600 000
　　贷:事业收入　　　　　　　　　　　　　　　　　　　　　　600 000

【例16-4】 某科研单位销售科研中间产品一批,单价200元,数量100件,共计20 000元,增值税3 400元,款已收到存入银行。

借:银行存款　　　　　　　　　　　　　　　　　　　　　　　23 400
　　贷:事业收入　　　　　　　　　　　　　　　　　　　　　　20 000
　　　　应缴税费——应缴增值税(销项税额)　　　　　　　　　　3 400

【例16-5】 某学校收到财政专户返还的学杂费收入500 000元存入银行。

借:银行存款　　　　　　　　　　　　　　　　　　　　　　　500 000
　　贷:事业收入　　　　　　　　　　　　　　　　　　　　　　500 000

【例16-6】 期末,事业单位的事业收入发生额共计1 200 000元,其中专项资金收入500 000元,非专项资金收入700 000元,分别转入非财政补助结转和事业结余。

借:事业收入——专项资金收入　　　　　　　　　　　　　　　500 000
　　贷:非财政补助结转　　　　　　　　　　　　　　　　　　　500 000
借:事业收入——非专项资金收入　　　　　　　　　　　　　　　700 000
　　贷:事业结余　　　　　　　　　　　　　　　　　　　　　　700 000

二、经营收入的核算

经营收入是指事业单位在专业业务活动和辅助活动之外开展非独立核算经营活动所取得的收入。需要特别说明的是,事业单位的经营活动应尽量进行独立核算,执行企业会计制度,其上缴事业单位的收入通过"附属单位上缴收入"来核算。有些经营活动规模较小,不便或无法独立核算的,才纳入到经营收入中核算。所谓非独立核算是指从单位领取一定数额的物资、款项从事业务活动,不独立计算盈亏,把日常发生的经济业务资料报给单位集中进行会计核算。如单位附属的食堂、浴池等,财务上不独立核算,其对社会服务取得的收入和发生的支出,报给单位集中进行会计核算,就属于非独立核算经济活动。

为了核算事业单位取得的非独立核算的各项收入,应设置"经营收入"科目。它是收入类科目,贷方登记取得的经营收入,期末,将该科目的发生额全部转入"经营结余"科目。结转后,该科目无余额。本科目按经营活动类别、项目、《政府收支分类科目》中"支出功能分类"相关科目等进行明细核算。

事业单位取得经营收入时，借记"银行存款""应收账款""应收票据"等科目，属于小规模纳税人的单位，按实际收到的价款扣除应缴增值税后的金额，贷记"经营收入"科目，按应缴增值税金额，贷记"应缴税费——应缴增值税"科目；属于一般纳税人的单位，按实际收到的价款扣除应缴的增值税销项税后，贷记"经营收入"科目，按应缴的销项增值税，贷记"应缴税费——应缴增值税(销项税额)"科目。

期末，应将"经营收入"科目发生额全部转入"经营结余"科目，借记"经营收入"科目，贷记"经营结余"科目。

【例 16-7】 某事业单位发生如下经济业务：

(1) 非独立核算的食堂交来餐费收入 4 000 元存入银行。

借：银行存款　　　　　　　　　　　　　　　　　　　　　　　　4 000
　　贷：经营收入　　　　　　　　　　　　　　　　　　　　　　　　4 000

(2) 非独立核算的运输部门提供运输服务，取得现金收入 500 元。

借：库存现金　　　　　　　　　　　　　　　　　　　　　　　　　500
　　贷：经营收入　　　　　　　　　　　　　　　　　　　　　　　　500

(3) 非独立核算的修理部门对外提供修理服务，取得收入 10 000 元，并收取销项增值税 1 700 元，款项存入银行。

借：银行存款　　　　　　　　　　　　　　　　　　　　　　　11 700
　　贷：经营收入　　　　　　　　　　　　　　　　　　　　　　10 000
　　　　应缴税费——应缴增值税(销项税额)　　　　　　　　　　　1 700

【例 16-8】 某事业单位销售产品 200 件，每件售价 100 元，共计 20 000 元，增值税 3 400 元。

借：银行存款　　　　　　　　　　　　　　　　　　　　　　　23 400
　　贷：经营收入　　　　　　　　　　　　　　　　　　　　　　20 000
　　　　应缴税费——应缴增值税(销项税额)　　　　　　　　　　　3 400

三、附属单位上缴收入的核算

附属单位上缴收入是指事业单位附属的独立核算单位按有关规定上缴的收入。

为了核算事业单位收到的附属独立核算单位按规定缴来的款项，应设置"附属单位上缴收入"科目。它是收入类科目，贷方登记增加的收入数，期末，将本科目发生额中的专项资金收入转入"非财政补助结转"科目；将本科目发生额中的非专项资金收入转入"事业结余"科目，结转后，本科目无余额。该科目应按附属单位、缴款项目、《政府收支分类科目》中"支出功能分类"相关科目等进行明细核算。附属单位上缴收入中如有专项资金收入，还应按具体项目进行明细核算。

事业单位实际收到附属单位上缴收入时，借记"银行存款"等科目，贷记"附属单位上缴收入"科目。期末，将"附属单位上缴收入"科目发生额中的专项资金收入转入非财政补助结转时，借记"附属单位上缴收入"科目，贷记"非财政补助结转"科目；将"附属单位上缴收入"科目发生额中的非专项资金收入转入事业结余时，借记"附属单位上缴收入"科目，贷记"事业结余"科目。

【例 16-9】 某事业单位发生下列业务：

(1) 收到所属独立核算单位缴来的分成收入 400 000 元存入银行。

借：银行存款 400 000
　　贷：附属单位上缴收入 400 000

(2) 收到所属独立核算单位缴来的利润 200 000 元存入银行。

借：银行存款 200 000
　　贷：附属单位上缴收入 200 000

(3) 期末，将"附属单位上缴收入"科目的发生额 600 000 元(假设全部为非专项资金收入)转入"事业结余"科目。

借：附属单位上缴收入 600 000
　　贷：事业结余 600 000

四、其他收入的核算

其他收入是指除上述各项收入以外的非业务性收入，包括投资收益、利息收入、捐赠收入、零星杂项收入等。

事业单位为了核算其他收入，应设置"其他收入"科目。它是收入类科目，贷方登记取得的其他收入，期末，将本科目发生额中的专项资金收入转入"非财政补助结转"科目；将本科目发生额中的非专项资金收入转入"事业结余"科目，结转后，本科目无余额。该科目应按其他收入的类别、《政府收支分类科目》中"支出功能分类"相关科目等进行明细核算。对于事业单位对外投资实现的投资收益，应单设"投资收益"明细科目进行明细核算；其他收入中如有专项资金收入(如限定用途的捐赠收入)，还应按具体项目进行明细核算。

事业单位取得其他收入时，借记"库存现金""银行存款"科目，贷记"其他收入"科目；期末，将"其他收入"科目发生额中的专项资金收入转入非财政补助结转时，借记"其他收入"科目，贷记"非财政补助结转"科目；将"其他收入"科目发生额中的非专项资金收入转入事业结余时，借记"其他收入"科目，贷记"事业结余"科目。

【例 16-10】 某事业单位本年发生如下业务：

(1) 收到到期的国库券的本金 50 000 元、利息 4 000 元存入银行。

借：银行存款 54 000
　　贷：长期投资——长期债券投资 50 000
　　　　其他收入——投资收益 4 000

同时，

借：非流动资产基金——长期投资 50 000
　　贷：事业基金 50 000

(2) 收到外单位捐赠的收入 20 000 元存入银行。

借：银行存款 20 000
　　贷：其他收入 20 000

(3) 出租固定资产取得租金收入 2 400 元存入银行。

借：银行存款 2 400
　　贷：其他收入 2 400

(4) 期末，将"其他收入"科目的发生额 26 400 转入"事业结余"科目。
借：其他收入　　　　　　　　　　　　　　　　　　　　　　　26 400
　　贷：事业结余　　　　　　　　　　　　　　　　　　　　　　26 400

本 章 小 结

> 事业单位的收入是指事业单位为开展业务活动及其他活动依法取得的非偿还性资金，事业单位的收入主要包括财政补助收入、上级补助收入、事业收入、经营收入、附属单位上缴收入、其他收入。
>
> 财政补助收入是指事业单位从财政部门取得的各类财政拨款，上级补助收入是指从财务主管部门和上级单位取得的非财政补助收入，应注意两者的区别。
>
> 事业收入是指事业单位开展专业业务活动及辅助业务活动所取得的收入。经营收入是指事业单位在专业业务活动和辅助活动之外开展非独立核算经营活动所取得的收入。
>
> 事业单位收入的核算需要设置"财政补助收入""上级补助收入""事业收入""经营收入""附属单位上缴收入""其他收入"科目。

复习思考题

1. 事业单位收入的概念如何？其具体包括哪几层含义？
2. 事业单位的收入分为哪几类？
3. 如何加强收入的管理？
4. 什么是财政补助收入？
5. 什么是上级补助收入？
6. 财政补助收入与上级补助收入有什么区别？
7. 什么是事业收入？
8. 什么是经营收入？
9. 事业收入与经营收入有哪些区别？
10. 附属单位上缴收入与经营收入有什么不同？

练 习 题

一、目的　练习事业单位收入的核算。

二、资料　某事业单位 2014 年 10 月份发生以下有关经济业务：

1. 收到财政部门拨入本月事业经费 260 000 元存入银行。
2. 收到上级单位用自筹资金拨入的补助款 120 000 元。
3. 收到财政部门拨入的专项经费 50 000 元。

4. 事业单位开展经营活动，对外销售产品一批，价款 30 000 元，增值税 5 100 元，价税合计 35 100 元已收到存入银行。

5. 收到所属独立核算单位通过银行上缴的款项 40 000 元。

6. 收到租出固定资产的租金收入 2 500 元存入银行。

7. 收到财政专户返还的资金收入 30 000 元存入银行。

8. 收到捐赠的现金收入 1 000 元。

三、要求　根据上述经济业务编制会计分录。

第十七章 事业单位支出的核算

学习目标

通过本章的学习,要求了解事业单位支出的分类和管理要求;掌握事业支出、经营支出、对附属单位补助支出、上缴上级支出、其他支出的核算;明确事业单位有关支出的含义。

第十七章 事业单位支出的核算

第一节 事业单位支出概述

一、事业单位的支出及其分类

支出是指事业单位开展业务活动所发生的各项资金耗费和损失,包括事业支出、经营支出、对附属单位补助支出、上缴上级支出、其他支出等。

1. 事业支出

事业支出,是指事业单位开展专业业务活动及其辅助活动发生的支出,包括基本支出和项目支出。

2. 经营支出

经营支出,是指事业单位在专业活动及其辅助活动之外开展非独立核算经营活动发生的支出。

3. 对附属单位补助支出

对附属单位补助支出,是指事业单位用财政补助收入之外的收入对附属单位补助所发生的支出。

4. 上缴上级支出

上缴上级支出,是指实行收入上缴办法的事业单位按照财政部门和主管部门的规定上缴上级单位的支出。

5. 其他支出

其他支出是指事业支出、对附属单位补助支出、上缴上级支出和经营支出以外的各项支出,包括利息支出、捐赠支出等。

二、事业单位支出的管理

事业单位的支出,既要保证事业发展的需要,又要遵守各项财务规章制度,精打细算,厉行节约,使各项支出发挥最大的效益。在管理各项支出时,要做到:

1. 严格执行国家的财政财务制度和财经纪律

各单位的支出必须按批准的预算和计划所规定的用途和开支范围办理,不得办理无预算、超预算的支出,也不得以领代报、以拨代支。对于国家规定的各项财务制度和费用开支标准要严格执行,如职工的工资标准、津贴标准等必须严格遵守,不得任意更改,不得报销违反财经纪律的开支。

2. 划清各项支出的界限

(1) 划清事业支出与经营支出的界限。应当列入事业支出的项目,不得列入经营支出;应当列入经营支出的项目,也不得列入事业支出。

(2) 划清个人支出与单位支出的界限。应由个人负担的支出,不得由单位负担。

(3) 划清事业支出与对附属单位补助支出和上缴上级支出的界限。对附属单位补助支出和上缴上级支出，都属于在系统内的调剂性支出，这部分支出将体现在本系统内部其他单位，不能计入本单位的事业支出。

3. 勤俭节约，提高资金的使用效益

各事业单位必须精打细算，勤俭节约，既要考虑事业单位完成事业计划资金的需要，又要合理节约地使用资金，反对铺张浪费，提高资金的使用效益。

4. 对支出进行合理分类管理

事业单位的各项支出应按规定的渠道，分别列支，按收入的情况统筹安排，同时注意保持支出的结构合理性，尤其是人员经费支出和日常公用经费支出应保持一个合理的比例。要尽量控制人员经费支出，相对增加日常公用经费支出，以促进事业发展。

第二节 事业支出的核算

一、事业支出的内容和分类

事业支出是指事业单位开展各项专业业务活动和辅助活动发生的基本支出和项目支出。

不同类别事业单位，其事业支出的内容也有所不同，如教育事业支出、科研事业支出、医疗事业支出、福利事业支出、环境保护事业支出等。

1. 事业支出按支出经济分类科目分类

事业支出根据《政府收支分类科目》的规定，按照其经济内容分设类、款两级预算科目。具体内容如下：

(1) 工资福利支出。它反映单位开支的在职职工和编制外长期聘用人员的各类劳动报酬，以及为上述人员缴纳的各项社会保险费等。

(2) 商品和服务支出。它反映单位购买商品和服务的支出(不包括用于购置固定资产的支出、战略性和应急储备支出，但军事方面的耐用消费品和设备的购置费、军事性建设费以及军事建筑物的购置费等在本科目中反映)。

(3) 对个人和家庭的补助。它反映政府用于对个人和家庭的补助支出，如离休费、退休费、抚恤金、住房公积金等。

(4) 基本建设支出。它反映事业单位由各级发展与改革部门集中安排的一般预算财政拨款用于购置固定资产、战略性和应急性储备、土地和无形资产，以及购建基础设施、大型修缮所发生的支出。

(5) 其他资本性支出。它反映事业单位由各级非发展与改革部门集中安排的用于购置固定资产、战略性和应急性储备、土地和无形资产，以及购建基础设施、大型修缮和财政支持企业更新改造所发生的支出。

(6) 其他支出。它反映事业单位不能划分到上述经济科目的其他有关支出。

2. 事业支出按部门预算管理要求分类

事业支出，根据部门预算管理要求可以分基本支出和项目支出。

(1) 基本支出。它是指事业单位为维持正常运转和完成日常工作任务发生的支出。

① 人员经费支出。人员经费支出是指用于事业单位人员方面的支出，主要是《政府收支分类科目》中的"职工福利支出"和"对个人和家庭的补助"类别的具体项目。其中，属于"职工福利支出"类别的款项包括基本工资、津贴补贴、奖金、社会保险缴费、伙食费、伙食补助费、其他工资福利支出等。属于"对个人和家庭的补助"类别的款项包括离(退)休费、抚恤金生活补助费、救济费、医疗费、住房公积金、购房补贴、其他对个人和家庭的补助支出等。

② 日常公用经费支出。日常公用支出，是指用于事业单位日常公务活动，主要是《政府收支分类科目》中的"商品和服务支出"和"基本建设支出"类别的具体款项。其中属于"商品和服务支出"类别的款项包括办公费、印刷费、咨询费、手续费、水费电费、邮电费、取暖费、物业管理费、差旅费、因公出国(境)费、维修(护)费、租赁费、会议费、培训费、公务招待费、劳务费、委托业务费、工会经费、福利费、公务用车运行维护费、其他商品和服务支出；属于"基本建设支出"类别的款项包括房屋建筑物构建、办公设备购置、专用设备购置、基础设施建设、大型修缮、信息网络建设、物资储备、公务用车购置、其他交通工具购置、其他基本建设支出等。

(2) 项目支出。它是指事业单位为完成专项工作或特定工作任务发生的支出。包括专项会议支出、专项设备购置支出、专项大型修缮支出、基础设置支出等。

3. 事业支出按经费的性质分类

事业支出按经费的经济性质可以分为财政补助支出、非财政补助支出，其中非财政补助支出包括非财政专项资金支出和其他资金支出。财政补助支出是用财政拨款收入安排的事业支出，分基本支出和项目支出；非财政补助支出是事业单位用财政拨款外的收入安排的支出，分非财政专项资金支出和其他资金支出。

二、事业支出核算的账务处理

为了核算事业单位开展专业业务活动及其辅助活动发生的实际支出，应设置"事业支出"科目。它是支出类科目，借方登记实际发生的支出数，期末，将本科目(财政补助支出)的发生额转入"财政补助结转"科目；将本科目(非财政专项资金支出)的发生额转入"非财政补助结转"科目；将本科目(其他资金支出)的发生额转入"事业结余"科目，结转后，本科目无余额。

事业单位应在"事业支出"总账科目下设置"基本支出""项目支出""财政补助支出""非财政专项资金支出""其他资金支出"等层级进行明细核算，并按照《政府收支分类科目》中的"支出功能分类"相关科目进行明细核算；"基本支出""项目支出"明细科目下，按照《政府收支分类科目》中的"支出经济分类"中的款级科目进行明细核算；同时在"项目支出"明细科目下按照具体项目进行明细核算。

事业单位发生事业支出时，借记"事业支出"科目，贷记"银行存款""库存现金""存货""零余额账户用款额度""财政补助收入""应付职工薪酬"等科目；期末结转发生额时，借记"财政补助结转""非财政补助结转""事业结余"科目，贷记"事业支出"科目。

【例 17-1】 某事业单位发生如下有关事业支出业务:

(1) 用现金购买办公用品 450 元。财务部门根据发票、账单等填制记账凭证。

借:事业支出——财政补助支出(基本支出) 450
　　贷:库存现金 450

(2) 从银行提取现金 125 000 元,备发工资。

借:库存现金 125 000
　　贷:银行存款 125 000

(3) 结算本月工资,本月应付工资总额 125 000 元,基本工资 70 000 元,津贴 55 000 元。根据有关凭证,应编制的会计分录为:

借:事业支出——财政补助支出(基本工资) 70 000
　　　　　　——财政补助支出(津贴) 55 000
　　贷:应付职工薪酬 125 000

(4) 用现金发放工资 125 000 元。

借:应付职工薪酬 125 000
　　贷:库存现金 125 000

(5) 用拨入的事业项目经费购买一辆汽车,价款 300 000 元,增值税 51 000 元,支付车辆购买附加费 9 000 元,款已付,汽车交付使用。

借:事业支出——财政补助支出(项目支出) 360 000
　　贷:银行存款 360 000

同时,

借:固定资产 360 000
　　贷:非流动资产基金——固定资产 360 000

(6) 收到银行转来的"委托收款"凭证,支付水费 26 000 元,电费 87 000 元。根据有关凭证,应编制的会计分录为:

借:事业支出——财政补助支出(基本支出) 113 000
　　贷:银行存款 113 000

第三节　其他各项支出的核算

事业单位的其他各项支出主要包括对附属单位补助支出、经营支出、上缴上级支出和其他支出。

一、对附属单位补助支出的核算

对附属单位补助支出是指事业单位用财政补助收入以外的收入对所属单位补助发生的支出。事业单位附属的单位在其业务活动以及完成事业计划的过程中,由于上级拨入和自身组织的款项往往不能满足其自身支出的需要,这就需要事业单位在财政补助收入之外补充一些款项给附属单。补助款是非财政补助收入,不能用财政补助收入拨付给所属单位。因此,事业单位对所属单位的补助支出,通常是事业单位从事业务活动所取得的自有资金,或附属单位上缴的资金。

为了核算事业单位对附属单位的补助,应设置"对附属单位补助支出"科目。它是支出类科目,借方登记对附属单位拨出的补助款,期末将本科目的发生额全部转入"事业结余"科目,结转后,该科目无余额。本科目按接受补助单位、补助项目、《政府收支分类科目》中"支出功能分类"相关科目等进行明细核算。

事业单位对所属单位拨付补助款时,借记"对附属单位补助支出"科目,贷记"银行存款"等科目,期末转账时,将"对附属单位补助支出"科目的借方发生额全部转入"事业结余"科目,借记"事业结余"科目,贷记"对附属单位补助支出"科目。

【例 17-2】 某事业单位发生如下对附属单位补助支出业务:

(1) 对附属的 M 单位拨付补助款 50 000 元。

借:对附属单位补助支出 50 000
　　贷:银行存款 50 000

(2) 期末,将"对附属单位补助支出"科目的借方发生额 68 000 元转入"事业结余"科目。

借:事业结余 68 000
　　贷:对附属单位补助支出 68 000

二、经营支出的核算

经营支出是指事业单位在专业业务活动及辅助活动之外开展非独立核算经营活动时发生的各项支出。

为了核算和监督事业单位的经营支出情况和经营活动取得的成果,事业单位应设置"经营支出"科目。它是支出类科目,借方登记支出增加数,期末,将本科目的发生额全部转入经营结余,结转后,该科目无余额。

事业单位所有非独立核算的经营活动发生的全部支出,都要纳入经营支出核算反映,而且经营支出要与经营收入配比。经营支出要按照经营活动类别、项目、《政府收支分类科目》中的"支出功能分类"相关科目等进行明细核算。

事业单位发生各项经营支出时,借记"经营支出"科目,贷记"银行存款""库存现金""存货""应缴税费"等科目。

期末结账时,应将"经营支出"科目的借方发生额全部转入"经营结余"科目,借记"经营结余"科目,贷记"经营支出"科目,结转后,"经营支出"科目无余额。

【例 17-3】 某事业单位附属的非独立核算经营单位发生如下业务:

(1) 销售产品一批,价款 20 000 元,增值税 3 400 元,款项收到存入银行。该批产品的实际成本为 16 000 元。

借:银行存款 23 400
　　贷:经营收入 20 000
　　　　应缴税费——应缴增值税(销项税额) 3 400

同时结转已售产品成本:

借:经营支出 16 000
　　贷:存货——产成品 16 000

(2) 用银行存款支付本月水电费 5 600 元。

借：经营支出　　　　　　　　　　　　　　　　　　　　　　　　　5 600
　　贷：银行存款　　　　　　　　　　　　　　　　　　　　　　　　　　5 600

(3) 用银行存款支付经营活动用电费 1 200 元。

借：经营支出　　　　　　　　　　　　　　　　　　　　　　　　　1 200
　　贷：银行存款　　　　　　　　　　　　　　　　　　　　　　　　　　1 200

(4) 购入一台生产用设备，价款 10 000 元，增值税 1 700 元，款已付，设备交付使用。

借：经营支出　　　　　　　　　　　　　　　　　　　　　　　　　11 700
　　贷：银行存款　　　　　　　　　　　　　　　　　　　　　　　　　　11 700

同时，

借：固定资产　　　　　　　　　　　　　　　　　　　　　　　　　11 700
　　贷：非流动资产基金　　　　　　　　　　　　　　　　　　　　　　　11 700

(5) 结算经营活动人员工资 4 000 元。

借：经营支出　　　　　　　　　　　　　　　　　　　　　　　　　4 000
　　贷：应付职工薪酬　　　　　　　　　　　　　　　　　　　　　　　　4 000

三、上缴上级支出的核算

上缴上级支出是指事业单位按财政部门和主管部门的规定上缴上级单位的支出。

为了核算事业单位按照规定上缴上级单位的支出，应设置"上缴上级支出"科目。它是支出类科目，借方登记上缴上级支出的增加数，期末，将"上缴上级支出"科目的发生额全部转入"事业结余"科目，结转后，该科目无余额。

事业单位按照规定上缴上级单位支出时，借记"上缴上级支出"科目，贷记"银行存款"科目；期末，将"上缴上级支出"科目的发生额全部转入"事业结余"科目时，借记"事业结余"科目，贷记"上缴上级支出"科目。

【例 17-4】 某事业单位发生如下有关上缴上级支出业务：

(1) 按规定上缴上级单位款项 25 000 元。

借：上缴上级支出　　　　　　　　　　　　　　　　　　　　　　　25 000
　　贷：银行存款　　　　　　　　　　　　　　　　　　　　　　　　　　25 000

(2) 期末，将"上缴上级支出"科目的借方发生额 80 000 元转入"事业结余"科目。

借：事业结余　　　　　　　　　　　　　　　　　　　　　　　　　80 000
　　贷：上缴上级支出　　　　　　　　　　　　　　　　　　　　　　　　80 000

四、其他支出的核算

其他支出是指事业支出、对附属单位补助支出、上缴上级支出和经营支出以外的各项支出，包括利息支出、捐赠支出、现金盘盈盘亏损失、资产处置损失、接受捐赠(调入)非流动资产发生的税费支出等。

为了核算其他支出的发生和结转情况，事业单位应设置"其他支出"科目，它是支出类科目，借方登记发生的其他支出(包括专项资金支出、非专项资金支出)，期末，将本科目本期发生额中的专项资金支出转入非财政补助结转；将本科目本期发生额中的非专项资金支出转入事业结余，结转后，该科目无余额。

事业单位发生其他支出时，借记本科目，贷记"银行存款"、"库存现金""待处置资产损溢"等科目，期末结转时，借记"非财政补助结转""事业结余"科目，贷记本科目。

【例 17-5】 某事业单位发生如下有关其他支出业务：

(1) 用银行存款支付借款利息 1 600 元。

借：其他支出　　　　　　　　　　　　　　　　　　　　　　1 600
　　贷：银行存款　　　　　　　　　　　　　　　　　　　　　1 600

(2) 接受捐赠一台设备，支付相关税费 3 000 元，用银行存款支付。

借：其他支出　　　　　　　　　　　　　　　　　　　　　　3 000
　　贷：银行存款　　　　　　　　　　　　　　　　　　　　　3 000

(3) 期末将其他支出科目的发生额 4 600 元(假设全部为非专项资金支出)转入事业结余。

借：事业结余　　　　　　　　　　　　　　　　　　　　　　4 600
　　贷：其他支出　　　　　　　　　　　　　　　　　　　　　4 600

五、内部成本核算

(一) 内部成本核算的含义

内部成本核算，是指以内部管理为目的的成本计算与成本管理。内部成本核算只对事业单位内部管理使用，对外既不计算成本，也不报告成本。但事业单位实行内部成本核算，必须符合事业单位财务管理的要求，保证事业单位财务管理体制的统一性和完整性，其成本费用支出必须与事业支出科目相衔接。在进行成本项目设计时，其具体的明细项目，应当与国家统一规定的事业支出科目衔接起来。

内部成本核算具体包含以下几层含义：

(1) 内部成本核算是不完全的成本核算。按照企业会计制度规定，企业实行制造成本法进行成本核算，把企业在生产经营过程中发生的全部成本费用划分为直接材料、直接人工、其他直接支出、制造费用、管理费用、销售费用、财务费用，前四项计入产品成本，后三项作为期间费用，这是完整的成本核算内容。而事业单位的内部成本核算，内容没有那么完整，有些费用项目可能没有发生，有些费用项目即使发生了，也没有办法准确进行成本核算。

(2) 内部成本核算是不严格的成本核算。在企业要进行成本核算，要求按权责发生制原则确定成本费用的开支，严格划清应计入成本费用和不应计入成本费用的界限、划清本期成本费用和其他各期成本费用的界限、划清各种产品成本的界限、划清完工产品和在产品的界限，各项成本费用的计算和分配方法是科学而严格的。而事业单位一般不具备真正意义上的成本核算条件，无法严格划分各项成本费用的界限，计算方法是简单粗略的。

另外，内部成本核算的目的是加强事业单位的内部管理，正确反映单位财务状况和事业成果，加强单位成本核算意识，提高资金使用效益。虽然各单位情况有所不同，但都可以根据自身的业务特点，参照企业成本核算的方式、成本开支的范围制定出具体的成本核算方法。

(二) 内部成本核算的方法与步骤

实行内部成本核算的事业单位，其成本项目的确定和费用的计算分配方法应做到一定时期的统一性和完整性，成本开支项目必须与事业支出项目相衔接。

事业单位可以在"存货"设置"生成成本"明细科目，核算产品成本，也可以单独设置成本核算科目核算成本。在单设成本核算科目的情况下，事业单位可设置"成本费用"或"生产成本"科目，在其下可以参照企业会计准则设计为直接费用、制造费用、管理费用、财务费用等设置一级明细科目，也可以根据本单位的实际情况进行适当的简化合并；二级明细科目可按照事业支出的"目"级科目设计。这样，既满足了内部成本核算的需要，又能与国家统一规定的事业支出科目相衔接。

内部成本核算方法的具体步骤为：

(1) 归集与产品生产有关的成本费用。

(2) 完工产品验收入库时，按其实际成本转入"存货——产成品"科目。

(3) 产品销售后，把已销产品的实际成本，从"存货——产成品"科目的贷方转入"经营支出"科目。

(三) 内部成本核算的账务处理

实行内部成本核算的事业单位，为了归集生产产品发生的费用，确定成品成本，应增设"成本费用"科目，它是支出、费用类科目，借方归集生产产品发生的各项费用，贷方登记完工入库产品成本，期末借方余额反映未完工的在产品成本。成本核算比较复杂的单位，还可以增设必要的成本核算科目，如设"间接费用"科目，核算分配各项间接费用。

事业单位在产品生产经营活动过程中发生的各项费用，借记"成本费用"科目，贷记"存货——材料""银行存款"等有关科目；产品验收入库时，借记"存货——产成品"科目，贷记"成本费用"科目。

【例 17-6】 某研究院的非独立核算工厂，实行内部成本核算，生产甲、乙两种产品，本月发生如下业务：

(1) 生产车间领用材料 1 000 千克，价值 50 000 元，其中甲产品耗用 600 千克，价值 30 000 元，乙产品耗用 400 千克，价值 20 000 元。

  借：成本费用——甲产品   30 000
      ——乙产品   20 000
    贷：存货——材料   50 000

(2) 开出支票，从银行提取现金备发工资 65 000 元。

  借：库存现金   65 000
    贷：银行存款   65 000

(3) 分配本月工资 65 000 元，其中甲产品生产工人基本工资 29 000 元，乙产品生产工人基本工资 28 000 元，车间管理人员基本工资 8 000 元。

  借：成本费用——甲产品   29 000
      ——乙产品   28 000
    间接费用——基本工资   8 000
    贷：应付职工薪酬   65 000

(4) 用现金发放工资 65 000 元。

借：应付职工薪酬　　　　　　　　　　　　　　　　　　　　　　　65 000
　　贷：库存现金　　　　　　　　　　　　　　　　　　　　　　　　　65 000

(5) 开出支票支付本月水电费 22 000 元。

借：间接费用　　　　　　　　　　　　　　　　　　　　　　　　　　22 000
　　贷：银行存款　　　　　　　　　　　　　　　　　　　　　　　　　22 000

(6) 按生产工时比例分配间接费用，其中甲产品生产工时 300 小时，乙产品生产工时 200 小时。本月甲产品全部完工，乙产品未完工。

$$\frac{\text{间接费用}}{\text{分配率}} = \frac{\text{当期间接费用总额}}{\text{费用分配标准总量}} = 30\ 000 \div 500 = 60(\text{元/小时})$$

甲产品应分配的间接费用＝300×60＝18 000(元)

结转间接费用的会计分录为：

借：成本费用——甲产品　　　　　　　　　　　　　　　　　　　　　18 000
　　贷：间接费用　　　　　　　　　　　　　　　　　　　　　　　　　18 000

结转完工入库产品成本的会计分录为：

借：存货——产成品(甲产品)　　　　　　　　　　　　　　　　　　　72 200
　　贷：成本费用——甲产品　　　　　　　　　　　　　　　　　　　　72 200

本 章 小 结

　　事业单位的支出是指事业单位开展业务活动所发生的各项资金耗费和损失，包括事业支出、经营支出、对附属单位补助支出、上缴上级支出、其他支出等。

　　事业支出是指事业单位开展各项专业业务活动和辅助活动发生的基本支出和项目支出，需要设置"事业支出"科目核算。

　　对附属单位补助支出是指事业单位用财政补助收入以外的收入对所属单位补助发生的支出，需要设置"对附属单位补助支出"科目核算。

　　经营支出是指事业单位在专业业务活动及辅助活动之外开展非独立核算经营活动时发生的各项支出，需要设置"经营支出"科目核算。

　　上缴上级支出是指事业单位按财政部门或主管部门的规定上缴上级单位的支出，需要设置"上缴上级支出"科目核算。

　　其他支出是指事业支出、对附属单位补助支出、上缴上级支出和经营支出以外的各项支出，包括利息支出、捐赠支出、现金盘盈盘亏损失、资产处置损失、接受捐赠(调入)非流动资产发生的税费支出等。需要设置"其他支出"科目核算。

复习思考题

1. 事业单位的支出含义如何？它包括哪些内容？

2. 事业单位支出管理的要求有哪些？

3. 事业单位的支出如何分类？

4. 事业支出如何进行核算？

5. 经营支出的含义如何？怎样进行核算？

6. 对附属单位补助支出怎样进行核算？

7. 什么是其他支出？如何进行核算？

练 习 题

习题一

一、目的　练习事业单位支出的核算。

二、资料　某事业单位 2014 年 10 月份发生以下有关经济业务：

1. 开出支票，支付购买办公用品款 2 600 元。

2. 用财政拨入基本经费购买设备一台，价款 30 500 元，款用支票支付，设备交付使用。

3. 开出转账支票支付本月水费 7 000 元。

4. 用零余额账户用款额度账户支付本月电费 28 000 元。

5. 王华出差回来报销差旅费 3 600 元，补付其现金 400 元。

6. 领用乙材料一批，价值 3 800 元，用于专业业务活动。

7. 生产的 A 产品完工入库，结转其实际生产成本 87 000 元。

8. 结转已售 A 产品成本 62 000 元。

9. 按规定用银行存款上缴上级单位款项 50 000 元。

10. 通过银行向所属预算单位拨出非财政补助款 30 000 元。

三、要求　根据上述经济业务编制会计分录。

习题二

一、目的　练习事业单位非财政专项资金支出的核算。

二、资料　某事业单位 2014 年发生以下有关经济业务：

1. 收到上级单位拨入的 A 科研课题非财政补助项目经费 500 000 元存入银行。

2. 单位用 A 课题科研课题经费购买设备一台，价值 120 000 元。

3. 用银行存款支付 A 课题直接领用的专用材料费 170 000 元。

4. 分配本月 A 课题研究人员应付职工薪酬共计 200 000 元。

5. 期末，A 课题完工。结转 A 科研课题实际支出共计 490 000 元，上级补助收入——A 课题 500 000 元；余款 10 000 元转入事业基金。

三、要求　根据上述经济业务编制会计分录。

第十八章 事业单位净资产的核算

学习目标

通过本章的学习,要求了解事业单位净资产的内容;掌握事业单位事业基金、非流动资产基金、专用基金、财政补助结转、财政补助结余、非财政补助结转、事业结余、经营结余及非财政补助结余分配核算的账务处理;明确事业基金的来源;理解事业单位非财政补助结余分配的程序。

第一节 事业基金的核算

一、事业基金核算的内容

事业基金是指事业单位拥有的非限定用途的净资产,其来源主要如下:
(1) 各年度非财政补助结余转入事业基金的滚存数,它是事业基金的主要来源。
(2) 对外投资时,产生的增加或减少事业基金。
(3) 对于已完项目的非财政补助专项剩余资金,按规定留归本单位使用的,转入事业基金。
(4) 年终结账后,如果发生需要调整以前年度非财政补助结余的会计事项,按规定直接增加或减少事业基金。

二、事业基金核算的账务处理

为了核算事业单位拥有的非限定用途的净资产,应设置"事业基金"科目。它是净资产类科目,贷方登记从"非财政补助结余分配"转入的结余或其他原因引起的增加数;借方登记以货币资金进行长期投资等减少的事业基金数。该科目余额在贷方,反映事业单位历年积存的非限定用途净资产的金额。

1. 年终,结转"非财政补助结余分配"的余额,形成事业基金

年终,事业单位应把本期未分配的非财政补助结余转入"事业基金"科目,借记"非财政补助结余分配"科目,贷记"事业基金"科目。

【例18-1】某事业单位,年终非财政补助结余分配余额为28 000元,转入"事业基金"科目。

借:非财政补助结余分配　　　　　　　　　　　　　　　　　　28 000
　　贷:事业基金　　　　　　　　　　　　　　　　　　　　　　28 000

2. 对外投资形成的事业基金

例如,用货币资金购买债券取得长期股权投资时,应按实际支付的价款,借记"长期投资"科目,贷记"银行存款"等科目;同时,按投资成本金额,借记"事业基金"科目,贷记"非流动资产基金——长期投资"科目。

长期债券对外转让或到期收回时,要按照收回长期投资对应的非流动资产基金,借记"非流动资产基金——长期投资"科目,贷记"事业基金"科目。

【例18-2】某事业单位发生如下业务:
(1) 购买3年期国库券200 000元,款项用银行存款支付。

借:长期投资　　　　　　　　　　　　　　　　　　　　　　　200 000
　　贷:银行存款　　　　　　　　　　　　　　　　　　　　　　200 000

同时,

借:事业基金　　　　　　　　　　　　　　　　　　　　　　　200 000
　　贷:非流动资产基金——长期投资　　　　　　　　　　　　　200 000

(2) 到期收回长期债券本金 100 000 元,利息 12 000 元,款项存入银行。

借:银行存款　　　　　　　　　　　　　　　　　　　　　112 000
　　贷:长期投资　　　　　　　　　　　　　　　　　　　　　100 000
　　　　其他收入——投资收益　　　　　　　　　　　　　　　12 000

同时,

借:非流动资产基金——长期投资　　　　　　　　　　　　　100 000
　　贷:事业基金　　　　　　　　　　　　　　　　　　　　　100 000

3. 已完非财政补助项目专项剩余资金留归单位使用形成的事业基金

对于已经完工的非财政补助项目结余,如果有结余且留归本单位使用的,应把结余项目资金转入"事业基金"科目,借记"非财政补助结转"科目,贷记"事业基金"科目。

【例 18-3】 某事业单位非财政补助项目——A 工程完工,结余专项资金 26 000 元,按规定将结余资金留归本单位使用。

借:非财政补助结转——A 项目　　　　　　　　　　　　　26 000
　　贷:事业基金　　　　　　　　　　　　　　　　　　　　　26 000

第二节　非流动资产基金的核算

一、非流动资产基金的核算内容

非流动资产基金是指事业单位长期投资、固定资产、无形资产、在建工程等非流动资产占用的金额。主要包括:

(1) 事业单位固定资产增减形成的非流动资产基金。
(2) 事业单位无形资产增减形成的非流动资产基金。
(3) 事业单位增减在建工程形成的非流动资产基金。
(4) 事业单位对外进行长期投资形成的非流动资产基金。

二、非流动资产基金核算的账务处理

为了总括核算和监督事业单位非流动资产基金的增减变动和结存情况,应设置"非流动资产基金"科目。它是净资产类科目,贷方登记非流动资产基金的增加数,借方登记减少数,其余额在贷方,反映事业单位非流动资产占用的金额。

(一) 非流动资产基金增加的核算

事业单位增加非流动资产基金的业务,主要有购入固定资产、无形资产以及取得长期投资等情况。

【例 18-4】 某事业单位发生如下有关非流动资产基金增加的业务:

(1) 用财政拨入基本补助经费购买一台设备,价值 50 000 元,增值税 8 500 元,价税款已用零余额账户用款额度支付。

借:事业支出——财政补助支出　　　　　　　　　　　　　58 500
　　贷:零余额账户用款额度　　　　　　　　　　　　　　　58 500

同时：
借：固定资产　　　　　　　　　　　　　　　　　　　　58 500
　　贷：非流动资产基金——固定资产　　　　　　　　　　58 500

(2) 购买一项专利权，价值 90 000 元，用非财政资金存款支付。
借：无形资产　　　　　　　　　　　　　　　　　　　　90 000
　　贷：非流动资产基金——无形资产　　　　　　　　　　90 000
借：事业支出——其他资金支出　　　　　　　　　　　　90 000
　　贷：银行存款　　　　　　　　　　　　　　　　　　　90 000

(二) 非流动资产基金减少的核算

非流动资产基金减少的业务主要有：出售固定资产、计提固定资产折旧、无形资产摊销等。

【例 18-5】 某事业单位发生如下有关非流动资产基金减少的业务：

(1) 出售一台不需用的办公设备，账面价值 45 000 元，出售价格 38 000 元，款项收到存入银行。

转入待处置资产时：
借：待处置资产损溢　　　　　　　　　　　　　　　　　45 000
　　贷：固定资产　　　　　　　　　　　　　　　　　　　45 000
实际出售时：
借：非流动资产基金——固定资产　　　　　　　　　　　45 000
　　贷：待处置资产损溢　　　　　　　　　　　　　　　　45 000
借：银行存款　　　　　　　　　　　　　　　　　　　　38 000
　　贷：待处置资产损溢　　　　　　　　　　　　　　　　38 000

(2) 计提本月固定资产折旧 25 000 元。
借：非流动资产基金——固定资产　　　　　　　　　　　25 000
　　贷：累计折旧　　　　　　　　　　　　　　　　　　　25 000

(3) 本月摊销无形资产价值 23 000 元。
借：非流动资产基金——无形资产　　　　　　　　　　　23 000
　　贷：累计摊销　　　　　　　　　　　　　　　　　　　23 000

第三节　专用基金的核算

一、专用基金核算的内容

(一) 专用基金的含义和特点

专用基金是指事业单位按规定提取或设置的具有专门用途的净资产，主要包括修购基金、职工福利基金等。

事业单位提取的专用基金，在运动过程中有其独立的特点，主要体现如下。

1. 专用基金取得有专门的规定

各种专用资金都是按一定的规定取得,如修购基金是按照单位收入的一定比例或数额提取的,分别在经营支出和事业支出列支后转入;职工福利基金是根据非财政补助结余的一定比例提取转入的。

2. 专用基金有专门的用途和使用范围

各项专用基金都有专门的用途和使用范围,例如修购基金只能用于固定资产的购置和更新改造等支出;职工福利基金只能用于职工的集体福利等方面支出。各种专项基金不得相互占用、挪用。

3. 专用基金的使用是一次性消耗

各种专用基金使用后,直接消耗掉了,它不能周转使用,不可能从专用基金支出中得到补偿。

(二) 专用基金的管理原则和方法

各种专用基金应遵循"先提后用、专设账户、专款专用"的管理原则。

"先提后用",是指各项专用基金必须根据规定的来源渠道,在取得资金后才能使用支出。

"专设账户",是指各项专用基金应单设账户进行核算与管理,以便与非专项资金分开使用和核算。

"专款专用",是指各项专用基金都有规定的使用范围和用途,必须按照规定使用和开支,不得超出资金规模使用,要确保资金使用的合理、合法。

专用基金的管理方法主要包括以下几个方面。

1. 按比例提取

按照财务制度的有关规定,事业单位专用基金的提取,国家有统一规定的,按统一规定执行;国家没有统一规定的,按照财务管理权限,由财政部门和事业主管部门根据相关因素协商确定。如修购基金的提取比例,要根据事业单位收入的规模和设备修缮购置的需要确定;职工福利基金的提取比例,要依据事业单位非财政补助收支结余数额等确定。

2. 按规定支出

事业单位的各项专用基金都规定了专门用途,在使用时必须划清各项专用基金的界限。如修购基金只能用于固定资产的购置和修缮,不能用于单位的奖金和福利支出。如果临时占用了其他专用基金,要及时归还。

3. 按计划收支

事业单位对各项专用基金都要编制收支计划。事业单位要根据专用基金来源的额度安排支出项目,量入为出,不能赤字。

二、专用基金核算的账务处理

为了核算事业单位按规定提取、设置的有专门用途的资金的收支及结余情况,应设置"专用基金"科目。它是净资产类科目,贷方登记按规定提取或设置的基金,借方登记基金的使用数或冲减数。该科目的余额在贷方，反映专用基金的结存数。该科目按专用基金的类别设置明细账，进行明细核算。

(一) 修购基金的核算

修购基金是指事业单位按事业收入和经营收入的一定比例提取，用于事业单位固定资产购置和修理的资金。

修购基金按照事业收入和经营收入的一定比例提取后，在事业支出和经营支出列支。提取修购基金的计算公式为：

提取数额＝事业收入×提取比例＋经营收入×提取比例

事业单位在提取修购基金时，借记"事业支出""经营支出"科目，贷记"专用基金——修购基金"科目。

【例 18-6】 某事业单位发生如下修购基金的业务：

(1) 本年度单位的事业收入和经营收入分别为 1 000 000 元和 500 000 元，分别按收入的 6%和 8%的比例提取修购基金。

借：事业支出　　　　　　　　　　　　　　　　　　　　　　60 000
　　经营支出　　　　　　　　　　　　　　　　　　　　　　40 000
　　　贷：专用基金——修购基金　　　　　　　　　　　　　　　100 000

(2) 使用修购基金购入一台不需要安装设备，价值 42 000 元，用银行存款支付。

借：专用基金——修购基金　　　　　　　　　　　　　　　　42 000
　　　贷：银行存款　　　　　　　　　　　　　　　　　　　　42 000

同时，

借：固定资产　　　　　　　　　　　　　　　　　　　　　　42 000
　　　贷：非流动资产基金——固定资产　　　　　　　　　　　　42 000

(二) 职工福利基金的核算

职工福利基金是指按非财政补助结余的一定比例提取的，用于单位集体福利设施和集体福利待遇的资金。

事业单位按照非财政补助结余的一定比例提取职工福利基金时，必须严格按规定的比例提取，不得随意提高职工福利基金的提取比例。其提取的公式为：

$$职工福利基金提取数额 = 可提取职工福利基金的结余数额 \times 提取比例$$

年终，事业单位按规定比例从非财政补助结余中提取职工福利基金时，借记"非财政补助结余分配"科目，贷记"专用基金——职工福利基金"科目。使用职工福利基金时，借记"专用基金——职工福利基金"科目，贷记"银行存款"等科目。

【例 18-7】 某事业单位本年"事业结余""经营结余"分别为 60 000 元和 100 000 元，经营结余的所得税率为 25%，按所得税后非财政补助结余的 20%提取职工福利基金。

应交所得税＝100 000×25%＝25 000(元)

所得税后结余合计＝60 000＋(100 000－25 000)
　　　　　　　　＝135 000(元)

应提取职工福利基金＝135 000×20%＝27 000(元)

借：非财政补助结余分配　　　　　　　　　　　　　　　27 000
　　贷：专用基金——职工福利基金　　　　　　　　　　　　　　27 000

第四节　结转结余及结余分配的核算

一、财政补助结转结余的核算

财政补助结转结余是指事业单位各项财政补助收入与其相关支出相抵后剩余滚存的、须按规定管理和使用的结转和结余资金，包括财政补助结转和财政补助结余。

1. 财政补助结转

财政补助结转是指事业单位滚存的财政补助结转资金，包括基本支出结转和项目支出结转。

为了核算财政补助结转资金的增减变化情况，应设置"财政补助结转"科目，它是净资产类科目。借方登记期末转入的"事业支出——财政补助支出"的本期发生额；贷方登记转入的"财政补助收入"的本期发生额。期末贷方余额，反映事业单位财政补助结转资金数额。

本科目应设置基本支出结转和项目支出结转两个明细科目，并在"基本支出结转"明细科目下按照"人员经费""日常公用经费"进行明细核算，在"项目支出结转"明细科目下按照具体项目进行明细核算；本科目还应按照《政府收支分类科目》中的"支出功能分类科目"的相关科目进行明细核算。

期末，将财政补助收入(包括基本支出和项目支出)转入本科目时，借记"财政补助收入"科目，贷记本科目；将事业支出中的财政补助支出(包括基本支出和项目支出)转入本科目时，借记本科目，贷记"事业支出——财政补助支出"科目。

年末，按有关规定，将符合财政补助结余性质的项目余额转入财政补助结余时，借记或贷记本科目(项目支出结转)，贷记或借记"财政补助结余"科目。

按规定上缴财政补助结转资金或注销财政补助结转额度的，按照实际上缴资金数额或注销的资金额度数额，借记本科目，贷记"财政应返还额度""零余额账户用款额度""银行存款"等科目。取得主管部门归集调入财政补助结转资金或额度的，做相反的会计分录。

事业单位发生需要调整以前年度财政补助结转的事项，通过本科目核算。

2. 财政补助结余

财政补助结余是指事业单位滚存的财政补助项目支出结余资金。

为了核算事业单位财政补助结余资金的增减变化情况，应设置"财政补助结余"科目，它是净资产类科目。年末，对财政补助各明细项目执行情况进行分析，将符合有关财政补助结余性质的项目余额转入财政补助结余时，借记或贷记"财政补助结转——项目支出结转"，贷记或借记本科目。

按规定上缴财政补助结余资金或注销财政补助结余额度的，按照实际上缴资金数额或注销的资金额度数额，借记本科目，贷记"财政应返还额度""零余额账户用款额度""银行存款"等科目。取得主管部门归集调入财政补助结余资金或额度的，做相反的会计分录。

事业单位发生需要调整以前年度财政补助结余的事项,通过本科目核算。

本科目期末贷方余额,反映事业单位财政补助结余资金数额。

本科目应按照《政府收支分类科目》中的"支出功能分类科目"的相关科目进行明细核算。

二、非财政补助结转结余的核算

非财政补助结转结余是指事业单位除财政补助收支以外的各项收入与各项支出相抵后的余额,包括非财政补助结转和非财政补助结余(事业结余和经营结余)。

1. 非财政补助结转的核算

非财政补助结转是指事业单位除财政补助收支以外的各专项资金收入与其相关的支出相抵后剩余滚存的、须按规定用途使用的结转资金。

为了核算非财政补助结转的增减变化和结存情况,事业单位应设置"非财政补助结转"科目,它是净资产类科目。贷方登记期末转入的各项非财政专项资金收入发生额,借方登记转入的各项非财政专项资金支出发生额。

期末贷方余额,反映事业单位非财政补助专项结转资金数额。

期末,将有关的非财政专项资金收入发生额转入本科目时,借记"事业收入——专项资金收入""上级补助收入——专项资金收入""附属单位上缴收入——专项资金收入""其他收入——专项资金收入"科目,贷记本科目;将有关事业支出、其他支出中有关非财政专项资金支出结转本科目时,借记本科目,贷记"事业支出——非财政专项资金支出""其他支出——专项资金支出"科目。

年末,应当对非财政补助结转资金各项目情况进行分析,将已完项目的项目剩余资金区分以下情况处理:缴回原专项资金拨入单位的,借记本科目(××项目),贷记"银行存款"等科目;留归本单位使用的,借记本科目(××项目),贷记"事业基金"科目。

事业单位发生需要调整以前年度非财政补助结转的事项,通过本科目核算。

本科目应按非财政专项资金的具体项目进行明细核算。

2. 事业结余的核算

事业结余是指事业单位在一定期间除财政补助收支、非财政专项资金收支和经营收支外的各项收支相抵后的余额。一定期间通常指一年,即公历年度的1月1日至12月31日。各项收入包括:财政补助收入、上级补助收入、事业收入、附属单位上缴收入和其他收入下的非专项资金收入。各项支出包括:事业支出,其他支出下的非财政、非专项资金支出,以及对附属单位补助支出、上缴上级支出。

为了核算和监督事业单位的事业结余形成及结转情况,应设置"事业结余"科目。它是净资产类科目,贷方登记转入的有关收入数,借方登记转入的有关支出数,期末余额在贷方,反映事业单位当年收入大于支出的结余数;如果余额在借方,则反映事业单位当年支出大于收入的亏损数。年终转账后,该科目无余额。

期末,将有关非财政、非专项资金收入科目本期发生额转入本科目时,借记"上级补助收入""事业收入""附属单位上缴收入""其他收入"科目,贷记"事业结余"科目;将事业支出、其他支出本期发生额中的非财政、非专项资金支出以及对附属单位补助支出、上缴上级支出的本期发生额转入本科目时，借记本科目，贷记"事业支出——其他资金支出""其他支出——非专项资金支出""上缴上级支出""对附属单位补助支出"科目。

期末如为贷方余额，反映事业单位自年初至报告期末累计实现的事业结余；如为借方余额，反映事业单位自年初至报告期末累计发生的事业亏损。

年末，将"事业结余"科目的余额转入"非财政补助结余分配"科目，借记或贷记"事业结余"科目，贷记或借记"非财政补助结余分配"科目。年末转账后，本科目无余额。

3. 经营结余的核算

经营结余是指事业单位在一定期间各项经营收入与经营支出相抵后的余额。

为了核算事业单位经营收支情况，应设置"经营结余"科目。它是净资产类科目，贷方登记转入的经营收入数，借方登记转入的经营支出。期末，如果余额在贷方，反映事业单位自年初至报告期末累计实现的经营收结余弥补以前年度经营亏损后的经营结余；如果余额在借方，反映事业单位截止报告期末累计发生的经营亏损。年度终转账后，该科目无余额。

期末，将"经营收入"科目贷方余额转入"经营结余"科目的贷方，其会计分录为：
借：经营收入
　　贷：经营结余
将"经营支出"转入"经营结余"科目的借方。其会计分录为：
借：经营结余
　　贷：经营支出

年终，如果"经营结余"科目的余额在贷方，表示实现的经营结余，其贷方余额全部转入"非财政补助结余分配"科目的贷方，结账后，该科目一般无余额。结转经营结余的会计分录为：
借：经营结余
　　贷：非财政补助结余分配

三、非财政补助结余分配的核算

(一) 非财政补助结余分配核算的内容

事业单位可供分配的资金包括事业结余和经营结余。根据国家的有关财务制度规定，有缴纳所得税义务的事业单位，首先计算应缴纳的企业所得税，然后按照国家有关规定提取职工福利基金，剩余部分作为事业基金用于弥补以后年度单位收支不足。

(二) 非财政补助结余分配核算的账务处理

为了核算事业单位当年结余分配的情况，应设置"非财政补助结余分配"科目。它是净资产类科目，贷方登记当年事业结余和经营结余转入的结余数额，借方登记当年计算的应缴所得税和提取的职工福利基金数额，分配后，贷方余额为未分配的结余，应全部转入"事业基金"科目。结转后，该科目无余额。

事业单位年终非财政补助结余分配的账务处理包括以下步骤：

(1) 年终，将当年事业结余和经营结余数全部转入"非财政补助结余分配"科目，借记"事业结余""经营结余"科目,贷记"非财政补助结余分配"科目。

(2) 有所得税纳税义务的事业单位计算出应缴所得税时,借记"非财政补助结余分配"科目,贷记"应缴税费——应缴所得税"科目。

(3) 计算并提取职工福利基金,借记"非财政补助结余分配"科目,贷记"专用基金——职工福利基金"科目。

(4) 非财政补助结余分配后,将当年未分配结余转入"事业基金"科目,借记"非财政补助结余分配"科目,贷记"事业基金"科目。

【例 18-8】 某事业单位 201×年 12 月份有关科目发生额如表 18-1 所示。

表 18-1 科目发生额

单位:元

科 目 名 称	金 额
财政补助收入——基本支出	2 000 000
——项目支出	450 000
上级补助收入	650 000
其中:专项资金收入	500 000
附属单位上缴收入	180 000
事业收入——专项资金收入	300 000
——非专项资金收入	400 000
其他收入	100 000
其中:专项资金收入	20 000
经营收入	600 000
事业支出——财政补助支出(基本支出)	1 600 000
——财政补助支出(项目支出)	400 000
——非财政专项资金支出	700 000
——其他资金支出	600 000
上缴上级支出	30 000
对附属单位补助支出	80 000
经营支出	400 000
其他支出——专项资金支出	80 000
——非专项资金支出	70 000

该单位适用的企业所得税率为 25%,职工福利基金提取比例为 20%。财政补助项目中的项目支出全部完工,其项目结余资金按要求上缴;非财政补助中的项目支出完工,结余资金留归事业单位使用(假设该事业单位所有科目均没有期初余额)。

期末结转收支会计分录:

(1) 借:财政补助收入——基本支出　　　　　　　　　　　　　2 000 000
　　　　　　　　　　——项目支出　　　　　　　　　　　　　　　450 000
　　　贷:财政补助结转——基本支出结转　　　　　　　　　　　2 000 000
　　　　　　　　　　——项目支出结转　　　　　　　　　　　　　450 000

(2) 借:上级补助收入——专项资金收入　　　　　　　　　　　　500 000
　　　　事业收入——专项资金收入　　　　　　　　　　　　　　 300 000

	其他收入——专项资金收入	20 000
	贷：非财政补助结转	820 000
(3)	借：上级补助收入	150 000
	附属单位上缴收入	180 000
	事业收入——非专项资金收入	400 000
	其他收入	80 000
	贷：事业结余	810 000
(4)	借：经营收入	600 000
	贷：经营结余	600 000
(5)	借：财政补助结转——基本支出结转	1 600 000
	——项目支出结转	400 000
	贷：事业支出——财政补助支出(基本支出)	1 600 000
	——财政补助支出(项目支出)	400 000
(6)	借：非财政补助结转	780 000
	贷：事业支出——非财政专项资金支出	700 000
	其他支出——专项资金支出	80 000
(7)	借：事业结余	780 000
	贷：事业支出——其他资金支出	600 000
	上缴上级支出	30 000
	对附属单位补助支出	80 000
	其他支出——非专项资金支出	70 000
(8)	借：经营结余	400 000
	贷：经营支出	400 000

年末转账会计分录：

(9)	借：财政补助结转——项目支出结转	50 000
	贷：财政补助结余	50 000
(10)	借：财政补助结余	50 000
	贷：银行存款	50 000
(11)	借：非财政补助结转	40 000
	贷：事业基金	40 000
(12)	借：事业结余	30 000
	经营结余	200 000
	贷：非财政补助结余分配	230 000
(13)	借：非财政补助结余分配——应缴所得税	50 000
	——提取职工福利基金	36 000
	贷：应缴税费——应缴企业所得税	50 000
	专用基金——职工福利基金	36 000
(14)	借：非财政补助结余分配	144 000
	贷：事业基金	144 000

本 章 小 结

事业单位的净资产包括事业基金、非流动资产基金、专用基金、财政补助结转结余、非财政补助结转结余(包括事业结余和经营结余)。

事业基金是指事业单位拥有的非限定用途的净资产,其来源主要有:各年度非财政补助结余转入事业基金的滚存数,它是事业基金的主要来源;对外投资时,产生的增加或减少的事业基金;对于已完项目的非财政补助专项剩余资金,按规定留归本单位使用的,转入事业基金;年终结账后,如果发生需要调整以前年度非财政补助结余的会计事项,按规定直接增加或减少事业基金。需要设置"事业基金"科目核算。

非流动资产基金是指事业单位长期投资、固定资产、无形资产、在建工程等非流动资产占用的金额。需要设置"非流动资产资金"科目核算。

专用基金是指事业单位提取、设置的有专门用途的资金。主要包括修购基金、职工福利基金等。各种专用资金都是按一定的规定取得的,如修购基金是按照单位收入的一定比例或数额提取的,分别在经营支出和事业支出列支后转入;职工福利基金是根据非财政补助结余的一定比例提取转入的。核算专用基金需要设置"专用基金——修购基金""专用基金——职工福利基金"科目。

财政补助结转结余是指事业单位各项财政补助收入与其相关支出相抵后剩余滚存的、须按规定管理和使用的结转和结余资金,包括财政补助结转和财政补助结余。

财政补助结转是指事业单位滚存的财政补助结转资金,包括基本支出结转和项目支出结转。需要设置"财政补助结转"科目进行核算。

财政补助结余是指事业单位滚存的财政补助项目支出结余资金。需要设置"财政补助结余"科目进行核算。

非财政补助结转结余是指事业单位除财政补助收支以外的各项收入与各项支出相抵后的余额。包括非财政补助结转和非财政补助结余(事业结余和经营结余)。

非财政补助结转是指事业单位除财政补助收支以外的各专项资金收入与其相关的支出相抵后剩余滚存的、须按规定用途使用的结转资金。需要设置"非财政补助结转"科目进行核算。

事业结余是指事业单位在一定期间除财政补助收支、非财政专项资金收支和经营收支外的各项收支相抵后的余额。经营结余是指事业单位在一定期间各项经营收入与经营支出相抵后的余额。需要分别设置"事业结余""经营结余""非财政补助结余分配"科目核算。

复习思考题

1. 事业单位的净资产包括哪些内容?
2. 事业单位的结余包括哪些内容?

3. 事业基金有哪些来源？
4. 非流动资产基金的内容有哪些？
5. 专用基金的特点如何？
6. 如何管理专用基金？
7. 专用基金有哪几项？
8. 什么是事业结余？如何核算？
9. 什么是经营结余？如何核算？
10. 事业单位的非财政补助结余如何进行分配？

练 习 题

习题一

一、目的　练习事业单位非流动资产基金、专用基金和事业基金的核算。

二、资料　某事业单位2014年11月发生以下有关经济业务：

1. 开出支票，购入一台设备，价值70 000元。该项资金来源属于财政事业经费拨款。

2. 对外投资转出一台不需用设备取得长期股权，该设备原值30 000元，双方协议价18 000元。

3. 本月取得的事业收入600 000元，经营收入500 000元，分别按3%和4%的比例提取修购基金。

4. 本月报废一台设备转入清理，原值28 000元，用现金支付清理费200元，取得残料收入1 100元存入银行。

5. 用银行存款300 000元购入为期5年的国家债券。

6. 某非财政补助专项工程完工，按规定其项目结余32 000元留归事业单位使用。

三、要求　根据上述经济业务编制会计分录。

习题二

一、目的　练习事业单位结转结余及结余分配的核算。

二、资料　某事业单位2014年12月份有关科目发生额如下(单位：元)：

科 目 名 称	金　　额
财政补助收入——基本支出	1 000 000
——项目支出	350 000
上级补助收入	450 000
其中：专项资金收入	200 000
附属单位上缴收入	150 000
事业收入——专项资金收入	300 000
——非专项资金收入	400 000
其他收入	100 000
其中：专项资金收入	20 000
经营收入	500 000

续表

科 目 名 称	金　　额
事业支出——财政补助支出(基本支出)	600 000
——财政补助支出(项目支出)	300 000
——非财政专项资金支出	400 000
——其他资金支出	610 000
上缴上级支出	30 000
对附属单位补助支出	80 000
经营支出	300 000
其他支出——专项资金支出	80 000
——非专项资金支出	60 000

该单位经营结余适用的企业所得税率为25%，职工福利基金提取比例为20%。财政补助项目中的项目支出尚未完工，不需要结转；非财政补助中的项目支出完工，结余资金留归事业单位使用(假设该事业单位所有科目均没有期初余额)。

三、要求　根据上述资料编制期末和年末转账会计分录。

第十九章 事业单位会计报表

学习目标

通过本章的学习,要求了解事业单位会计报表的意义、种类和编制要求;掌握资产负债表、收入支出表、财政补助收入支出表的编制;明确事业单位年终清理结算和结账的程序及内容。

第一节　事业单位会计报表概述

一、会计报表及其种类

事业单位财务报告是反映事业单位某一特定日期的财务状况和某一会计期间的事业成果、预算执行等会计信息的文件。事业单位的财务报告包括财务报表和其他应当在财务会计报告中披露的相关信息和资料。财务报表是对事业单位财务状况、事业成果、预算执行等情况的结构性表述，它由会计报表及其附注构成。

事业单位的会计报表主要有资产负债表、收入支出表或者收入费用表和财政补助收入支出表。

事业单位的会计报表可以按照不同的标准进行分类：

(1) 按照会计报表反映的经济内容进行分类，会计报表可以分为静态报表和动态报表。静态报表是反映事业单位特定日期资产、负债、净资产构成情况的报表，资产负债表就是一张静态会计报表；动态报表是反映事业单位在一定时期内收入和支出情况的报表，收入支出表就是一张动态会计报表。

(2) 按照会计报表的编制时间进行分类，会计报表可以分为月报、季报和年报。月报是按月编制的报表，它要求简明扼要；年报是按年度编制的报表，它要求全面、完整地反映事业单位的财务状况；季报是按季度编制的报表，它介于月报和年报之间。财政补助收入支出表就是年度报表。

(3) 按照会计报表的编制单位进行分类，会计报表可以分为本级报表和汇总报表。本级报表是指事业单位编制的反映自身情况的会计报表；汇总报表是指事业单位的主管部门或上级机关，根据所属单位报送的会计报表和本单位的会计报表汇总编制的、反映本部门财务状况和收支情况的综合性会计报表。

二、会计报表的编制要求

事业单位应当根据登记完整、核对无误的账簿记录和其他有关资料编制，要做到数字真实、计算准确、内容完整、报送及时。

1. 数字真实

根据客观性原则，会计核算应当以实际发生的经济业务为依据，如实地反映单位的财务状况和收支情况。编报时要以核对无误的会计账簿数字为依据，不能以估计数、计划数填报，更不能弄虚作假、篡改和伪造会计数据，也不能由上级单位以估计数代编。因此，各个事业单位必须按期结账，编制报表前要认真核对有关账目，切实做到账实相符、账表相符、账证相符。

2. 计算准确

事业单位的各种会计报表的编制依据主要是会计账簿，但是，会计报表上的数字并不都是从会计账簿上记录完全照抄过来。填列会计报表中的有些项目的金额，需要对会计账簿中的记录金额进行分析、计算和整理，必须采用正确的计算方法，以保证计算结果的准确，才能保证会计报表数字准确。

3. 内容完整

事业单位编制的会计报表必须内容完整,按照统一规定的报表种类、格式和内容来编制,不得漏编漏报。对于规定的格式栏次不论是表内项目还是补充资料,应填的内容、项目都要齐全,不能随意取舍,以便成为一套完整的指标体系,保证会计报表在本部门、本地区乃至全国的逐级汇总分析需要。

4. 报送及时

事业单位的会计报表必须按照国家或上级机关规定的期限和程序,在保证报表数字真实、内容完整的前提下,在规定的时间报送上级单位和其他部门。会计报表的月报,应于月份终了后3日报出;季度报表应于季度终了后5日报出;年度会计报表应按财政部决算通知规定及主管部门要求的程序和期限报出。

三、事业单位的年终清理结算和结账

(一) 年终清理结算

事业单位年度终了前,应根据财政部门或主管单位关于决算编审工作的要求,对各项收支款项、往来款项、货币资金和财产物资进行全面的年终清理结算,以保证事业单位年度决算内容的正确和完整。

事业单位在年终应进行以下主要事项的年终清理结算:

(1) 清理、核对年度预算收支数字和各项缴拨款项、上交下拨款项,保证上下级之间的年度预算数和领拨经费一致。

年终前,对财政部门、上级单位和所属单位之间的全年预算数以及应上交、拨付的款项等,都应按规定逐笔进行清理结算,保证上下级之间的年度预算数、领拨经费数和上交、下拨数的一致。

为了准确反映各项收支数额,凡属于本年度的应拨款项,应当在本年度12月31日前汇达对方。主管单位对所属各单位的预算拨款,截至本年度12月25日为止,逾期一般不再办理下拨。凡属预拨下年度的款项,应注明款项所属的会计年度,以免造成跨年错账。

凡属于本年的各项收入,都要及时入账。本年的各项应缴国库款和应缴财政专户的资金,要在年终前全部上缴。凡属于本年度的各项支出,要按规定的支出渠道如实列报。年度单位支出决算,一律以基层用款单位截至本年度12月31日止的本年实际支出数为准,不得将年终前预拨下级单位的下年度预算拨款列入本年的支出,也不得以上级会计单位的拨款数代替基层会计单位的实际支出数。

(2) 清理、核对各项往来款项。

事业单位的往来款项,年终前应尽量清理完毕,按照有关规定应转作各项收入或各项支出的往来款项要及时转入各有关科目,编入本年决算。对应收、应付、预收、预付的各种款项,年终前也要核对、清理完毕,做到人欠收回,欠人还清。

(3) 清理核对货币资金。

年终,事业单位应及时与开户银行对账,单位银行存款日记账余额应与银行对账单余额核对相符。现金日记账账面余额与库存现金的实有数核对应相符。有价证券账面数字,应与实际结存的有价证券核对相符。

(4) 清理核对财产物资。

年终前，事业单位应对各项财产物资进行清理盘点。发生财产盘盈、盘亏情况，应及时查明原因，按规定作出处理，调整账目记录，做到账实相符、账账相符。

(二) 年终结账

事业单位在进行完年终清理结算后要进行年终结账。年终结账包括年终转账、结清旧账、记入新账三个环节。

【例 19-1】 某事业单位 201×年 12 月 31 日转账前有关科目余额如表 19-1 所示(单位：元)。

表 19-1　转账前有关科目余额表

科 目 名 称	贷 方 余 额
财政补助结转	350 000
其中：基本支出结转	250 000
项目支出结转	100 000
财政补助结余	120 000
非财政补助结转	210 000
事业结余	560 000
经营结余	600 000

该单位经营结余适用的企业所得税率为 25%，职工福利基金提取比例为 20%。财政补助项目中的项目支出全部完工，其项目结余资金转入财政补助结余，财政补助结转和结余要求上缴财政；非财政补助中的项目支出完工，结余资金留归事业单位使用。

1. 年终转账

年终对所有账目核对无误后，经试算平衡后，应冲转有关科目的余额，按年度冲转办法，填制 12 月 31 日的记账凭证，办理年终转账。

(1) 借：财政补助结转——项目支出结转	100 000
贷：财政补助结余	100 000
(2) 借：财政补助结转——基本支出结转	250 000
贷：银行存款	250 000
(3) 借：财政补助结余	220 000
贷：银行存款	220 000
(4) 借：事业结余	560 000
经营结余	600 000
贷：非财政补助结余分配	1 160 000
(5) 借：非财政补助结余分配	150 000
贷：应缴税费——应缴所得税	150 000
(6) 借：非财政补助结余分配	202 000
贷：专用基金——职工福利基金	202 000
(7) 借：非财政补助结余分配	808 000
贷：事业基金	808 000

(8) 借：非财政补助结转　　　　　　　　　　　　　210 000
　　　贷：事业基金　　　　　　　　　　　　　　　　　　210 000

2. 结清旧账

办理完年终转账后，对没有余额的科目应结出全年累计总数，然后在下面划双红线，表示该科目全部结清。对年终结账后仍有余额的科目，在"全年累计数"下行的"摘要"栏内标明"结转下年"字样，然后在下面划双红线，表示年终余额转入下年新账，结束旧账。

3. 记入新账

将各科目的年终余额直接记入新年度相应的各有关科目中，并在"摘要"栏注明"上年结转"字样，以便区别新年度的发生数。

第二节　事业单位会计报表的编制

一、资产负债表的编制

(一) 资产负债表及其作用

事业单位的资产负债表是反映事业单位在某一特定日期的全部资产、负债、净资产情况的报表。它是根据资产、负债、净资产之间的相互关系，按照一定的分类标准和顺序，把事业单位在一定日期的资产、负债、净资产项目予以适当排列后编制而成的静态报表。

资产负债表具有以下作用：

(1) 可以反映事业单位在某一日期所拥有的经济资源以及这些经济资源的分布和构成情况。

(2) 可以反映事业单位在某一特定日期的负债总额和负债的构成情况。

(3) 可以反映事业单位净资产总额以及净资产的构成情况。

(4) 通过对资产负债表中有关项目和数字的分析，可以了解事业单位的偿债能力、财务实力以及支付能力等情况。

(二) 资产负债表的结构和内容

资产负债表由表头、基本部分组成，采用账户式格式。账户式资产负债表，是将资产部类列在报表的左方，负债部类列在报表的右方。我国资产负债表的格式如表 19-2 所示。

表 19-2　资产负债表

会事业 01 表
编制单位：　　　　　　　　　　　　年　　月　　日　　　　　　　　　　　　单位：万元

资　产	期末余额	年初余额	负债和净资产	期末余额	年初余额
流动资产：			流动负债：		
货币资金	90	80	短期借款	9	13

续表

资产	期末余额	年初余额	负债和净资产	期末余额	年初余额
短期投资	5	3	应缴税费		
财政应返还额度			应缴国库款		
应收票据	6	4	应缴财政专户款		
应收账款	8	7	应付职工薪酬		
预付账款	6	4	应付票据	6	3
其他应收款	9	9	应付账款	7	8
存货	17	15	预收账款	1	2
其他流动资产			其他应付款	4	5
流动资产合计	141	122	其他流动负债		
非流动资产			流动负债合计	27	31
长期投资	24	10	非流动负债:		
固定资产	240	220	长期借款	9	10
固定资产原价	360	300	长期应付款	3	5
减: 累计折旧	120	80	非流动负债合计	12	15
在建工程	80		负债合计	39	46
无形资产	16	5	净资产:		
无形资产原价	20	8	事业基金	84	67
减: 累计摊销	4	3	非流动资产基金	360	313
待处置资产损溢			专用基金	18	9
非流动资产合计	360	313	财政补助结转		
			财政补助结余		
			非财政补助结转		
			非财政补助结余		
			1. 事业结余		
			2. 经营结余		
			净资产合计	462	389
资产总计	501	435	负债和净资产总计	501	435

从表 19-2 可以看出，我国事业单位的资产负债表分为左、右两方，左方为资产部类项目，右方为负债部类项目。

1. 资产部类项目

资产负债表的左方为资产部类项目，由上至下排列：

资产类：按流动性由强到弱排列，先流动资产、后非流动资产的顺序排列。流动资产包括货币资金、短期投资、财政应返还额度、应收票据、应收账款、预付账款、其他应收款、存货、其他流动资产等。非流动资产包括长期投资、固定资产、在建工程、无形资产等项目。

2. 负债部类项目

资产负债表的右方为负债部类,包括负债、净资产,由上至下排列:

(1) 负债类:负债类按偿还期限,按先流动负债、后非流动负债排列,流动负债包括短期借款、应缴税费、应缴国库款、应缴财政专户款、应付职工薪酬、应付票据、应付账款、预收账款、其他应付款、其他流动负债等。非流动负债包括长期借款、长期应付款等项目。

(2) 净资产类:净资产类按先事业基金,后非流动资产基金、专用基金、财政补助结转结余、非财政补助结转结余的顺序排列,包括事业基金、非流动资产基金、专用基金、财政补助结转、财政补助结余、非财政补助结转和非财政补助结余等项目。

(三) 资产负债表的编制方法

资产负债表设有"年初余额"和"期末余额"两个金额栏,其中,"年初余额"根据上年年末资产负债表项目的有关数字填列。如果本年度的项目与上年末各项目的名称和内容不一致,则应调整后填入。"期末余额"表示报告期末的状况,应根据报告期末各总账科目期末余额填列。具体项目的填列如下:

1. 根据会计科目期末余额直接填列的项目

事业单位资产负债表中的大部分项目都是根据该会计科目期末余额直接填列的,这些项目主要包括"短期投资""财政应返还额度""应收票据""应收账款""预付账款""其他应收款""存货""累计折旧""在建工程""累计摊销""短期借款""应缴国库款""应缴财政专户款""应付职工薪酬""应付票据""应付账款""预收账款""其他应付款""事业基金""非流动资产基金""专用基金""财政补助结转""财政补助结余""非财政补助结转"等项目。

2. 根据会计科目期末余额分析填列的项目

事业单位资产负债表中根据会计科目的期末余额分析填列的项目主要包括:

(1) "货币资金"项目,分别根据事业单位"库存现金"科目、"银行存款"科目和"零余额账户用款额度"科目的期末余额合计数填列。

(2) "其他非流动资产"项目,应根据"长期投资"等科目的期末余额分析填列。

(3) "长期投资"项目,应根据"长期投资"科目的期末余额减去其中将于1年内(含1年)到期的长期债券投资后余额的金额填列。

(4) "固定资产"项目,根据"固定资产"科目的期末余额减去"累计折旧"科目期末余额后的金额填列。

"固定资产原价"项目,应根据"固定资产"科目的期末余额填列。

(5) "无形资产"项目,根据"无形资产"科目的期末余额减去"累计摊销"科目期末余额后的金额填列。

"无形资产原价"项目,应根据"无形资产"科目的期末余额填列。

(6) "应缴税费"项目,应根据"应缴税费"科目的期末贷方余额填列;如该科目期末余额为借方,则以"-"号表示。

(7)"其他非流动负债"项目,应根据"长期借款""长期应付款"等科目的期末余额分析填列。

(8)"长期借款"项目,应根据"长期借款"科目的期末余额减去其中将于 1 年内(含 1 年)到期的长期借款余额后的金额填列。

(9)"长期应付款"项目,应根据"长期应付款"科目的期末余额减去其中将于 1 年内(含 1 年)到期的长期应付款余额后的金额填列。

(10)"非财政补助结余"项目,应根据"事业结余""经营结余"科目的期末余额合计数填列;如"事业结余""经营结余"科目的期末余额合计数为亏损数,则以"－"号填列。在编制年度资产负债表时,本项目金额一般为"0";若不为"0",本项目金额为"经营结余"科目的期末借方余额("－"号填列)。

"事业结余"项目应根据"事业结余"科目的期末余额填列;如"事业结余"科目的期末余额为亏损数,则以"－"号填列。在编制年度资产负债表时,本项目金额应为"0"。

"经营结余"项目应根据"经营结余"科目的期末余额填列;如"经营结余"科目的期末余额为亏损数,则以"－"号填列。在编制年度资产负债表时,本项目金额一般为"0";若不为"0",本项目金额应为"经营结余"科目的期末借方余额("－"号填列)。

需要特别说明的是,上级单位或主管部门编制汇总的"资产负债表"时,应将上下级之间的对应科目数字冲销掉后,才能逐级汇总上报。上下级之间的对应科目主要有:"对附属单位补助支出""附属单位上缴收入"科目分别与下级单位的"上级补助收入""上缴上级支出"科目对应。

二、收入支出表的编制

(一) 收入支出表及其结构

收入支出表反映事业单位在某一会计期间内各项收入、支出和结转结余情况,以及年末非财政补助结余的分配情况。它是一张动态会计报表。

收入支出表的结构由表头和基本部分组成。基本部分包括收入、支出和结余及分配三项内容。其格式见表 19-3。

表 19-3 收入支出表

会事业 02 表
编制单位   年   月

项　　　目	本　月　数	本年累计数
一、本年财政补助结转结余		
财政补助收入		
减:事业支出(财政补助支出)		
二、本期事业结转结余		
(一) 事业类收入		
1. 事业收入		
2. 上级补助收入		
3. 附属单位上缴收入		

续表

项　　　目	本　月　数	本年累计数
4. 其他收入		
其中：捐赠收入		
减：(二)事业类支出		
1. 事业支出(非财政补助支出)		
2. 上缴上级支出		
3. 对附属单位补助支出		
4. 其他支出		
三、本期经营结余		
经营收入		
减：经营支出		
四、弥补以前年度亏损后的经营结余		
五、本年非财政补助结转结余		
减：非财政补助结转		
六、本年非财政补助结余		
减：应缴企业所得税		
减：提取专用基金		
七、转入事业基金		

(二) 收入支出表的编制方法

收入支出表中的"本年累计数"栏反映各项目自年初至报告期末止的累计实际发生数。编制年度收入支出表时，应当将本栏改为"本年数"。

收入支出表中的"本月数"栏反映各项目的本月实际发生数。编制年度收入支出表时，应当将本栏改为"上年数"栏，反映上年度各项目的实际发生数；如果本年度收入支出表规定的各个项目的名称和内容同上年度不一致，应对上年度收入支出表各项目的名称和数字按照本年度的规定进行调整，填入本年度收入支出表的"上年数"栏。

收入支出表是动态会计报表，表中的"本月数"栏各项目是根据各个科目的发生额填列的，具体填列方法如下：

(1) "本期财政补助结转结余"项目，应当按照本表中"财政补助收入"项目金额减去"事业支出(财政补助支出)"项目金额后的余额填列。

(2) "财政补助收入"项目，应当根据"财政补助收入"科目的发生额填列。

(3) "事业支出(财政补助支出)"项目，应当根据"事业支出——财政补助支出"科目的发生额填列。

(4) "本期事业结转结余"项目，应当按照本表中"事业类收入"项目金额减去"事业类支出"项目金额后的余额填列；如为负数，以"—"号填列。

(5)"事业类收入"项目,应当根据本表中"事业收入""上缴上级收入""附属单位上缴收入""其他收入"项目金额的合计数填列。

"事业收入""上缴上级收入""附属单位上缴收入""其他收入"各项目根据各该科目的本期发生额填列。

"捐赠收入"项目,应当根据"其他收入"科目所属相关明细科目的本期发生额填列。

(6)"事业类支出"项目,应当根据本表中"事业支出(非财政补助支出)"、"上缴上级支出""对附属单位补助支出""其他支出"项目金额的合计数填列。

"事业支出(非财政补助支出)"项目,应当根据"事业支出——非财政专项资金支出""事业支出——其他资金支出"科目的本期发生额填列。

"上缴上级支出""对附属单位补助支出""其他支出"各项目根据各该科目的本期发生额填列。

(7)"本期经营结余"项目,应当根据本表中"经营收入"项目金额减去"经营支出"项目金额后的余额填列;如为负数,以"－"号填列。

"经营收入""经营支出"项目,分别根据"经营收入""经营支出"科目本期发生额填列。

(8)"弥补以前年度亏损后的经营结余"项目,根据"经营结余"科目年末转入"非财政补助结余分配"科目前的余额填列;如该年末余额为借方余额,以"－"号填列。

(9)"本年非财政补助结转结余"项目,如表中"弥补以前年度亏损后的经营结余"项目为正数,本项目应当按照本表中"本期事业结转结余""弥补以前年度亏损后的经营结余"项目金额的合计数填列;如为负数,以"－"号填列。如表中"弥补以前年度亏损后的经营结余"项目为负数,本项目应当按照本表中"本期事业结转结余"项目金额填列;如为负数,以"－"号填列。

(10)"非财政补助结转"项目,本项目应当根据"非财政补助结转"科目本年贷方发生额中专项资金收入转入金额合计数减去本年借方发生额中专项资金支出转入金额合计数后的金额填列。

(11)"本年非财政补助结余"项目,本项目应当根据本表中"本年非财政补助结转结余"项目金额减去"非财政补助结转"项目金额后的金额填列;如为负数,以"－"号填列。

(12)应缴企业所得税。"应缴企业所得税"项目,应当根据"非财政补助结余分配"科目的本期发生额分析填列。

(13)"转入事业基金"项目,应当很据"本年非财政补助结余"项目金额减去"应缴企业所得税""提取专用基金"项目金额后的余额填列;如为负数,以"－"号填列。

上述(8)～(13)项目,只有在编制年度收入支出表时才填列;编制月度收入支出表时,可以不设置这些项目。

三、财政补助收入支出表的编制

(一) 财政补助收入支出表及其结构

财政补助收入支出表是反映事业单位在某一会计年度财政补助收入、支出、结转及结余情况的报表。

财政补助收入支出表的结构由表头和基本部分组成。基本部分包括年初财政补助结转结余、调整年初财政补助结转结余、本年归集调入财政补助结转结余、本年上缴财政补助结转结余及本年财政补助收入、支出和年末财政补助结转结余等内容。财政补助收入支出表格式见表19-4。

表 19-4 财政补助收入支出表

会事业 03 表
编制单位　　　　　　　　　　　××年度

项　　目	本　年　数	上　年　数
一、年初财政补助结转结余		
(一) 基本支出结转		
1. 人员经费		
2. 日常公用经费		
(二) 项目支出结转		
××项目		
(三) 项目支出结余		
二、调整年初财政补助结转结余		
(一) 基本支出结转		
1. 人员经费		
2. 日常公用经费		
(二) 项目支出结转		
××项目		
(三) 项目支出结余		
三、本年归集调入财政补助结转结余		
(一) 基本支出结转		
1. 人员经费		
2. 日常公用经费		
(二) 项目支出结转		
××项目		
(三) 项目支出结余		

续表

项　　目	本 年 数	上 年 数
四、本年上缴财政补助结转结余		
(一) 基本支出结转		
1. 人员经费		
2. 日常公用经费		
(二) 项目支出结转		
××项目		
(三) 项目支出结余		
五、本年财政补助收入		
(一) 基本支出		
1. 人员经费		
2. 日常公用经费		
(二) 项目支出		
××项目		
六、本年财政补助支出		
(一) 基本支出		
1. 人员经费		
2. 日常公用经费		
(二) 项目支出		
××项目		
七、年末财政补助结转结余		
(一) 基本支出结转		
1. 人员经费		
2. 日常公用经费		
(二) 项目支出结转		
××项目		
(三) 项目支出结余		

(二) 财政补助收入支出表的编制方法

财政补助收入支出表中的"上年数"栏内各项数字，应当根据上年度财政补助收入支出表"本年数"栏各项目的内容填列。

财政补助收入支出表中的"本年数"栏各项目填列方法如下：

(1) "年初财政补助结转结余"项目及其所属明细项目，应当根据上年度财政补助收入支出表中"年末财政补助结转结余"项目及其所属明细项目"本年数"栏的数字填列。

(2) "调整年初财政补助结转结余"项目及其所属明细项目，应当根据"财政补助结转""财政补助结余"科目及其所属明细科目的本年发生额填列。如调整减少年初财政补助结转结余，以"－"号填列。

(3) "本年归集调入财政补助结转结余"项目及其所属明细项目，应当根据"财政补助结转""财政补助结余"科目及其所属明细科目的本年发生额分析填列。

(4)"本年上缴财政补助结转结余"项目及其所属明细项目,应当根据"财政补助结转""财政补助结余"科目及其所属明细科目的本年发生额分析填列。

(5)"本年财政补助收入"项目及其所属明细项目,应当根据"财政补助收入"科目及其所属明细科目的本年发生额填列。

(6)"本年财政补助支出"项目及其所属明细项目,应当根据"事业支出"科目所属明细科目的本年发生额中的财政补助支出数填列。

(7)"年末财政补助结转结余"项目及其所属明细项目,应当根据"财政补助结转""财政补助结余"科目及其所属明细科目的年末余额填列。

第三节 事业单位会计报表的审核和汇总

一、会计报表的审核

事业单位对已编好的会计报表应认真审核后上报,上级部门对所属单位会计报表应认真审核,然后汇总。会计报表的审核包括技术性审核和政策性审核两个方面。

(一) 技术性审核

技术性审核主要是审核会计报表的数字是否正确,规定的报表是否齐全,表内项目是否按规定填报,有无漏报、错报情况,报送是否及时,报表上各项签章是否齐全等。在审核会计报表时,应注意审核以下数字之间的关系:

(1) 审核会计报表中的有关数字和业务部门提供的数字是否一致。

(2) 审核会计报表之间的有关数字是否一致。如资产负债表中的固定资产年末数与固定资产统计表数字核对应相符。

(二) 政策性审核

政策性审核主要是审核会计报表中反映的各项资金收支是否符合政策、制度,有无违反财经纪律的现象。

(1) 对各项收入的审核。应重点审查各项收入是否符合政策性规定,预算资金的取得是否符合预算和用款计划,其他收入的收费标准是否符合有关规定,应缴国库款是否及时、足额上缴,有无截留挪用现象等。

(2) 对各项支出的审核。应重点审查各项支出是否按预算和计划执行,有无违反国家统一规定的开支范围和开支标准以及其他财务制度的规定,有无将预算外支出挤入预算内报销,是否存在乱拉资金、乱上计划外项目、盲目扩大基本建设规模的问题等。

通过上述审核后,就可以将审核无误的会计报表进行汇总,编制本系统或二级单位的汇总会计报表。

二、会计报表的汇总

事业单位会计报表应当层层汇总编制。基层单位的会计报表,应根据登记完整、核对无误的账簿记录和其他有关资料编制,切实做到账表相符,不得估列代编。主管会计单位和二级会计单位，应根据本级报表和经审核后的所属单位会计报表编制汇总会计报表，借以反映全系统的预算执行情况和资金活动情况。汇总会计报表的种类和内容、格式与基层会计报表相同。汇总编制时应将相同项目的金额加计总额后填列，但上下级单位之间对应的"附属单位上缴收入"与"上缴上级支出"要对冲，系统内部各单位之间的往来款项应相互冲销。如系统内部本单位的其他应收款和其他单位的其他应付款冲销等，以免重复计算。

第四节 事业单位会计报表的财务分析

一、会计报表财务分析的意义

事业单位会计报表财务分析是指根据会计报表的资料、事业计划、统计数据和其他有关资料，对事业单位的财务活动情况进行比较、分析和研究，总结经验，查明问题，并作出正确评价。

编制会计报表的目的是给会计报表使用者提供有关事业单位财务状况、收入支出及结余情况信息资料，以帮助其作出正确决策。但会计报表所提供的数据是历史性的，而且会计报表数字本身并不完全具有比较明确的含义，所以需要依据会计报表和其他有关资料进一步分析，才能获得决策所需要的信息资料。

通过事业单位会计报表的财务分析有利于检查事业计划的完成情况，查明存在问题的原因，采取措施，从而促进以后各期事业计划的圆满完成；通过事业单位会计报表的财务分析，有利于确定事业单位的资金运用情况和单位的偿债能力，并作出对应决策，确保资金的安全运行。

二、会计报表财务分析的方法和内容

(一) 比较分析法

比较分析法是将两个或两个以上的相关指标(可比指标)进行对比测算出相互间的差异，从中进行分析、比较，从而找出产生差异的原因的一种分析方法。这种方法主要分析以下三个方面：

(1) 本期实际执行与本期计划、预算进行对比。

这种方法就是将本期事业计划的实际完成情况同本单位的计划任务、预算任务进行对比，找出差距，查明问题。其公式为：

实际较计划数增减数额＝本期的实际完成数－本期的计划(预算)数

计划(预算)完成的百分比＝本期的实际完成数/本期的计划(预算)完成数

(2) 本期实际与历史同期进行比较。

将本期实际数与历史同期数进行比较，可以了解单位本期与过去时期的增减变化情况，研究发展趋势，分析原因，以改进工作方向。

(3) 本期实际执行与同类单位先进水平进行比较。

将本单位与其他单位的有关指标的完成情况进行对比，从而发现与先进单位的差距，以便取长补短，赶超先进。

(二) 因素分析法

因素分析法又称连环替代法，它是在几个相互联系的因素中以数值来测定各个因素的变动对总差异的影响程度的一种方法。因素分析法一般是将一个因素确定为变量，其他因素暂定为不变量，进行替换，以测定每个变量对该指标的影响程度，然后再根据构成指标各个因素的依存关系，逐一测定各个指标的影响程度。其步骤一般为：

(1) 根据各个因素，求出指标实际执行数。

(2) 按照一定顺序将各个因素变动对该指标实际执行的影响程度，将每一个因素的变动结果与前次相比较，两者差数就是该次因素变动对总指标的影响。

(3) 将各个因素变动对指标实际执行数的影响数值相加，就是实际数与计划数之间的总差额。

本 章 小 结

事业单位财务报告是反映事业单位某一特定日期的财务状况和某一会计期间的事业成果、预算执行等会计信息的文件。事业单位的财务报告包括财务报表和其他应当在财务会计报告中披露的相关信息和资料。财务报表是对事业单位财务状况、事业成果、预算执行等情况的结构性表述。财务报表由会计报表及其附注构成。

事业单位的会计报表主要有资产负债表、收入支出表或者收入费用表和财政补助收入支出表。

事业单位年度终了前，应根据财政部门或主管单位关于决算编审工作的要求，对各项收支款项、往来款项、货币资金和财产物资进行全面的年终清理结算，以保证事业单位年度决算内容的正确和完整。在进行完年终清理结算后，要进行年终结账。年终结账包括年终转账、结清旧账、记入新账三个环节。

事业单位的资产负债表是反映事业单位某一特定日期全部资产、负债、净资产情况的报表，它是静态报表。

收入支出表是反映事业单位在某一会计期间内各项收入、支出和结转结余情况，以及年末非财政补助结余的分配情况的报表，它是一张动态会计报表。

财政补助收入支出表是反映事业单位在某一会计年度财政补助收入、支出、结转及结余情况的报表。

事业单位对已编好的会计报表应认真审核后上报，上级部门对所属单位会计报表应认真审核，然后汇总。会计报表的审核包括技术性审核和政策性审核两个方面。

事业单位会计报表财务分析是指根据会计报表的资料、事业计划、统计数据和其他有关资料，对事业单位的财务活动情况进行比较、分析和研究，总结经验，查明问题，并作出正确评价。

复习思考题

1. 事业单位财务报告由哪几部分组成？会计报表的种类有哪些？
2. 编制会计报表应遵循哪些要求？
3. 事业单位的年终清理结账包括哪几个环节？
4. 事业单位的年终清理事项有哪些？
5. 什么是资产负债表？如何编制？
6. 什么是收入支出表？如何编制？
7. 什么是财政补助收入支出表？如何编制？
8. 事业单位会计报表审核包括哪些内容？

练 习 题

一、目的　练习事业单位资产负债表的编制。

二、资料　某事业单位2014年12月末有关科目余额如下(单位：元)。

科 目 名 称	借方科目余额	贷方科目余额
库存现金	7 000	
银行存款	623 000	
零余额账户用款额度	320 000	
应收账款	130 000	
应收票据	20 000	
存货	110 000	
长期投资	450 000	
固定资产	1 200 000	
累计折旧		200 000
无形资产	380 000	
累计摊销		80 000
短期借款		100 000
应付账款		50 000
应付票据		70 000
应缴税费		52 000
事业基金		120 000
非流动资产基金		1 750 000
专用基金		40 000
财政补助结转		120 000
财政补助结余		178 000
事业结余		310 000
经营结余		290 000

三、要求　根据上述资料编制资产负债表。

第二十章 民间非营利组织会计概述

学习目标

通过本章的学习,要求简单了解民间非营利组织会计的特点和会计原则;初步掌握民间非营利组织的会计要素;基本明确民间非营利组织会计与公立非营利组织会计的区别。

第一节　民间非营利组织会计的特点和原则

一、民间非营利组织及其会计的特点

民间非营利组织是指在中华人民共和国境内依法成立的各类社会团体、基金会和民办非企业单位。为了规范民间非营利组织的会计核算，提高会计信息质量，我国财政部根据《中华人民共和国会计法》及其他有关法律、法规，于 2004 年 8 月制定了《民间非营利组织会计制度》，于 2005 年 1 月 1 日起在全国民间非营利组织范围内开始实施。

我国的民间非营利组织应当符合三个条件：不以盈利为目的；任何单位和个人不因为出资而拥有非营利组织的所有权；收支结余不得向投资者分配，民间非营利组织一旦进行清算，清算后的剩余财产应按规定继续用于社会公益事业。

我国民间非营利组织会计的特点主要体现在以下几个方面：

(1) 民间非营利组织的会计核算以持续、正常的业务活动为前提，会计记账方法采用借贷记账法。

(2) 民间非营利组织一般采用权责发生制作为记账基础。有些民间非营利组织在日常会计核算时采用收付实现制，但对外提供的财务报告，特别是年度财务报告，应当对会计数据作适当调整，形成符合以权责发生制为基础的财务报告。

(3) 民间非营利组织会计一般需要计提固定资产折旧，而公立非营利组织不计提固定资产折旧。民间非营利组织计提折旧方法可以采用年限平均法、工作量法、年数总和法、双倍余额递减法等。民间非营利组织应当根据科技发展、环境及其他因素变化，选择科学、合理的固定资产折旧方法。

(4) 民间非营利组织要求分开列示限定性资源和非限定性资源，即按其是否受资源提供者所附条件限定划分为非限定性基金和限定性基金，同时，也要求民间非营利组织将净资产划分为限定性净资产和非限定性净资产，并分开列示。

(5) 民间非营利组织一般要求进行成本费用核算，正确计算结余并进行分配。

二、民间非营利组织会计的基本原则

民间非营利组织会计核算的一般原则是指导和约束民间非营利组织会计行为的基本规范和要求，是财务会计工作中具有广泛性的指导思想。财政部颁布的《民间非营利组织会计制度》中规定了会计核算必须坚持各项基本原则，这些原则包括：

1. 客观性原则

客观性原则又称真实性或可靠性原则，是指会计信息不仅如实地反映交易或事项，而且是可证实的、公正的和不偏不倚的。客观性是对财务会计核算工作和会计信息的基本要求，它要求民间非营利组织会计在会计核算的各个阶段必须符合真实客观的要求，会计确认必须以实际发生的经济活动为依据，会计记录、计量的对象必须是真实的经济业务；会计报告必须如实反映情况，不得虚报和掩饰。

2. 相关性原则

相关性是指政策相关性，即民间非营利组织所提供的会计信息要求与会计信息使用者的决策需要相关联，也就是说，民间非营利组织会计提供的会计信息应当满足信息使用者的需要。民间非营利组织会计核算的目标是为给那些与民间非营利组织有关的捐赠者、债权人以及社会团体和一些潜在的捐赠者和债权人提供有利于他们进行决策的财务信息。

3. 实质重于形式原则

实质重于形式原则是指民间非营利组织应当按照交易或事项的实质进行会计核算，而不仅仅以法律形式作为会计核算依据。

4. 一贯性原则

一贯性原则又称一致性原则，是指同一组织单位在不同的会计期间提供会计信息所采用的会计概念、程序、计量模式和方法尽可能一致，以保证会计信息前后期的比较。在民间非营利组织会计核算中坚持一贯性原则，有利于提高会计信息的使用价值，防止和制约通过会计处理方法和程序的变更，在会计信息上弄虚作假。

5. 可比性原则

可比性原则是指民间非营利组织会计核算应当按照规定的会计处理方法进行，会计信息应当口径一致、相互可比。它要求不同民间非营利组织发生的相同业务的会计处理应当采用相同的会计处理程序和会计方法，使不同民间非营利组织之间的会计信息所反映的业务活动情况、财务状况相互可比。

6. 及时性原则

及时性原则是指民间非营利组织会计信息的加工、传递速度要快，要在信息的使用者作出决策之前传到，也就是说，会计信息要有时效性。

7. 明晰性原则

明晰性原则要求民间非营利组织财务会计核算所提供的信息简明、易懂，能够简单明了地反映该组织的财务状况和业务活动情况，并容易为人们所理解。

8. 配比原则

配比原则是指民间非营利组织在进行会计核算时，收入与其成本、费用应当相互配比，同一期间的各项收入与其有关的成本、费用，应当在该期间内确认。配比原则是民间非营利组织收入和费用确认的基本规范。

9. 实际成本原则

实际成本原则也称历史成本原则，是指民间非营利组织的各项财产在取得时应当按照实际成本计量。

10. 谨慎性原则

谨慎性原则是指面对不确定的环境因素，会计人员应当尽可能选择低估资产和收入，而尽可能充分预计费用和损失计入当期损益的会计处理方法。《民间非营利组织会计制度》要求民间非营利组织在进行会计核算时，应当遵守谨慎性原则。

11. 划分收益性支出与资本性支出原则

划分收益性支出与资本性支出是指民间非营利组织的会计核算应当合理划分收益性支出和资本性支出的界限。凡是支出的效益仅限于本年度的，应当作为收益性支出；凡是支出的效益与几个会计年度相关的，应当作为资本性支出。区分收益性支出和资本性支出，有利于正确计算成本费用和各期收入。

12. 重要性原则

民间非营利组织的会计核算应当遵循重要性原则，对资产、负债、净资产、收入、费用等有较大影响，并进而影响财务报告使用者据以作出合理判断的重要会计事项，必须按照规定的会计方法和程序处理，并在财务报告中予以充分披露；对于非重要的会计事项，在不影响会计信息真实性和不至于误导会计信息使用者作出判断的前提下，可以适当简化处理。

13. 权责发生制原则

权责发生制原则是指民间非营利组织当期已经实现的收入和已经发生的费用或者应负担的费用，不论是否收付，一般都应作为当期的收入和费用；不属于当期的收入和费用，即使款项已经在当期收付，一般也不应作为当期的收入和费用。权责发生制原则要求民间非营利组织会计以权责发生制为基础，确认当期收入和费用。

第二节　民间非营利组织会计要素

一、会计要素

会计要素是对民间非营利组织会计反映和监督的内容所作的基本分类，是财务会计报表所反映内容的概括。在民间非营利组织会计中，会计要素分为资产、负债、净资产、收入、费用五项。

1. 资产

资产是指民间非营利组织过去的交易或事项形成并由民间非营利组织拥有或控制的资源，该资源预期会给民间非营利组织带来经济利益或者服务潜能，包括各种财产、债权和权利。从民间非营利组织讲，资产的取得主要是因为它具有潜在的效益或劳务，民间非营利组织可以从资产的使用中得到预期的利益。民间非营利组织的资产有流动资产、长期投资、固定资产、无形资产和受托代理资产等。

2. 负债

负债是民间非营利组织过去的交易或事项形成的现实义务，履行该义务预期会导致经济利益或者服务潜能的资源流出民间非营利组织。负债按其流动性分为流动负债、长期负债和受托代理负债。

3. 净资产

民间非营利组织的净资产是指资产减去负债后的余额。按其是否受到限制，分为限定性净资产和非限定性净资产。

4. 收入

收入是指民间非营利组织开展业务活动，导致本期净资产增加和经济利益或者服务潜能的流入。民间非营利组织的收入分为捐赠收入、会费收入、提供服务收入、政府补助收入、投资收益、商品销售收入、其他收入等。

5. 费用

费用是指民间非营利组织为开展业务活动所发生的、导致本期净资产减少的经济利益或者服务潜能的流出。费用应按其功能划分为业务活动成本、管理费用、筹资费用和其他费用等。

二、会计要素之间的关系

民间非营利组织是一个独立的会计主体，它要进行业务活动，必须拥有一定的资产，这些资产都有其提供者，一是捐赠者，二是债权人。资产的提供者会对民间非营利组织提出要求：捐赠者对其捐赠的资产的使用提出限定性要求；债权人对其债权的权利提出要求。我们把捐赠者的要求权称为净资产，把债权人的权益称为负债。因此，一个会计主体的全部资产应当等于各有关提供者对这些资产的权益合计。用等式表示为：

$$资产 = 负债 + 净资产$$

任何一项会计事项的发生都会影响到等式的变化，但无论怎样变化，资产总额与权益总额都是相等的，所以"资产＝负债＋净资产"这个会计等式又称为会计恒等式。

会计恒等式表明了资产、负债和净资产等主要要素之间的基本数量关系，是进行复式记账和编制资产负债表的理论依据。

在会计期间民间非营利组织会发生各种经济业务活动，在经济业务活动过程中，一方面会取得收入，导致民间非营利组织资产的增加或负债的减少；另一方面要发生各种费用，必然会导致资产的减少或负债的增加。而收入与费用之间的差额会影响净资产的变动，收入大于费用时使净资产增加，收入小于费用时使净资产减少，所以可以将会计等式表示为：

$$资产 = 负债 + 净资产 + (收入 - 费用)$$

或

$$资产 = 负债 + 净资产 + 净资产变动额$$

其中，净资产加净资产变动额，就是期末净资产总额。因此，年终结账后，民间非营利组织的会计等式又恢复到最初的基本恒等式的形式。

本 章 小 结

民间非营利组织是指在中华人民共和国境内依法成立的各类社会团体、基金会和民办非企业单位。我国的民间非营利组织应当符合三个条件：不以盈利为目的；任何单位和个人不因为出资而拥有非营利组织的所有权；收支结余不得向投资者分配。民间非营利组织一旦进行清算，清算后的剩余财产应按规定继续用于社会公益事业。

民间非营利组织会计中，会计要素分为资产、负债、净资产、收入、费用五项。民间非营利组织是一个独立的会计主体，它要进行业务活动，必须拥有一定的资产，这些资产都有其提供者，一是捐赠者，二是债权人。一个会计主体的全部资产应当等于各有关提供者对这些资产的权益合计，用等式表示为：

$$资产 = 负债 + 净资产$$

复习思考题

1. 民间非营利组织的含义如何？
2. 民间非营利组织会计有哪些特点？
3. 民间非营利组织会计核算的原则有哪些？
4. 民间非营利组织会计要素有哪些？
5. 民间非营利组织会计要素之间关系如何？

第五篇　国库集中收付与政府采购

第二十一章　国库集中收付

> **学习目标**
>
> 通过本章的学习，要求了解国库集中收付制度的意义；理解国库集中收付制度的主要内容；熟练掌握行政、事业单位在财政直接支付、财政授权制度方式下的账务处理。

第一节　国库集中收付概述

一、国库集中收付制度的意义

国库集中收付制度改革也是我国近年来财政管理制度的"三大改革"中的一种改革。所谓国库集中收付制度是指以国库单一账户体系为基础，资金缴拨以国库集中收付为主要形式的财政资金管理制度。实行国库集中收付制度对于提高财政资金使用效益、加强财政监督等有着重要作用。

实行国库集中收付制度后，没有资金沉淀在支出单位，可以使原来分散收付制度下原本沉淀在支出单位的闲置资金被有效盘活，并且国库直接将资金支付给商品或劳务提供者，减少了支出环节，支出单位的财政资金都集中在国库，有利于财政部门统一调度资金，从而提高财政资金的使用效率；实行国库集中收付制度后，建立单一账户，所有的财政资金都集中到国库，财政部门可以运筹帷幄，对资金调余补缺，缩小财政赤字，同时因为所有的财政资金都通过国库单一账户收付，使得国库和财政部门都可以更加严格地监督财政资金的支付，有利于强化财政对国库资金的监督管理和调控。

二、国库集中收付制度的主要内容

(一) 建立国库单一账户体系

1. 财政部开设的银行账户

(1) 在中国人民银行开设国库存款账户(简称国库单一账户)。该账户是国库存款账户，用来记录、核算和反映财政收入和支出活动，并用于财政部门在商业银行开设的零余额账户进行清算，实现支付。

(2) 在商业银行开设零余额账户。该账户是财政部门按照资金使用性质在商业银行开设的账户，用于财政直接支付和与国库单一账户支出清算。

(3) 在商业银行开设预算外资金账户。该账户用于记录、核算和反映预算外资金的收入和支出，并用于预算外资金的日常收支清算。

2. 财政部门为预算单位开设的账户

(1) 在商业银行开设零余额账户。该账户用于财政授权支付和清算。

(2) 在商业银行开设小额现金账户。该账户用于记录、核算和反映预算单位的零星支出活动，并用于与国库单一账户清算。

3. 开设特设账户

经国务院和省级人民政府批准或授权财政部门开设特殊过渡性账户(特设专户)，该账户用于记录、核算和反映预算单位特殊专项支出并与国库单一账户清算。

(二) 收入收缴与支出支付程序

1. 收入收缴方式

财政收入的收缴方式分为直接缴库和集中汇缴两种。直接缴库是指收缴单位或缴款人按有关法律、法规规定，直接将应缴收入缴入国库单一账户或预算外资金财政专户的收缴方式；集中缴库是指由征收机关(有关法定单位)按有关法律、法规规定，将所收的应缴收入汇总缴入国库单一账户或预算外资金专户的收缴方式。

2. 支出方式和程序

财政资金的支付方式分为财政直接支付和财政授权支付两种，两种支付方式的程序有所不同。

(1) 财政直接支付。

财政直接支付是指由财政部门开具支付指令，通过国库单一账户体系，直接将财政资金支付到收款人(即商品和劳务供应者)或用款单位账户。实行财政直接支付的主要包括工资支出、购买支出以及中央对地方的专项转移支出、转移支出等。

财政直接支付的程序为：预算单位按照批复的部门预算和资金使用计划，向财政国库支付执行机构提出支付申请，财政国库执行机构根据批复的部门预算和资金使用计划及相关要求对支付申请审核无误后，向代理银行发出支付令，并通知中国人民银行国库部门，通过代理银行，进入全国银行代理清算系统实时清算，财政资金从国库单一账户划拨到收款人的银行账户。

(2) 财政授权支付。

财政授权支付是指预算单位根据财政授权，自行开具支付令，通过国库单一账户体系将资金支付到收款人账户。实行财政授权支付的支出主要包括未实行财政直接支付的购买支出和零星支出。

财政授权支付的程序为：预算单位按照批复的预算和资金使用计划，向财政国库支付执行机构申请授权支付的月度用款限额，财政国库支付执行机构将批准后的限额通知代理银行和预算单位，并通知中国人民银行国库部门。预算单位在用款限额内，自行开具支付指令，通过财政国库支付执行机构转由代理银行向收款人付款，并与国库单一账户进行清算。

第二节 国库集中收付业务的核算

一、财政直接支付的核算

(一) 事业单位会计核算

在财政直接支付方式下，事业单位对于财政直接支付的工资、购买材料、服务的款项，根据"财政直接支付入账通知书"、工资发放明细表等有关凭证，借记"事业支出""材料"等账户，贷记"财政补助收入"科目。如果购入的是固定资产，同时借记"固定资产"科目，贷记"非流动资产基金"科目。

【例 21-1】某事业单位的财政预算拨款采用财政直接支付方式。2014 年 10 月购置一项固定资产，所需资金全部由财政直接拨付。该项固定资产价值 120 000 元，事业单位收到"财政直接支付入账通知书"及其他有关凭证。事业单位应做的会计分录为：

借：事业支出 120 000
　　贷：财政补助收入 120 000
同时，
借：固定资产 120 000
　　贷：非流动资产基金 120 000

(二) 行政单位会计核算

在财政直接支付方式下，行政单位对于财政直接支付的工资、购买材料、服务的款项，根据"财政直接支付入账通知书"、工资发放明细表等有关凭证，借记"经费支出""存货"等账户，贷记"财政拨款收入""资产基金"等科目。如果购入的是固定资产等，同时借记"固定资产"科目，贷记"资产基金"科目。

【例 21-2】 某行政单位的财政预算拨款采用财政直接支付方式。2012 年 10 月购置材料一批，所需资金全部由财政直接拨付。该批材料价值 90 000 元，行政单位收到"直接支付入账通知书"及其他有关凭证。行政单位应做的会计分录为：

借：存货 90 000
　　贷：资产基金 90 000
借：经费支出 90 000
　　贷：财政拨款收入 90 0000

二、财政授权支付的核算

(一) 事业单位会计核算

在财政授权支付方式下，事业单位需要设置"零余额账户用款额度"科目，该科目用来核算事业单位在财政下达授权支付额度内办理的授权支付业务。该账户借方登记收到财政下达的授权支付额度，贷方登记授权支付的支出数。

【例 21-3】 某事业单位的财政预算拨款采用财政授权支付方式。2014 年 10 月，该事业单位收到代理银行盖章的"财政授权支付入账通知书"，通知书中注明的月度用款额度 100 000 元。10 月份，该事业单位购入一批事业活动用材料，价值 35 100 元。事业单位应做的会计分录为：

(1) 收到财政授权支付额度时：
借：零余额账户用款额度 100 000
　　贷：财政补助收入 100 000
(2) 购买材料支付额度时：
借：存货 35 100
　　贷：零余额账户用款额度 35 100

(二) 行政单位会计核算

在财政授权支付方式下，行政单位需要设置"零余额账户用款额度"科目，该科目用来核算行政单位在财政下达授权支付额度内办理的授权支付业务。该账户借方登记收到财政下达的授权支付额度，贷方登记授权支付的支出数。

【例 21-4】 某行政单位的财政预算拨款采用财政授权支付方式。2014 年 10 月，该行政单位收到代理银行盖章的"财政授权支付入账通知书"，通知书中注明的月度用款额度 80 000 元。10 月份，该行政单位向劳务供应商支付劳务费 37 000 元。行政单位应做的会计分录为：

(1) 收到财政授权支付额度时：

借：零余额账户用款额度　　　　　　　　　　　　80 000
　　贷：财政拨款收入　　　　　　　　　　　　　　　　80 000

(2) 支付供应商劳务费时：

借：经费支出　　　　　　　　　　　　　　　　　　37 000
　　贷：零余额账户用款额度　　　　　　　　　　　　　37 000

本 章 小 结

国库集中收付制度是指以国库单一账户体系为基础、资金缴拨以国库集中收付为主要形式的财政资金管理制度。

国库集中收付核算需要建立国库单一账户体系，包括：财政部门在中国人民银行开设的国库存款账户、在商业银行开设零余额账户、在商业银行开设预算外资金账户；财政部门为预算单位在商业银行开设零余额账户；开设特设账户。

财政收入的收缴方式分为直接缴库和集中汇缴两种。财政资金的支付方式分为财政直接支付和财政授权支付两种，两种支付方式的程序有所不同。在财政授权支付方式下，行政事业单位需要设置"零余额账户用款额度"科目。

复 习 思 考 题

1. 国库集中收付制度的含义如何？实行国库集中收付制度有哪些意义？
2. 国库单一账户体系由哪些账户组成？
3. 什么是财政直接支付方式？其支付程序如何？
4. 什么是财政授权支付方式？其支付程序如何？
5. 在国库集中收付方式下，事业单位、行政单位如何进行账务处理？

第二十二章　政 府 采 购

学习目标

通过本章的学习，要求了解政府采购的意义；掌握政府采购资金的支付方式和政府采购资金的支付程序；熟练掌握行政、事业单位政府采购业务的账务处理。

第二十二章 政府采购

第一节 政府采购概述

一、政府采购的意义

政府采购制度改革是我国近年来财政管理制度的"三大改革"(政府采购制度改革、国库集中收付制度改革和部门预算制度改革)中的一种改革。政府采购是指各级政府及其所属机构为了开展日常业务活动或为公众提供公共服务的需要,在财政的监督下,以法定的方式、方法和程序,取得货物、工程或服务的行为。

我国的政府采购工作开始于1996年,1998年试点范围迅速扩大。2002年6月我国颁布实施了《中华人民共和国采购法》,该法中对政府采购方式、政府采购程序、政府采购合同、法律责任等问题作了比较全面的规定。

采用政府采购在促进公共资源的优化配置、引导市场发展以及实施财政监督机制方面有着重要作用。政府采购所需要的资金是财政预算资金,是公共资源的主要部分之一。通过政府采购不仅可以直接优化公共资源配置,还具有采购的政策效益,引导市场配合政府政策,从而促进公共资源的优化配置。通过政府采购,还具有一定的市场引导作用。例如,通过向一些诸如残疾人、妇女、少数民族等特殊企业购买产品,解决部分就业问题;可以对需要稳定物价的产品进行采购和吞吐,从而调节物价。实施政府采购制度,财政可以对支出的使用进行监督管理。政府采购通过招投标的方式进行交易,可以使政府的各项采购活动在公开、公正、公平、透明的环境中运作,形成财政、审计、供应商和公众等全方位参与的监督机制。

二、政府采购资金的支付方式

政府采购资金的支付方式有三种:财政全额直接拨付方式、财政差额直接拨付方式和采购卡支付方式。

(一) 财政全额直接拨付方式

财政全额直接拨付方式是指财政部门和采购单位按照先集中后支付的原则,在采购活动开始前,采购单位必须先将单位自筹资金和预算外资金汇集到政府采购资金专户;需要支付资金时,财政部门根据合同履行情况,将预算资金和已经汇集的单位自筹资金和预算外资金,通过政府采购资金一并拨付给中标供应商。

(二) 财政差额直接拨付方式

财政差额直接拨付方式是指财政部门和采购单位按照政府采购拼盘项目合同中约定的各方负担的资金比例,分别将预算资金和预算外资金及单位自筹资金支付给中标供应商。

(三) 采购卡支付方式

采购卡支付方式是指采购单位使用选定的某家商业银行单位借记卡支付采购资金的行为,这种支付方式适用于采购单位经常性的零星采购项目。

三、政府采购资金的支付程序

(一) 资金汇集

实行财政全额直接拨付方式的采购项目,采购单位应当在采购活动开始前 3 个工作日,依据政府采购计划,将应分担的预算外资金和单位自筹资金足额划入政府采购资金专户。实行财政差额直接拨付方式的采购项目,采购单位应当在确保具备支付应分担资金能力的前提下开展政府采购活动。

(二) 支付申请

采购单位根据合同约定需要付款时,应当向同级财政部门主管机构提交预算拨款申请书和相关采购文件。其中,实行财政差额直接拨付方式的,必须经财政部门政府采购主管机构确认已先支付单位自筹资金和预算外资金后,方可提出预算申请。

(三) 支付

财政部门的国库管理机构审核采购单位填报的政府采购资金拨款申请书或预算拨款申请书无误后,按实际发生数并通过政府采购资金专户支付给供应商。实行财政差额直接拨付方式的,应按先预算单位自筹资金和预算外资金、后支付预算资金的顺序执行。因采购单位不能履行付款义务而引起的法律责任,全部由采购单位承担。

第二节 政府采购业务的核算

一、财政全额直接拨付方式的政府采购核算

(一) 事业单位的政府采购业务核算

(1) 在采购活动之前,事业单位按规定将单位自筹资金和预算外资金(不实行国库集中收付制度)划入政府采购资金专户时,借记"其他应收款——政府采购款"账户,贷记"银行存款"账户。

(2) 事业单位根据采购合同约定需要付款时,向同级财政部门提交预算拨款申请书和相关采购文件。收到财政部门开具的拨款通知书及有关凭证后,借记"存货"等账户,按应由预算资金负担的部分,贷记"财政补助收入"账户,按应由单位自筹资金和预算外资金负担的部分,贷记"其他应收款——政府采购款"账户。

(3) 采购活动结束后,收到划回的采购节余资金时,借记"银行存款"账户,贷记"其他应收款——政府采购款"账户。

【例 22-1】 某事业单位采购一批设备,采购业务实行财政全额直接拨付方式支付政府采购资金。2014 年 10 月 10 日该事业单位根据政府采购预算、政府采购合同等相关文件规定,将单位负担的 40%采购自筹资金和预算外资金,即 40 000 元划入政府采购资金专户。10 月 12 日财政总预算会计将财政负担的政府采购资金的 60%预算资金,即 60 000 元连同单位自筹资金和预算外资金 40 000 元,共计 100 000 元通过政府采购资金专户一并划入了供应商账户。则该事业单位应编制以下会计分录:

(1) 单位将自筹资金划入政府采购资金专户时：
借：其他应收款——政府采购款　　　　　　　　　　　　　　　40 000
　　贷：银行存款　　　　　　　　　　　　　　　　　　　　　　　40 000
(2) 将购入的设备入账时：
借：事业支出　　　　　　　　　　　　　　　　　　　　　　　100 000
　　贷：财政补助收入　　　　　　　　　　　　　　　　　　　　　60 000
　　　　其他应收款——政府采购款　　　　　　　　　　　　　　　40 000
同时，
借：固定资产　　　　　　　　　　　　　　　　　　　　　　　100 000
　　贷：非流动资产基金　　　　　　　　　　　　　　　　　　　100 000

如果采购资金有结余，当事业单位收到划回的结余采购资金时，按收到的节余资金，应借记"银行存款"账户，贷记"其他应收款——政府采购款"账户。

(二) 行政单位的政府采购业务核算

(1) 在采购活动之前，行政单位按规定将单位自筹资金和预算外资金(不实行国库集中收付制度)划入政府采购资金专户时，借记"暂付款——政府采购款"账户，贷记"银行存款"账户。

(2) 行政单位根据采购合同约定需要付款时，向同级财政部门提交预算拨款申请书和相关采购文件。收到财政部门开具的拨款通知书及有关凭证后，借记"库存材料"等账户，按应由预算资金负担的部分，贷记"拨入经费"账户，按应由单位自筹资金和预算外资金负担的部分，贷记"暂付款——政府采购款"账户。

(3) 采购活动结束后，收到划回的采购节余资金时，借记"银行存款"账户，贷记"暂付款——政府采购款"账户。

【例 22-2】 某行政单位采购一批计算机，采购业务实行财政全额直接拨付方式支付政府采购资金。2014 年 10 月 10 日该行政单位根据政府采购预算、政府采购合同等相关文件规定，将单位负担的 30%采购自筹资金和预算外资金，即 60 000 元划入政府采购资金专户。10 月 12 日财政总预算会计将财政负担的政府采购资金的 70%预算资金，即 140 000 元连同单位自筹资金和预算外资金 60 000 元，共计 200 000 元通过政府采购资金专户一并划入了供应商账户。则该行政单位应编制以下会计分录：

(1) 单位将自筹资金划入政府采购资金专户时：
借：其他应收款——政府采购款　　　　　　　　　　　　　　　60 000
　　贷：银行存款　　　　　　　　　　　　　　　　　　　　　　　60 000
(2) 将购入的计算机入账时：
借：经费支出　　　　　　　　　　　　　　　　　　　　　　　200 000
　　贷：财政拨款收入　　　　　　　　　　　　　　　　　　　　140 000
　　　　其他应收款——政府采购款　　　　　　　　　　　　　　　60 000
同时，
借：固定资产　　　　　　　　　　　　　　　　　　　　　　　200 000
　　贷：资产基金　　　　　　　　　　　　　　　　　　　　　　200 000

如果采购资金有结余，当行政单位收到划回的结余采购资金时，按收到的节余资金，应借记"银行存款"账户，贷记"暂付款——政府采购款"账户。

二、财政差额直接拨付方式的政府采购核算

(一) 事业单位的政府采购业务核算

采用财政差额直接拨付方式进行政府采购，事业单位收到财政部门开具的拨款通知书时，借记"事业支出"等账户，贷记"财政补助收入"账户。如果采购的属于固定资产，同时借记"固定资产"账户，贷记"非流动资产基金"账户。

(二) 行政单位的政府采购业务核算

采用财政差额直接拨付方式进行政府采购，行政单位收到财政部门开具的拨款通知书时，借记"经费支出"等账户，贷记"财政拨款收入"账户。如果采购的属于固定资产等，同时借记"固定资产"账户，贷记"资产基金"账户。

本 章 小 结

> 政府采购制度改革是我国近年来财政制度的"三大改革"(政府采购制度改革、国库集中收付制度改革和部门预算制度改革)中的一种改革。政府采购是指各级政府及其所属机构为了开展日常业务活动或为公众提供公共服务的需要，在财政的监督下，以法定的方式、方法和程序，取得货物、工程或服务的行为。
>
> 政府采购资金的支付方式有三种：财政全额直接拨付方式、财政差额直接拨付方式和采购卡支付方式。
>
> 在政府采购方式下，事业单位、行政单位需要分别设置"其他应收款——政府采购款"账户和"暂存款——政府采购款"账户核算政府采购业务。

复习思考题

1. 政府采购的含义如何？政府采购有哪些意义？
2. 政府采购资金的支付方式有哪些？
3. 政府采购资金的支付程序如何？
4. 在财政全额直接支付方式下，事业单位、行政单位如何进行账务处理？
5. 在财政差额直接支付方式下，事业单位、行政单位如何进行账务处理？

参 考 文 献

[1] 贺蕊莉. 政府与非营利组织会计[M]. 大连：东北财经大学出版社，2011.
[2] 罗朝晖. 政府与非营利组织会计[M]. 2版. 成都：西南财经大学出版社，2008.
[3] 孔为民，刘海英. 政府及非营利组织会计[M]. 北京：科学出版社，2008.
[4] 会计制度研究组. 民间非营利组织会计制度讲解与操作[M]. 大连：东北财经大学出版社，2004.
[5] 中华人民共和国财政部. 2015年政府收支分类科目[M]. 北京：中国财政经济出版社，2015.
[6] 管友桥. 政府与非营利组织会计[M]. 北京：中国广播电视出版社，2006.
[7] 吕广仁，朱久霞. 政府与非营利组织会计[M]. 北京：科学出版社，2009.
[8] 中华人民共和国财政部. 事业单位会计制度2012[M]. 北京：经济科学出版社，2013.
[9] 行政单位会计制度编审委员会. 行政单位会计制度讲解[M]. 上海：立信会计出版社，2014.

北京大学出版社本科财经管理类实用规划教材(已出版)

财务会计类

序号	书 名	标准书号	主 编	定价
1	基础会计	7-301-24366-4	孟 铁	35.00
2	基础会计(第2版)	7-301-17478-4	李秀莲	38.00
3	基础会计实验与习题	7-301-22387-1	左 旭	30.00
4	基础会计学	7-301-19403-4	窦亚芹	33.00
5	基础会计学学习指导与习题集	7-301-16309-2	裴 玉	28.00
6	基础会计	7-301-23109-8	田凤彩	39.00
7	基础会计学	7-301-16308-5	晋晓琴	39.00
8	信息化会计实务	7-301-24730-3	杜天宇	35.00
9	会计学原理习题与实验(第3版)	7-301-26162-0	石启辉	30.00
10	会计学原理(第3版)	7-301-26239-9	刘爱香	35.00
11	会计学原理	7-301-24872-0	郭松克	38.00
12	会计学原理与实务(第2版)	7-301-18653-4	周慧滨	33.00
13	初级财务会计模拟实训教程	7-301-23864-6	王明珠	25.00
14	初级会计学习题集	7-301-25671-8	张兴东	28.00
15	会计规范专题(第2版)	7-301-23797-7	谢万健	42.00
16	会计综合实训模拟教程	7-301-20730-7	章洁倩	33.00
17	预算会计	7-301-22203-4	王筱萍	32.00
18	会计电算化	7-301-23565-2	童 伟	49.00
19	政府与非营利组织会计	7-301-21504-3	张 丹	40.00
20	政府与非营利组织会计	7-301-26294-8	朱久霞	39.00
21	管理会计	7-81117-943-9	齐殿伟	27.00
22	管理会计	7-301-21057-4	肜芳珍	36.00
23	管理会计	7-301-26180-4	韩 鹏	32.00
24	中级财务会计	7-301-23772-4	吴海燕	49.00
25	中级财务会计习题集	7-301-25756-2	吴海燕	39.00
26	高级财务会计	7-81117-545-5	程明娥	46.00
27	高级财务会计	7-5655-0061-9	王奇杰	44.00
28	企业财务会计模拟实习教程	7-5655-0404-4	董晓平	25.00
29	成本会计学	7-301-19400-3	杨尚军	38.00
30	成本会计学	7-5655-0482-2	张红漫	30.00
31	成本会计学	7-301-20473-3	刘建中	38.00
32	税法与税务会计实用教程(第2版)	7-301-21422-0	张巧良	45.00
33	初级财务管理	7-301-20019-3	胡淑姣	42.00
34	财务会计学	7-301-23190-6	李柏生	39.00
35	财务管理学实用教程(第2版)	7-301-21060-4	骆永菊	42.00
36	财务管理理论与实务(第2版)	7-301-20407-8	张思强	42.00
37	财务管理理论与实务	7-301-20042-1	成 兵	40.00
38	财务管理学	7-301-21887-7	陈 玮	44.00
39	公司财务管理	7-301-21423-7	胡振兴	48.00
40	财务分析学	7-301-20275-3	张献英	30.00
41	审计学	7-301-20906-6	赵晓波	38.00
42	审计理论与实务	7-81117-955-2	宋传联	36.00
43	现代审计学	7-301-25365-6	杨 茁	39.00

如您需要更多教学资源如电子课件、电子样章、习题答案等,请登录北京大学出版社第六事业部官网 www.pup6.cn 搜索下载。

如您需要浏览更多专业教材,请扫下面的二维码,关注北京大学出版社第六事业部官方微信(微信号:pup6book),随时查询专业教材、浏览教材目录、内容简介等信息,并可在线申请纸质样书用于教学。

感谢您使用我们的教材,欢迎您随时与我们联系,我们将及时做好全方位的服务。联系方式:010-62750667,wangxc02@163.com、pup_6@163.com、lihu80@163.com,欢迎来电来信。客户服务QQ号:1292552107,欢迎随时咨询。